VOYAGE DU TOUR DE LA FRANCE,

Par feu M. Henry de Rouviere, *Conseiller du Roy en l'Hôtel de Ville de Paris, & Apoticaire ordinaire de Sa Majesté.*

A PARIS,

Chez Etienne Ganeau, rue Saint Jacques, vis-à-vis la Fontaine Saint Severin, aux Armes de Dombes.

M. DCCXIII.

Avec Privilege & Approbation.

A MADAME
LA MARQUISE
DE
COURCILLON.

ADAME,

Quoique je ne sois que l'E-
diteur de l'Ouvrage que j'ai

ã ij

EPITRE.

l'honneur de vous presenter, & de donner au Public sous les auspices de vôtre illustre Nom, j'en puis cependant disposer comme du mien. M. de Rouviere le fils, qui me le laissa en mourant, avec les Additions, que de secondes veilles lui avoient inspirées, & qu'il y vouloit mettre, m'en laissa le maître. Et je n'en serai point desavoué ni de sa famille, ni de ses amis : au contraire ils m'en feront un mérite, d'avoir procuré à cet Ouvrage posthume, une protection comme la vôtre. A peine, MADAME, avois-je commencé à le mettre en l'état qu'il est, que je songeai à lui donner le relief que vôtre

EPITRE.

approbation lui attirera dans le monde. Car enfin ce n'est pas seulement par les charmes, & par les graces, dont la Nature vous a si particulierement ornée, que vous brillez à la Cour, & que l'on vous célébre à la Ville, & dans les Provinces : c'est par vos excellentes vertus, par une sagesse des plus exactes, & par une conduite des plus précautionnées, que vous vous êtes rendue respectable dans un lieu, où le grand air du monde flêtrit, & devore bien-tôt les fleurs, & les fruits de la plus belle éducation. Vous avez paru à la Cour dans un âge si tendre, & vous y avez fait voir des vertus déja si affer-

EPITRE.

mies, & qu'on ne doit guere, qu'à l'experience, & à la maturité de l'âge, que nous ne saurions trop admirer la maniere pure, dont vous vous conduisez dans un pays si contagieux. On compte, MADAME, sur des progrès, qui n'édifieront pas moins les gens de bien que de si beaux commencemens ; & que vous soutiendrez toûjours avec grandeur, les devoirs que vous imposent l'illustre Maison de Pompadour, d'où vous sortez, & l'illustre Maison de Dangeau, où vous êtes entrée. Vous tenez, MADAME, à tant de Princes, & de Princesses par ces deux liens, tous deux sacrez,

EPITRE.

que vous n'en seriez pas quitte dans le monde pour des vertus communes. Il faut dans les vôtres de l'extraordinaire, & du sublime, pour remplir tout ce que vous devez de ces deux côtez. C'est une grande affaire : mais que ne doit-on point attendre du dicernement, & de la justesse de vôtre esprit, de la droiture de vôtre cœur, & d'une ame aussi grande, & aussi noble que la vôtre. Au reste, charmé de toutes ces vertus qui vous font tant d'honneur à la Cour, je serai content si la lecture de ce Voyage peut vous divertir quelques moments ; & si je puis parvenir à vous persuader que je

EPITRE.

suis avec un très-profond respect,

MADAME,

Vôtre très-humble, & très-
obéïssant serviteur,

DE VALLEMONT, P.

PREFACE.

IL auroit été à souhaiter, pour la perfection de cet Ouvrage, que feu M. de Rouviere, qui en est l'Auteur, l'eût donné de son vivant au Public. Il étoit rempli de ce qu'il avoit vû, & examiné avec soin, avec un bon goût, & un discernement juste, qu'il s'étoit formé de bonne heure avec les gens de Lettres, qu'il s'étoit toûjours fait un plaisir de fréquenter. Il avoit fort bien étudié. Il étoit très-habile Physicien, & avoit une teinture generale de tous les beaux Arts. Il sçavoit assez de Mathematique pour pous-

PREFACE.

ser la Physique aussi loin qu'elle peut aller. Il en faisoit les Experiences avec une adresse, & une exactitude singulieres. C'est ce que l'on reconnoît aisément par son Traité, intitulé : *Réflexions sur la fermentation, & sur la nature du Feu, fondées sur des Expériences nouvelles*, qui fut imprimé en 1708, & qui renferme les curieuses Expériences, qu'il expliqua si doctement en public, dans le Cours de Chymie qu'il fit en 1706, au Jardin des Apoticaires de Paris. Jamais Cours de Chymie ne se fit plus magnifiquement, & avec plus de succès. Toutes les Operations de la Phar-

PREFACE.

macie Chymique s'y firent en grand, & réussirent le plus heureusement du monde. Rien n'y fut épargné. On s'étoit assuré des plus belles Drogues simples, qui fussent alors à Paris. Aussi rien ne se démentit : & l'Artiste arriva toûjours immanquablement où il se proposoit d'aller. On examinoit, dans la suite des Operations, tous les Phénomenes qui se présentoient ; & M. de Rouviere les expliquoit nettement, & précisément. On lui faisoit des Objections, & il y répondoit avec beaucoup de politesse, & ne manquoit jamais de convaincre, & de satisfaire

PREFACE.

par ses décisions. Il fit un pareil Cours de Chymie deux ans après, c'est-à-dire, en 1708, aux Ecoles de Medecine, avec l'approbation, & l'applaudissement de tous ceux qui y assistoient. Et il ne faut pas s'étonner si, dans ces deux Cours de Chymie, il a réussi avec tant d'honneur; il en avoit fait un auparavant à Montpellier, en 1704, sous les yeux de M. Didier, célebre Medecin, & Professeur Royal en Chymie. Un si excellent Maître ne pouvoit faire qu'un bon Disciple de M. de Rouviere, qui avoit beaucoup d'inclination pour la belle Physique, pour les Experiences,

PREFACE.

& en particulier pour la Chymie, qu'il a toûjours cultivée jusqu'à sa mort. Ceux qui ont vû le beau Laboratoire que M. son Pere a fait bâtir dans sa maison, pour seconder les heureuses dispositions de son fils, avoueront qu'il ne manquoit rien là pour s'exercer, & pour Philosopher commodément. Tout y est bien entendu. Les fourneaux, dont on peut avoir besoin pour les Operations les plus longues, & les plus violentes, s'y trouvent parfaitement bien faits. Les Vaisseaux de tout genre y sont en grand nombre. La Chymie étoit-là aisée, quelque difficile, & pénible qu'-

PREFACE.

elle soit d'elle-même. Elle n'y languissoit point comme dans ces secs, tristes, & décharnés Laboratoires de nos Chercheurs de Pierre Philosophale, où la pauvreté, qui les doit devorer le reste de leurs jours, semble déja avoir élû son domicile.

Au dessus du Laboratoire étoit le Cabinet de feu M. de Rouviere. Ce Cabinet s'embellissoit tous les jours par les raretés qu'on y rassembloit. On y voyoit un Droguier très-propre, & bien arrangé, selon l'ordre des trois familles de la Nature. Les Mineraux y tenoient le premier rang. Les Végétaux occupoient le second ; & les

PREFACE.

Animaux étoient dans le troifiéme. Tout cela étoit rangé dans des tiroirs avec une propreté, qui faifoit autant de coups d'œil agréables, qu'il y avoit de tiroirs. Il n'étoit pas néceffaire d'être Philofophe, pour être frapé d'un fpectacle qui offroit à la vûe des parties confiderables de toutes les richeffes que l'abondante Nature produit dans ces trois vaftes familles.

Je ne fçai s'il s'eft jamais trouvé chez un particulier un fi grand nombre de Livres curieux, & bien conditionnés. Il y en avoit de tous les Arts, & de toutes les Sciences : & fur tout les Li-

PRÉFACE.

vres qui traitent de l'Histoire Naturelle, n'y étoient pas oubliés. Le choix en étoit bon. Les Livres de Pharmacie, qui étoit le principal objet de ses Etudes, y étoient en grand nombre. J'y ai compté jusqu'à cinquante Pharmacopées. Il y avoit beaucoup d'Historiens. Tous les Dictionnaires, & tous les Journaux imprimés en Europe, pour l'Histoire, pour les Arts, & pour les Sciences, faisoient partie de ce Cabinet. Il est donc bien aisé d'augurer que si M. de Rouviere avoit mis la derniere main à la Relation de son Voyage du tour de la France, il l'auroit beaucoup plus ornée

PREFACE.

ornée qu'on ne la trouvera; quoiqu'elle ne soit pas destituée d'agréments. Elle semblera même en beaucoup d'endroits fort amusante. Il y a des choses qui interessent assez, & qu'on lira volontiers. J'ai mis en œuvre ce qui m'a été déposé ; & j'ai tâché de ne lui faire rien perdre de sa beauté. Je n'oserois assurer que j'y aye réussi : c'est au Public à en juger.

Au reste dans le tems que M. de Rouviere est mort, il se préparoit à faire en public la Thériaque. Tout se disposoit pour exposer aux yeux des Connoisseurs une riche dispensation des plus belles Drogues qui entrent dans

é

PREFACE.

la composition de ce précieux Antidote contre les poisons, les venins, les fiévres malignes, & les maladies contagieuses. M. de Rouviere faisoit ramasser de tous côtés ces Drogues, dont il auroit expliqué la nature, & les vertus dans des Discours qu'il auroit prononcés durant plusieurs jours. M. de Rouviere le pere s'est fait un nom distingué dans le monde par son excellente Thériaque, que chacun estime, pour le moins autant que la fameuse Thériaque de Venise. Il est certain que cette Démonstration publique de Drogues bien choisies, que son fils auroit fai-

PREFACE.

te, aurois encore donné beaucoup de relief à ce grand remede, que nous tenons de l'ancien Andromaque, Medecin du tems de Neron : mais *

La mort a des rigueurs à nulle autre pareilles :
On a beau la prier :
La cruelle qu'elle est, se bouche les oreilles,
Et nous laisse crier :

Le pauvre en sa cabane, où le chaume le couvre,
Est sujet à ses loix :
Et la Garde, qui veille aux barrieres du Louvre,
N'en défend pas nos Rois.

* Malherbe.

PREFACE.

De murmurer contre elle, &
perdre patience,
Il est mal-à-propos :
Vouloir ce que Dieu veut, est l'u-
nique science,
Qui nous met en repos.

TABLE

Des Provinces, des Villes, Bourgs, & Villages, dont la Description est dans ce Voyage.

M Eaux,	Page 3	Vienne,	233
Châlons,	7	Valence,	258
Champagne,	11	Le Pont Saint-Esprit,	269
Barleduc,	12		
Le Barrois,	13	Le Dauphiné,	270
Toul,	15	Le Comté Venaissin,	282
La Lorraine,	17		
Nanci,	22	Avignon,	292
Luneville,	27	La Fontaine de Vaucluse,	311
Falzbourg,	29		
Saverne,	29	S. Maximin,	357
Strasbourg,	31	La Sainte Baume,	359
Basle,	53		
Soleurre,	90	Toulon,	370
Berne,	102	Marseille,	372
Morat,	112	Salon,	393
Lauzanne,	117	Tarascon,	401
Genéve,	133	Baucaire,	404
Lyon,	170	Le Pont du Gard,	405

TABLE.

Nismes,	408	Le Canal de Lan-	
Montpellier,	419	guedoc,	458
Pezenas,	435	Toulouze,	461
Beziers,	436	Le Languedoc,	471
Narbonne,	438	Agen,	474
Carcassonne,	452	Bourdeaux,	479.
Castelnaudari,	455		

Fin de la Table.

APPROBATION.

J'AY lû par ordre de Monseigneur le Chancelier, ce Manuscrit, intitulé : *Voyage du tour de la France par M. de Rouviere ;* & je n'y ai rien trouvé qui doive en empêcher l'impression. Fait à Paris ce 3 Juin 1712.

LA MARQUE-TILLADET.

PRIVILEGE DU ROY.

LOUIS par la grace de Dieu, Roi de France & de Navarre: A nos amés & feaux Conseillers, les Gens tenans nos Cours de Parlement, Maîtres des Requêtes ordinaires de notre Hôtel, Grand Conseil, Prevôt de Paris, Baillifs, Sénéchaux, leurs Lieutenans Civils, & autres nos Justiciers qu'il appartiendra: SALUT. Notre amé ETIENNE GANEAU Libraire à Paris, Nous ayant fait remontrer qu'il desireroit faire imprimer *le Voyage du tour de la France par le Sieur de Rouviere*; s'il nous plaisoit lui accorder nos Lettres de Privilege sur ce necessaires: Nous avons permis & permettons par ces presentes audit Ganeau de faire imprimer ledit Livre en telle forme, marge, caractere, en un ou plusieurs volumes; conjointement ou separément, & autant de fois que bon lui semblera; & de le vendre, faire vendre & debiter par tout notre Royaume pendant le tems de six années consecutives, à compter du jour de la datte desdites presentes. Faisons défenses à toutes persones de quelque qualité & condition qu'elles soient, d'en introduire d'impression étrangere dans aucun lieu de notre obéissance, & à tous Imprimeurs, Libraires & autres d'imprimer, faire imprimer, vendre, faire vendre, debiter ni contrefaire ledit Livre, ni d'en faire aucuns extraits, en tout, ni en partie sans la permission expresse, & par écrit dudit Exposant, ou de ceux qui auront droit de lui; à peine de confiscation des exemplaires contrefaits, de quinze cens livres d'amende contre chacun des contrevenans, dont un tiers à nous, un tiers à l'Hôtel-Dieu de Paris, l'autre tiers audit Exposant, & de tous dépens, dommages & interêts: à la charge que ces présentes seront enregistrées tout au long sur le Registre de la Communauté des Imprimeurs & Libraires de Paris, & ce dans trois mois de la date d'icelles ; que l'impression dudit Livre sera faite dans notre Royaume, & non ailleurs, en bon papier & en beaux caracteres, conformément aux Reglemens de la Librairie : & qu'avant que de l'exposer en vente, il en sera mis deux exemplaires dans notre Bibliotheque publique, un dans celle de notre Château du Louvre, & un dans celle de notre très-cher & feal Chevalier Chancelier de France, le Sieur Phelypeaux Comte de Pontchartrain, Commandeur de nos Ordres ; le tout à peine de nullité des présentes. Du consentement desquelles vous mandons & enjoignons de faire jouir l'Exposant, ou ses ayans cause, pleinement & paisiblement, sans souffrir qu'il leur soit fait aucuns troubles ou empêchemens : Voulons que la copie desdites présentes qui sera imprimée au commencement ou à la fin dudit Livre, soit tenue pour duement signifiée ; & qu'aux copies collationnées par l'un de nos amez & feaux Conseillers & Secretaires, foi soit ajoutée comme à l'original. Commandons au premier notre Huissier ou Sergent de faire pour l'execution d'icelles tous actes requis & necessaires, sans demander autre permission, & nonobstant clameur de Haro, Chartre Normande, & Lettres à ce contraires. CAR tel est notre plaisir. DONNÉ à Versailles le douziéme jour de Juin l'an de grace mil sept cens douze, & de notre regne le soixante-dixiéme. Par le Roi en son Conseil.

Registré sur le Registre n. 3. de la Communauté des Libraires & Imprimeurs de Paris, conformément aux Reglemens, & notamment à l'Arrest du 13 Aoust 1703. A Paris ce vingt-trois Aoust 1712.

L. JOSSE, Syndic.   VOYAGE

VOYAGE
DU TOUR
DE LA FRANCE,
Par Mr DE ROUVIERE, &c.

PREMIERE LETTRE.

Voyage de Paris à Strasbourg.

A Strasbourg ce 10 Decembre 1703.

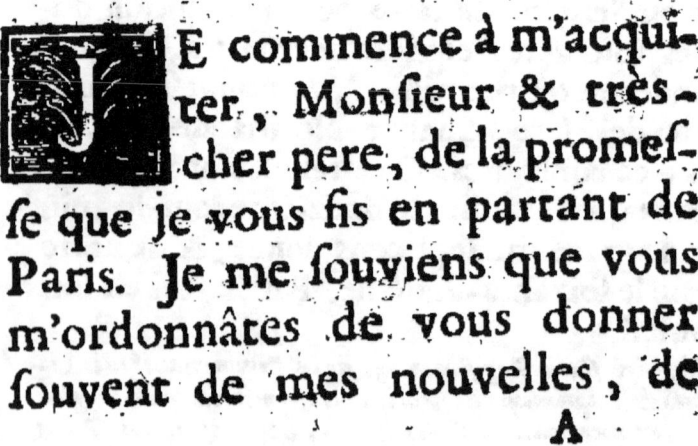E commence à m'acquiter, Monsieur & trescher pere, de la promesse que je vous fis en partant de Paris. Je me souviens que vous m'ordonnâtes de vous donner souvent de mes nouvelles, de

vous marquer les endroits où je passerois, & de vous mander toutes les particularités que je pourrois avoir remarquées dans mes Voyages. Comme je croi que le principal but d'un Voyageur doit être celui de ne laisser rien échaper de tout ce qui mérite son attention, aussi ai-je fait tout ce que j'ai pû pour m'instruire de toutes les choses qui font les réflexions d'un Voyageur curieux; tant pour obéir à vos ordres, que pour me contenter moi-même; j'ai même eu soin de les écrire, & de marquer exactement jusqu'à la distance des lieux par où je passois, soit que ce fût une Ville, un Bourg, ou un Village.

Je ne ferai donc pas façon de vous communiquer mes petites Remarques, je m'estimerai heureux si elles peuvent vous plaire, & contribuer à vous délasser pendant quelques momens.

Vous sçavez que je partis de Paris le 17 Novembre de la presente année, accompagné de M.... nous fûmes diner ce jour-là à Claye, à six lieues de Paris. Nous vîmes à droit & à gauche du chemin quantité de belles maisons qui appartiennent à divers particuliers de Paris. Claye est un Village où il n'y a rien de particulier à remarquer. Nous fûmes coucher de là à Meaux, qui est une Ville assez considerable pour que je vous en fasse une petite description.

MEAUX.

Meaux est la Capitale du pays de Brie, que quelques-uns mettent au rang des Provinces de France; quoiqu'elle ne soit qu'une dépendance de la Champagne. Cette Ville est très-bien située, elle est arrosée de la Marne, dont un ruisseau divise

Meaux en deux parties ; de telle sorte que la Ville est entierement separée du Marché; autrement du Fort. C'est un Evêché, & un Bailliage ; son Eglise Cathedrale, dont il y a encore de très-beaux restes, seroit encore bien plus belle, si elle n'avoit pas éprouvé la fureur qui animoit la vile populace qui composoit les premiers Calvinistes. Cette Eglise est sous l'invocation de la sainte Vierge, & de saint Etienne. L'Evêché de Meaux à deux Archidiaconez, & deux cens dix Paroisses. L'Evêque est Suffragant de l'Archevêché de Paris. Jâques Benigne-Bossuet est Evêque de Meaux : c'est un Prélat d'une vaste érudition, & qui s'est entierement declaré contre toutes les nouvelles opinions, qui de nos jours ont attaqué la doctrine de l'Eglise. Son *Exposition de la Foi Catholique*, est un chef-d'œuvre qui a beaucoup allarmé les Ministres Protestans ; parce qu'il y represente les articles de nôtre Foi, separez des opinions des Scholastiques ; & dans un si beau point de vûe, qu'il ôte par là aux Heretiques l'occasion de calomnier, & de dénigrer nôtre créance, & nos pratiques.

Nous partîmes le lendemain de cette Ville, & fûmes diner à la Ferté, à cinq lieues de Meaux ; c'est une petite Ville assez bien située ; mais il n'y a rien de remarquable ; c'est aussi pour cela que nous n'y entrâmes point. Nous fîmes l'après-dinée quatre lieues, & fûmes coucher à Viex-maison. Ce n'est qu'un Village.

De Viex-maison nous allâmes diner à Montmirel qui n'en est qu'à trois lieues. Montmirel est une petite Ville dans la Champagne : elle est située sur une hauteur ; il y a un beau Convent de Religieuses, où il y va quantité de jeunes filles pour être Penſionnaires. Ce fut là où nous commençâmes à boire, auſſi-bien qu'à Viex-maiſon, d'excellent vin de Champagne. Strabon, & la plûpart des Anciens, qui ont publié qu'on ne bûvoit point de vin dans la Gaule, changeroient bien de langage s'ils revenoient au monde. Il eſt vrai qu'anciennement nos vieux Gaulois ne cultivoient pas la vigne : mais leur poſterité ne s'eſt pas oubliée là-deſſus. Bien nous prend qu'ils ayent tourné leurs ſoins, & leurs travaux de ce côté-là. Peſcennius-Niger ne me paroît gueres gracieux, lorſque répondant à ſes Soldats qui l'avoient ſuivi en Egypte, & qui ſe plaignoient de n'avoir point de vin, il leur dit : *Quoi ! vous avez l'eau du Nil, & vous demandez du vin. Nilum habetis, & vinum quæritis.* Nous couchâmes ce jour-là à Eſtauche, à cinq lieues de Montmirel : ce n'est qu'un Village où il y a un assez beau Château qui appartient au Seigneur, qui porte le nom du Village.

Nous dinâmes le lendemain à Bierge, qui est un endroit de peu de consequence, & qui est à cinq lieues d'Estauche, & fûmes coucher à Châlons, à quatre lieues de Bierge.

CHAALONS.

Cette Ville est une des principales de la Champagne par sa beauté & sa grandeur. Sa situation est très-agréable. La riviere de Marne arrose ses murailles, & la separe d'un de ses Fauxbourgs ; ce qui fait un très-bel effet. Cette riviere forme ici plusieurs bras qui entourent la Ville, & sur lesquels il y a quantité de ponts. On voit encore quelques restes d'anciennes fortifications aux murailles de cette Ville, qu'on avoit pris soin de fortifier, à cause qu'elle est fort voisine de la frontiere du Royaume. Ses rues sont assez belles, & larges, ses bâtimens beaux, & ses promenades fort agréables à cause des longues allées d'arbres qu'on y a plantes. Elle porte le titre de Comté, Pairie. Son Evêque, qui est Gaston Jean-Baptiste Louis de Noailles, est Comte de Châlons, & Pair de France. C'est un Prélat distingué par sa naissance, & qui par ses vertus Chrétiennes, Ecclesiastiques, & Episcopales, est une regle vivante & Canonique de tous les devoirs Ecclesiastiques. L'Eglise Cathedrale, qui est dédiée à saint Etienne, est très-grande, & bien bâtie; il y a une Tour fort haute, & fort grosse qui lui sert de clocher. Il y a encore plusieurs autres belles Eglises, & quantité de belles maisons Religieuses. Ce fut près de Châlons que Meroüée défit Attila Roi des Huns, à qui il tua quatre-vingt dix mil hommes l'an 453. Attila étoit Scythe de Nation, & Payen de Religon. Il se faisoit un plaisir de se voir nommer *flagellum Dei: le fleau de Dieu.* Il étoit entré en France avec 500000 hommes. Quelques Auteurs disent que la riviere de Vesle fût tellement teinte, & enflée du sang des Soldats qu'on lui tua, qu'elle en rougit, & enfla la riviere d'Aisne où elle tombe. *Paulus Diaconus.* Il y a un Bureau dans cette Ville où on visite fort exactement les marchandises, pour empêcher les fraudes qu'on pourroit faire des droits qui sont dûs.

De Châlons nous passâmes à Coupinville qui n'en est éloigné que de quatre lieues : nous dinâmes dans ce Village-là. Nous fûmes ensuite coucher à Polsesse, à quatre lieues de Coupinville. Ce n'est non plus qu'un Village composé de peu de maisons. Il n'y a qu'un bon Cabaret, qui fut occupé malheureusement pour nous par les gens de Madame la Princesse d'Harcourt. Ils avoient eu soin de s'en emparer, tant pour leur maîtresse que pour eux-mêmes. Nous nous vîmes réduits à souper très-mal, & à coucher sur la paille, dans une mauvaise Hôtellerie où nous nous trouvâmes obligez de nous retirer. Nous commençâmes à nous appercevoir qu'Iphigenie a bien raison de dire chez Euripide, que les Voyageurs sont exposez à divers évenemens assez mortifiants : *Multa multis peregrinando accidunt.*

Nous partîmes le lendemain fort aises de quitter ce mauvais gîte, pour aller diner à Nettancourt, à trois grandes lieues de Polsesse. L'Hôtellerie où on a coutume de loger, n'est pas dans le Village, elle est éloignée d'environ un quart de lieuë. C'eſt ici où commence la Lorraine, qui eſt ſeparée de la France par un petit ruiſſeau, que nous paſſâmes ſur un Pont de bois. Les paſſans ſont ici fouillez avec beaucoup d'exactitude. L'examen que l'on y fait de leurs poches & de leurs valiſes, eſt pouſſé juſqu'au ſcrupule.

LA CHAMPAGNE.

La Champagne eſt une grande & belle Province qui avoit autrefois ſes Comtes qui en étoient Souverains : elle porte le nom de Champagne à cauſe de ſes grandes plaines, & de ſes campagnes à perte de vûë, qui ſont aſſez abondantes en toutes ſortes de grains & de bétail. On celebre ſes vins, qui ſont recherchez pour la table des Princes & des grands Seigneurs. Il en paſſe quelques bouteilles à la table de leurs Intendans. On la diviſe en haute & en basse Champagne. C'est dans la haute du côté de Châlons que se trouvent ces vastes campagnes dont je viens de parler, & où on ne voit ni arbres, ni fontaines, ni rivieres. De là vient que le bois y est fort cher.

BAR-LE-DUC.

De Nettancourt nous allâmes coucher à Bar-le-Duc; il y a quatre lieues. Bar-le-Duc, ainsi appellé pour le différentier de Bar-sur-Seine, & Bar-sur-Aube, est la Capitale du Duché de Barrois, petite Province qui appartient au Duc de Lorraine. Cette Ville est située sur une hauteur, au bas de laquelle il y a un très-beau Faubourg qu'il faut traverser. On y travaille assez proprement à toutes sortes d'ouvrages d'acier; & rarement ceux qui ont de l'argent à employer, passent sans acheter quelque chose. Le Duc de Lorraine a dans cette Ville un Château assez considerable.

LE BARROIS.

Le Barrois est un pays fertile en bled, & en vin qui est fort estimé. Ce pays, quoique montagneux, ne laisse pas d'être entrecoupé de belles vallées, & de plusieurs étangs & rivieres où l'on prend de très-bons poissons.

Nous fûmes diner le lendemain à Ligny, petite Ville qui appartient à M. le Duc de Luxembourg qui y a un Château. Elle est à trois lieues de Bar-le-Duc. Nous couchâmes à Saint-Aubin à deux lieues de Ligny, qui est un endroit de peu de consequence. Mais dans l'espace de ces deux lieues on découvre d'une hauteur sur laquelle passe le grand chemin, une étendue de pays d'environ deux lieues, qui est le plus beau point de vûe qui soit dans l'Europe. Cet endroit est borné des deux côtez par deux collines, entre lesquelles se répand un petit ruisseau qui y fait plusieurs tours & détours. Les prairies & les petits bois qu'on voit aux environs, font le plus agréable effet qu'on sçauroit souhaiter. Dans le ravissement où nous étions, nous ne fûmes pas surpris quand on nous dit que M. le Cardinal de Richelieu, passant autrefois par-là, s'étoit plusieurs fois récrié, qu'il n'avoit jamais vû un pays qui fit tant de plaisir à voir.

Nous dinâmes le lendemain à Voye qui est à trois lieues de S. Aubin. Nous allâmes coucher à Toul, qui est un des trois Evêchez dont le Roi Henry II. fit la conquête, & qui ont été unis à la Couronne par le Traité de Munster, & par celui des Pyrenées. Les deux autres sont Mets & Verdun, dont je ne vous parlerai point, n'y ayant point été. On compte quatre lieues de Voye à Toul. On regarde ordinairement les trois Eglises de Mets, Toul & Verdun, comme trois sœurs ; dont l'une est nommée Mets *la riche*, la seconde Verdun *la noble*, & la troisiéme Toul *la sainte*, parce qu'elle a eu vingt-deux Evêques qui sont reconnus pour Saints, entre lesquels on compte S. Eure, & S. Mansuet.

Mets, Toul & Verdun sont des Evêchez Suffragans de l'Archevêché de Treve.

Toul.

Toul est une Ville Episcopale qui est belle & grande : c'est le plus grand Diocese du Royaume. Il renferme deux mille Paroisses. L'Evêque de Toul est Henry Pons de Tiard de Bissi,

Prélat qui joint à sa grande naissance le mérite de la science, & de la vertu. Cette Ville fut prise par Anne de Montmorency Conestable de France, sous le regne de Henry II. en l'année 1552. L'Eglise Cathedrale, qui est Nôtre-Dame, est très-vaste, & fort bien bâtie. On y voit le tombeau de saint Bernard ; au-dessus duquel il y a une Couronne admirablement bien travaillée.

Nous passâmes la Moselle dans un batteau à une petite lieue de cette Ville, auprès d'un Bourg renfermé de murailles où il y a de grosses Tours, & qui appartient au Duc de Lorraine : il se nomme Gondreville. La Moselle prend sa source du Mont Vogese en Lorraine, assez près de l'endroit où la Saone prend aussi la sienne. La Moselle passe auprès de Toul, à Mets, à Treve, & se jette dans le Rhin auprés de cette derniere Ville. Sous le

regn

regne de l'Empereur Domitius Neron, on commença à faire un Canal pour joindre la Moselle à la Saone; mais on n'acheva point un si bel ouvrage.

On dit que Toul, *Tullum*, a été bâtie par Tullus Hostilius, troisiéme Roi des Romains. Les Antiquaires estiment que sous la premiere race de nos Rois, on frapoit de la Monnoie à Toul: en effet un Sçavant fait mention d'une Medaille antique, sur laquelle on lit ces mots : TULLO CIVITA.

LA LORRAINE.

De Toul nous fûmes coucher à Nancy, nous ne fîmes ce jour-là que quatre lieues. Nous logeâmes *au Sauvage* dans la Ville neuve. Avant de vous faire la description de cette Ville, je crois qu'il ne sera pas hors de propos de dire quelque chose de la Lorraine dont elle est la Capitale. Cette Province a été appellée *Lotharingia*; parce que Lothaire, petit-fils de Louis le Débonnaire Empereur & Roy de France, l'eut en Souveraineté; son étendue étoit autrefois si grande, qu'elle portoit le nom de Royaume. Elle se nommoit auparavant *Austrasie*; & avoit ses Rois, dont l'Histoire parle sous le nom de *Rois d'Austrasie*.

Elle est bornée du côté du Levant par l'Alsace, du côté du Midi par la Bourgogne, elle a la Champagne au Couchant, & la Forêt d'Ardenne, avec le pays de Treves & de Luxembourg, au Septentrion. C'est un pays montagneux couvert de bois, & de forêts. Il y a cependant de beaux vallons, & même des plaines assez étendues en quelques endroits. Il y vient en abondance des bleds, & des vins. La terre y est souvent entrecoupée par des veines métalliques, & par des ruisseaux qui y coulent : c'est ce qui produit ces bains si estimez, qu'on nomme les Bains de Plombieres, où l'on va de toutes parts ; ses Etangs, ses Fleuves fournissent de très-bon poisson. Les principales rivieres de la Lorraine sont la Meuse, la Moselle, la Sarre, & la Meurte.

Pour ce qui regarde les mœurs de ses habitans ; les Lorrains en general sont assez bons guerriers, & soutiennent fort bien les fatigues de la guerre. Ils ne sont guere moins francs que les François ; mais ils sont un peu moins polis. Ils se piquent fort de vivre à la maniere françoise ; cependant plusieurs d'entr'eux ont beaucoup de rapport par leurs manieres à la Nation Allemande, sans doute à cause de l'inclination qu'ils ont pour les Allemans. Ce qu'il y a de vrai, c'est qu'ils sont propres pour les Sciences, & pour les beaux Arts, autant qu'aucune Nation du monde. Jâques Calot, fameux Graveur en taille-douce, & dont la réputation qu'il s'est faite par ses beaux ouvrages, ne mourra jamais, étoit Lorrain. Il nâquit à Nanci en 1594. Il ne vêcut que 41 an. A peine touchoit il l'âge où le genie commence à déveloper sa force. Dès son vivant, son mérite lui acquit les honneurs qui lui étoient dûs ; puisqu'il fut ennobli par le Duc de Lorraine.

Dans ce temps-là parut encore M. Deruet Peintre fameux, sur tout pour le petit. Nous avons de lui les Batailles & les Sieges du Duc de Lorraine, qui l'annoblit, & le fit ensuite Chevalier de la grande Chevalerie de Lorraine.

Nous devons encore à la Lorraine le celebre M. le Clerc, ancien Conseiller, & Professeur de l'Academie Royale de Peinture, & de Sculpture, & que Monsieur le Cardinal Gualterio, dans le temps qu'il étoit Nonce en France, fit Chevalier Romain. Jamais Graveur ne fut plus attaché à son travail. Le Public a de M. le Clerc, un très-grand nombre d'excellentes Estampes. Il a porté la gravûre à ce sublime, au-dessus duquel il y a peu d'apparence qu'elle s'éleve jamais. Son *Academie des Sciences, & des beaux Arts* qu'il a dédiée au Roi, & son *Triomfe d'Alexandre dans Babilone*, sont deux prodiges en matiere de composition, & de gravûre, qui seuls pourroient immortaliser un *Virtuoso*. Et ce qui est singulier, c'est que M. le Clerc n'est pas moins recommandable par ses vertus civiles, & domestiques, que par les grands talens que Dieu lui a donnez pour la Gravûre, pour la Phisique, & pour les Mathematiques, en quoi il excelle, comme on le voit par les Livres qu'il en a donnez au Public.

NANCI.

Nanci, comme j'ai déja eu l'honneur de vous dire, est la Capitale de la Lorraine. Cette Ville est située sur le bord de la Meurte, dans une plaine fort agréable, environnée de petites montagnes, qui n'en sont pas fort éloignées. On la divise en Ville vieille, & Ville neuve. La premiere est séparée de la Ville neuve par ses anciennes fortifications, & par un fossé. On y voit un très-beau Palais, & fort ancien, où loge le Duc de Lorraine quand il est à Nanci ; nous n'y pûmes pas entrer, parce que le Prince étoit pour lors à Luneville avec toute sa Cour. Voici cependant, selon le récit qu'on nous en fit, ce qu'il y a de plus remarquable dans ce Château

On entre dans la Chambre de M. le Duc par une belle Gallerie ornée d'excellents Tableaux des meilleurs maîtres, & qui representent divers Rois & Princes; d'un autre côté on voit dans une Salle deux tables fort longues, l'une est de marbre, l'autre d'argent doré, avec plusieurs figures ingenieuses, & des emblêmes, dont les divises sont en vers Latins. Tout cela est gravé avec beaucoup d'art, & d'un goût merveilleux. On montre dans un autre appartement, quantité de tapisseries très magnifiques. Mais ce qui surprend agréablement, c'est la representation d'un homme qui est gravé sur du bois, & dont toutes les parties, & les muscles sont en mouvement. On admire l'adresse de celui qui a trouvé l'art de joindre si artificieusement ensemble tant de parties differentes. Auprès du Château, & sur les remparts, il y a des allées fort agréables, des jardins magnifiques, avec des parterres faits avec toutes l'industrie possible. C'est-là où le Duc, & ceux de sa suite vont jouir du plaisir de la promenade. L'Eglise de Saint Georges est aussi là assez proche. On y voit le tombeau de Charles le Hardy Duc de Bourgogne, avec une Epitaphe qui roule sur sa défaite auprès de la Ville : car enfin ce Duc fut lui-même tué, après que son armée eût été taillée en pieces, dans un endroit qui n'est qu'à une petite promenade de Nanci. On y a élevé une Croix de pierre, dont l'Inscription Françoise marque que ce Prince, dans le temps qu'il fuyoit, fut tué par un Tailleur qui le perça avec la pointe de ses ciseaux. De tous les vers de l'Epitaphe, qui sont sur son tombeau, je n'en trouve point de plus interessant que celui-ci :

Ecce

*Ecce Leo cecidit, jam pax quæ-
sita vigebit.*

Dans la même Eglise de saint Georges est aussi le tombeau du Duc René, qui, l'an 1476, reprit sur Charles Duc de Bourgogne, la Ville de Nanci qu'il avoit prise l'année précedente. L'Arcenal est très-bien garni. Il y a ce fameux Canon d'une longueur fort extraordinaire, & que le vulgaire appelle *la Coulevrine de Nanci*. Devant les Ecuries du Duc, où on nourit quantité de beaux chevaux, il y a une place qui sert d'Académie où se fait l'exercice de monter à cheval. La Ville est entourée d'un fossé très-profond, & d'une forte muraille ; ses fortifications sont très considerables ; & d'autant plus que les murailles étant fort hautes, la Ville n'est point dominée par les montagnes voisines.

La nouvelle Ville est un peu plus grande que la vieille, & beaucoup plus propre, à cause de la disposition de ses rues qui sont toutes tirées au cordeau. Elle est aussi environnée d'une forte muraille, d'un bon fossé, & ses fortifications sont faites à la moderne.

Après tout, quoiqu'on puisse dire de Nanci, tout le monde convient qu'il s'en faut beaucoup que cette Ville ne soit aussi belle que Mets, Toul, & Verdun. Et ceux qui la célébrent dans leurs écrits, ne l'ont sans doute fait, que parce qu'elle est la demeure ordinaire des Ducs de Lorraine.

Voilà ce que j'avois à vous dire de cette Capitale ; d'où nous partîmes, pour aller coucher à Luneville qui est à quatre lieues : Nous traversâmes à deux lieues de Nanci un Village nommé *Saint Nicolas*, auprès duquel la

Meurte paſſe. Il y a une Egliſe qui nous parut ſi belle, que nous crûmes devoir nous y arrêter ; nous ne nous trompions pas : elle eſt longue, vaſte, & fort élevée ; mais ce qu'il y a de plus remarquable, c'eſt que cet Edifice ſi conſidérable eſt ſoûtenu ſur des colonnes, dont le fuſt eſt ſi menu, qu'on ne peut s'empêcher de s'étonner de la hardieſſe de l'Architecte, qui a oſé poſer ſur de pareilles colonnes un ſi grand, & ſi peſant faîtage. Il y a deux belles tours. Les Reliques de ſaint Nicolas, que l'on conſerve précieuſement dans cette Egliſe, & pour leſquelles ceux du pays ont beaucoup de dévotion & de confiance, y attirent continuellement beaucoup de monde.

LUNEVILLE.

Luneville eſt une petite Ville fermée de murailles, & où il n'y a rien de remarquable que le Château du Duc de Lorraine, qui n'est pas encore achevé. Il est parfaitement beau ; & il le sera encore davantage dans la suite, si on continue d'y travailler comme il y a apparence. Le Duc & sa Cour y vont fort souvent ; & il y étoit dans le temps que nous y passâmes.

De Luneville nous fûmes diner à Herberviller, il y a quatre lieues ; ce n'est qu'un Village. Nous couchâmes ce jour-là à Blamont à deux lieues d'Herberviller. C'est une petite Ville assés jolie, où le Duc de Lorraine a un fort beau Château ; il y va quelquefois.

Le lendemain nous dinâmes à Landange, qui n'est qu'un mauvais Village à trois lieues de Blamont ; & nous fûmes coucher à Sarbourg à trois lieues de Landange. Sarbourg est une petite Ville où il y a quelques fortifications, & où le Roy tient garnison pendant la guerre.

FALZBOURG.

Nous dinâmes le lendemain à Falzbourg, à quatre lieues de Sarbourg. Cette Place appartenoit autrefois au Duc de Lorraine, & c'étoit la premiere de ses Etats de ce côté-là. Elle est à present au Roi, qui l'a achetée. Il en a fait une très-bonne Place de guerre, capable de soûtenir un long Siege; parce que les approches en sont fort difficiles, & qu'elle n'est dominée d'aucun endroit. La Ville n'est pas d'ailleurs fort considerable. De-là nous fûmes coucher à Saverne, à deux lieues de Falzbourg.

SAVERNE.

Saverne est la premiere Ville qui se presente lorsqu'on entre dans la Province d'Alsace, en venant du côté de la Lorraine. Elle est située dans la plaine, au pied d'une montagne qui étoit autrefois impraticable dans l'endroit où est à present le grand chemin, qui fut fait par les soins de Guillaume III. Evêque de Strasbourg, en l'année 1520. Cette Ville a quelques fortifications assés bonnes; & le Roy y tient garnison. Il y a un beau Château qui appartient à M. le Cardinal de Furstemberg.

Nous partîmes de Saverne le lendemain avant le jour, pour aller diner à Quitlerson, qui est un grand Village à trois lieues de Saverne. Nous arrivâmes ce jour-là même à Strasbourg, à quatre lieues de Quitlerson. Strasbourg est une Ville fameuse, qui a attiré nôtre attention; ce que nous y avons observé, mérite sans doute la vôtre. Je commencerai par vous en faire une petite description.

STRASBOURG.

Strasbourg est une grande & belle Ville, & la Capitale de la Province d'Alsace. Elle est située dans une belle plaine ; une riviere assés considerable, qui va se rendre dans le Rhin, passe presque au milieu de la Ville, où il y a plusieurs ponts sur lesquels on la traverse. Ses bâtimens sont beaux, & ses rues larges, quoiqu'elles ne soient pas fort bien allignées.

L'Eglise de Nôtre-Dame, qui est la Cathedrale, est très-belle, & fort vaste ; il n'y a qu'une tour, au haut de laquelle on monte par cinq cens dégrés, ou environ. Ceux qui ont voyagé disent n'en avoir jamais vû de pareille. On voit de-là le Fort de Kel, les montagnes de Saverne ; on découvre même jusqu'aux montagnes noires.

Cette magnifique Tour paroît encore bien plus belle, lorsque, dans les réjouïssances publiques, on l'illumine, en mettant de gros flambeaux dans des trous qui sont pratiqués dans les pierres qui regnent tout au tour. Quelques jours après nôtre arrivée à Strasbourg, nous eûmes le plaisir de voir ce beau spectacle pour la prise de Landau, & la victoire remportée sur les Ennemis auprès de Spire.

Cette Eglise a été plus d'un Siecle entre les mains des Protestans, qui s'en emparerent l'an 1529, dans le temps que ceux de Strasbourg embrasserent ouvertement le parti de la Prétendue Réformation, avec ce zele amer, & sans science, qui animoit jusqu'à la fureur ces admirables Réformés, dont la plûpart n'étoit d'abord que des gueux, des porte-faix, de vils artisans, & une populace très-ignorante;

comme le dit si bien Boccalini dans sa *Pietra di Paragone Politico*; où il représente très-naturellement l'orgueil des Réformateurs, la misere & le libertinage des Réformés, & la ridicule entreprise de la Réformation, qui tendoit bien moins à remettre les Chrétiens dans un meilleur train de vie, qu'à faire éclater la violente passion, que ces Auteurs de la Réforme avoient de briller par une érudition qu'ils avoient pourtant acquise dans le sein de l'Eglise Catholique. Strasbourg eût le malheur de se livrer à ces nouveaux Docteurs. Les querelles qui survinrent entre Luther & Carolstad, qui se trouvoient diversement inspirés sur le sens où l'on doit prendre les paroles de l'institution de l'Eucharistie, n'ouvrirent point les yeux des Strasbourgeois sur le fanatisme de ces deux visionnaires. Enfin ce qui acheva de gâter l'esprit des habitans de Strasbourg, ce fut la retraite qu'y fit Jean Calvin, chassé de Genève par un Arrest du Conseil de la Ville. Cet homme étoit d'autant plus dangereux, qu'il étoit hardi, ferme, farouche, violent, & d'un éloquence impétueuse. On fit un Cabaret de la maison de l'Evêque. Le Chapitre se retira à Molshein, où il a demeuré jusqu'en 1681, que le Roy LOUIS LE GRAND le rétablit dans cette Eglise; où ce Monarque si religieux, a depuis envoyé de riches & magnifiques ornemens pour la célébration du Service Divin.

Vous avez, sans doute, ouï parler de l'horloge de Strasbourg, qui est dans la même Eglise. C'est un chef-d'œuvre de l'art. Il y a un Coq artificiel, qui bat de ses aîles, & chante avant que l'heure sonne. Ce Coq est placé sur un pillier séparé du corps de l'horloge : ce qui paroît admirable ; puisqu'on ne voit aucuns des ressorts qui le font mouvoir. Enfin rien n'est si surprenant que l'artifice avec lequel est composée cette belle machine. J'ajouterai seulement qu'au pied de cet admirable ouvrage, qui est fermé d'une grille de fer, il y a de fort beaux globes qui ont leur mouvement particulier ; & qu'à côté de l'horloge on a eu soin de marquer toutes les éclypses de Soleil & de Lune, qui sont arrivées depuis fort long-temps, & qui arriveront dans la suite, jusqu'à une certaine année, qui est encore très-éloignée ; ce qui montre que l'Astronomie & la Mécanique se sont également mêlées de cette merveilleuse horloge. Je ne sçaurois finir cet article sans vous parler aussi des deux petits Anges qui sont sur le devant de l'horloge, dont l'un tient un Sceptre à la main avec lequel il frape ; & l'autre tourne un Sable qu'il tient aussi à la main, avant que l'heure sonne, & après que le Coq a chanté, & batu des aîles.

Au devant de l'Eglise il y a une belle place, où l'on a accoutumé de dresser le 8 Janvier un grand echaffaut, sur lequel montent les premiers de la Ville, qui ont soin de faire prêter le serment de fidelité aux habitans, qui étant assemblés en grand nombre levent tous la main, & promettent de garder les Statuts de la Ville, dont le Greffier leur a fait auparavant la lecture, & d'être fideles au Roy.

Depuis que les Protestants de Strasbourg ont rendu au Roy la grande Eglise, ils en ont fait bâtir une autre qui est assés belle, & où ils ont leur College. Ils ont aussi plusieurs autres Eglises qu'ils nomment Paroisses, dans lesquelles on voit quantité d'Images : en quoi ils sont opposés aux Calvinistes, pour qui le peuple a une haine implacable, malgré l'espece de conformité qui semble être entre les Sectateurs de Luther, & les Sectateurs de Calvin ; enfin malgré cette fameuse union que les Calvinistes de France firent en 1631 au Synode de Charenton, où ils declarerent qu'ils recevoient les Lutheriens sans rien abjurer, à leur communion ; *Parce que*, dit M. Daillé, *la doctrine des Lutheriens n'a de soi aucun venin*. Declaration qui ne fut point capable d'amolir le cœur des Lutheriens ; car enfin chacun sçait que peu après ils excommunierent tout de nouveau à Ausbourg les Calvinistes, qui depuis ce temps-là ont été terriblement harcelés par les Docteurs Catholiques, sur les inconvenients de l'Acte du Synode de Charenton, & dont il faut avouer qu'ils ne se tireront jamais de bonne grace; sur-tout tant qu'on leur fera voir que les premiers Calvinistes avoient plus d'horreur de la doctrine de Luther, sur l'Eucharistie, que de celle de l'Eglise Romaine.

L'Hôtel de Ville n'a rien de remarquable : c'est-là que l'Ameſtre & les Conseillers s'assemblent pour rendre la justice, & regler les affaires ⬛ regardent le Roy : auquel cas ils ne manquent pas d'avertir M. le Sindic, qui s'y rend aussi. On fait la même chose à son égard quand ils créent leur Ameſtre : ce qui se fait tous les ans.

Strasbourg est une Ville très-bien fortifiée ; c'est la plus forte Place que le Roy ait de ce côté-là : & il faudroit une puissante Armée pour en faire le Siege, parce que les dehors en sont très grands, & difficiles à occuper. Outre les fortifications de la Ville, nous y avons encore une très-belle Citadelle avec double muraille, & double fossé : c'est le Roy qui l'a fait bâtir.

L'Arcenal est muni de beaucoup d'armes, dont cependant plusieurs ne seroient pas d'une grande utilité à present, à cause de leur ancienneté ; & qu'on ne s'en sert plus de pareilles. On y voit dans une Armoire couverte d'une glace, l'habillement du grand Gustave Adolphe, Roy de Suede. Ce Prince si belliqueux, & celui que dans l'Histoire du Royaume de Suede, on nomme Gustave Adolphe II. à l'âge de dix-huit ans succeda à son pere Charle en 1611. Il avoit été tout-à-fait bien élevé, tant dans les belles Lettres, que dans le métier de la Guerre, où il se distingua merveilleusement. Il délivra l'Allemagne sous Ferdinand

II. après avoir enlevé Riga aux Polonois en 1621. Ayant passé la mer en 1630, il fit lever le Siege de Straelsundt, que les troupes de l'Empereur tenoient assiegée. Vainqueur à Lipsick, & par tout où il porta ses armes, il passa comme un foudre au travers du Palatinat, de la Souabe, de la Baviere, &c. pour venir enfin terminer sa vie dans la Bataille de Lutzen, où il fut tué entre les bras de la victoire, l'an 1632. Le comble de sa gloire, c'est d'avoir été pere de l'incomparable Christine. Un Allemand a composé sur cette naissance un Sonnet, qui m'a été donné par un ami, & que vous lirez ici avec plaisir.

SONNET

de M. de Rouviere.

SONNET
Sur la naissance de Christine, fille du grand Gustave Adolphe, Roy de Suede.

Les ombres des Héros dans la plaine Elisée,
Flatants leur propre gloire avec impunité,
Doutoient insolemment que la Nature usée,
Leur pût rien égaler dans la Posterité.

Ingrats, dit-elle alors, d'un accent irrité:
Vous prenez mes faveurs en titre de risée:
Vous verrez bien-tôt, si je fus épuisée,
En formant les sujets de vôtre vanité.

Elle acheva ces mots : Et du plus
grand des hommes,
Fit naître ce Chef-d'œuvre, en la
terre où nous sommes.
A l'effort qu'elle fit tout l'Olympe
accourut :

Tout l'air fut épuré, les dons se ré-
pandirent.
Tout le Nord treſſaillit, tous les
Héros pâlirent,
   Et Chriſtine parut.

On voit par ce Sonnet admirable, que les Allemands ſont capables de cette elevation d'eſprit, & de ce beau feu que demande la Poëſie Françoiſe ; & particulierement le Sonnet qui eſt la plus difficile piece de la Poëſie.

Le Fort de Kel où nous allâmes, & qui eſt à une petite lieue de Straſbourg, eſt ſitué ſur le bord du Rhin, où nous avons un pont pour la communication. Ce Fort est d'une grande conséquence pour la sureté de la Ville, & de la Citadelle ; parce qu'en cas de besoin on en pourroit tirer de puissans secours. L'ouvrage à corne qu'on y a bâti, est extrêmement fort.

Les Allemands sont fort laborieux : ils aiment l'étude ; & ont un merveilleux genie pour la culture des Sciences, & des beaux Arts ; mais ils ne sont pas entierement aussi polis, & aussi affables que les François. Nous fîmes connoissance à Strasbourg avec quelques Medecins habiles. Nous vîmes chez le celebre M. Schaid, entr'autres choses curieuses qu'il a dans son Cabinet, un papillon que Pison nomme fort à propos, *Folia ambulantia : Feuilles qui marchent*, parce que ce petit animal, quelque temps après sa naissance, se change en plante, en mettant ses pieds & ses aîles dans la terre. Il avoit déja ses aîles changées en feuilles.

Il y a dans l'Amphiteâtre Anatomique quantité de choses assez curieuses, & entr'autres deux Skéletes monstrueux, de deux jeunes enfans qui tiennent l'un à l'autre. Ils avoient quatre bras, les deux droits n'avoient qu'un *humerus*, qui ensuite se partageoit en deux bras, & formoit deux *radius*, & deux *cubitus*. Ils avoient quatre omoplates, & une seule poitrine, dont la capacité étoit assez grande pour contenir deux poulmons, & deux cœurs. Les côtes n'étoient point articulées à la partie posterieure de l'épine, comme elles ont accoutumé de l'être avec les vertébres du dos ; mais elles se recourboient en dedans à la longueur de trois travers de doigt; ce qui devoit sans doute fort incommoder les visceres. Ils n'avoient que deux clavicules, & quatre jambes. On nous montra aussi un Basilic enfermé dans une boëte quarrée, couverte d'une glace. C'est un petit animal dont la tête est assez longue, avec une maniere d'allongement formé par la mâchoire inferieure d'environ deux grands travers de doigt. Il a quatre jambes, & le corps assez grêle, & même une queue qui forme plusieurs replis. Nous vîmes encore dans le même Amphiteâtre un *Tibia* monstrueux, qu'on dit être de la jambe d'un géant, & qui fut trouvé dans le Rhin ; plusieurs coquillages très-curieux ; un Dragon volant à deux têtes ; plusieurs belles pierres qui representent au naturel des arbres, des paysages, & des Villes. Il y en a de pareilles au Cabinet de Sainte Geneviéve. Les Skéletes de plusieurs beaux poissons; des pierres d'une grosseur extraordinaire, trouvées dans la vesicule du fiel d'une femme; & beaucoup d'autres choses d'une curiosité piquante pour les Physiciens, & dont le détail seroit trop-long à vous faire.

Strasbourg se nomme en Latin *Argentoratum*; nom qui lui a été donné de l'argent qu'y déposoient autrefois les Romains, qui en faisoient le lieu où se gardoit le trésor de leur Armée. C'étoit une Ville libre, & son gouvernement étoit d'abord entre les mains des Nobles; mais des differents de famille qui y survinrent, d'où il s'ensuivit beaucoup de meurtres, & de carnages, firent que le peuple en 1332, secoua le joug de la Noblesse, & composa un Senat tiré de son Corps, qui cependant ne pût donner à cette Ville sa premiere splendeur. Elle jouissoit de privileges fort honorables. Son Etendart dans les Armées, depuis Otton III. marchoit tout proche de l'Etendart de l'Empire. L'Empereur Julien, l'an 356, & l'Empereur Gratien, soumirent cette Ville à la domination Romaine, après avoir défait, & tué près de trente mille Allemans. Childeric l'enleva aux Romains l'an 478. Elle retourna aux Romains, qui ne la garderent pas long-temps. Après quoi son gouvernment fut Aristocratique, c'est-à-dire, entre les mains des Nobles; comme je viens de le dire.

Voilà, mon cher pere, tout ce que j'ai pû remarquer de plus curieux dans mon voyage de Paris en cette Ville. J'aurai soin dans la suite, d'avoir l'honneur de vous communiquer les petites Remarques que je ferai dans le cours de mes Voyages. Je suis avec un profond respect,

Monsieur & très-cher Pere,

Vôtre très-humble & très-obéïssant Fils, & serviteur,

DE ROUVIERE.

SECONDE LETTRE.

Voyage de Strasbourg à Lyon, par la Suisse.

A Lyon ce 10 May 1704.

Comme il est necessaire qu'un jeune homme s'instruise des mœurs des Nations étrangeres, autant qu'il le peut par lui-même ; afin de n'être pas obligé de s'en rapporter à la foi des Voyageurs, qui en ont écrit; c'est pour cela que vous avés voulu, mon cher pere, que j'aye été faire un tour en Suisse. C'est presque le seul pays où on peut voyager à present en sureté, à cause de la guerre qui est allumée de toutes parts. Je puis dire aussi que ce petit voyage m'a fait beaucoup de plaisir. Et comme il m'a paru que ma premiere Lettre ne vous avoit pas déplû, cela m'a encouragé à vous en écrire une seconde ; dans laquelle j'aurai l'honneur de vous faire la Relation de ce que j'ai pû remarquer de plus curieux, tant en route, que dans les lieux où j'ai séjourné.

Après avoir passé trois mois, ou environ à Strasbourg, & m'y être appliqué à ce que vous souhaitiez de moi, nous en partîmes le dixiéme du mois de Mars pour nous rendre à Bâle en Suisse. Nous fûmes coucher ce jour-là à Blopzen, à six lieues de Strasbourg. Ce n'est qu'un Village, aussi-bien que Biessen, où nous allâmes diner le lendemain, à cinq lieues de Blopzen. Nous prîmes-là des chevaux pour aller voir le vieux Brisack, qui n'est qu'à deux lieues de-là. Cette forte Place est située sur le bord du Rhin. La Ville n'est pas grande ; mais elle est très-bien fortifiée. Son assiette, qui est sur une hauteur, & ses bonnes fortifications, la faisoient regarder autrefois comme une Place imprenable. Cependant la suite du temps a fait voir qu'on s'étoit trompé ; puisque depuis peu le Roy s'en est rendu le maître. On nous mena devant le Lieutenant de Roy, à qui il fallut montrer nos Passeports, & dire qui nous étions. On passe là le Rhin sur un pont, sous lequel ce fleuve coule avec une grande rapidité. Nous vîmes à Brisack M. Dubois Directeur de l'Hôpital, & Apotiquaire, à qui nous avions des Lettres à rendre de la part de M. Strchlin. M. Dubois est un fort honnête homme ; il nous reçût avec beaucoup d'honnêteté ; il nous dit qu'il avoit eu l'honneur de vous connoître, lorsqu'il étoit à Paris. Vis-à-vis cette forte Place, de l'autre côté du Rhin, est le neuf Brisack, que le Roy a fait bâtir

& fortifier. Cette derniere Ville est fort-bien située ; les rues en sont très-bien percées, mais elle n'est pas aussi forte que le vieux Brisack. Nous en partîmes pour reprendre la route de Bâle ; & pour cet effet, nous fûmes joindre le Carosse, qui avoit pris un autre chemin. Nous allâmes coucher ce jour-là à Blodlesshaim, à quatre lieues de Biessen où nous avions diné : c'est un Village où il n'y a que de très-mauvaises hôtelleries.

Nous dinâmes le lendemain à Kems ; & nous en partîmes pour nous rendre à Bâle, qui en est éloigné de trois lieues. Nous passâmes au milieu d'Huningue, qui est la derniere Place que le Roy aye de ce côté-là ; & qui est très-bien fortifiée. Elle est située sur le bord du Rhin : ce n'est pas sans raison qu'on la nomme communément *Bride Basle* ; puisqu'elle n'en est éloignée que d'une petite demi lieue ; & que c'est par-là que passent tous les bleds, & autres provisions qu'on fait voiturer en Suisse ; & desquelles les Suisses ne pourroient se passer qu'avec beaucoup de peine. Nous allâmes faire la révérence à M. le Lieutenant de Roy, qui se nomme M. de Saint Cris, qui y commande en l'absence de M. le Marquis de Puysieux qui en est Gouverneur. Il fallut lui montrer nos Passeports ; ensuite dequoi on nous laissa passer avec beaucoup d'honnêteté.

BASLE.

Bâle est une grande & belle Ville, la plus considerable de la Suisse, quoique son Canton ne s'étende pas fort loin. Elle est située sur le bord du Rhin, qui la divise en deux parties ; dont l'une, qui est la plus petite, se nomme *le petit Bâle* ; & l'autre retient le nom de *Bâle*, qui est trois fois plus grande, & plus élevée ; parce qu'elle est un peu montagneuse. Il y a un pont pour la communication de l'une à l'autre, qui est fort beau, & très-élevé ; la Ville n'est pas des mieux fortifiée ; cependant on a soin de faire bonne garde aux portes ; & même de les fermer toutes les fois qu'on va au Prêche : crainte de quelque surprise. On nourrit dans les fossés quelques Cerfs, & des Biches : c'est une coûtume introduite dans presque toutes les Villes de la Suisse, de nourrir dans les fossés, ou ailleurs, differentes sortes d'animaux.

Et ce qu'il y a de très agréable à Bâle, c'est que quantité de maisons ont de beaux jardins, & des fontaines d'eau vive ; & ce qui acheve de faire un agrément parfait, c'est que ces eaux sont belles, legeres, & tout-à-fait saines. Je trouve que Bâle est à peu près de la grandeur de Strasbourg. Ce qui y met une grande différence, c'est que Strasbourg est bien plus peuplé. On y compte jusqu'à 28000 personnes; au lieu que dans Bâle on auroit de la peine à trouver plus de 16000 ames. Oecolampade, Moine, après avoir jetté le froc aux orties, & embrassé le parti de la nouvelle Réformation, fut le premier Apôtre qui fonda la Religion Protestante dans Bâle, en l'an 1529. Ce qui se fit sans beaucoup de façon; puisque Zuinger témoigne que ce fut *la canaille de la Ville*, qui séditieusement, & sans aucun examen, adopta le nouvel Evangile, qui dispensoit des austerités de la Penitence, de la Confession, du jeûne du Carême, & des Vœux faits à Dieu. Cela se passa fort cavalierement. Et si cette populace avoit tiré juste, ç'auroit plutôt été un coup du hazard, qu'un effet de leur discernement, & de leur prudence. *Posteaquam verò ann. 1529. Populari manu Romana Religio profligata fuit, &c. Zuinger. Method. Apodemic. lib. 3. pag. 250.*

L'Hôtel de Ville mérite bien d'être vû; il est beau & fort ancien: nous y avons vû un Tableau d'un grand prix, représentant la Passion de Nôtre-Seigneur. Ce sujet y est divisé en six classes, depuis le commencement de ses souffrances, jusques à sa mort. On a offert, dit-on, à Bâle 50000 francs de ce Tableau, quoiqu'il n'ait pas plus de 4 ou 5 pieds de grandeur.

Dans l'enclos du Temple, qui sert aux François refugiés, on voit une longue Gallerie, le long de laquelle un habile Peintre a représenté tous les differens états de la vie, depuis le Berger jusqu'aux Princes, & aux Rois, surpris par la mort, dans le temps qu'ils s'y attendent le moins. C'est un Ouvrage admirable; la peinture en est très-belle, & les attitudes de chaque personnage si bien exprimées, qu'on ne peut rien souhaiter de mieux fait; on appelle cette Gallerie *la Danse des Morts*, à cause qu'à l'une de ses extremités le Peintre a représenté les Enfers, d'où sortent une infinité de petits Diables, les uns en jouant du violon, les autres du haut-bois, & autres instrumens, & par ce aussi qu'à la mort même toutes ces personnes ont un air moqueur, & semblent danser.

Le Peintre qui a fait ces beaux Tableaux, se nommoit Hans Holbein. Il falloit que ce Holbein eût avec les autres parties qui font le bon Peintre, une imagination bien riche: car enfin c'est une faculté qui brille surtout dans cet Ouvrage de *La Danſe des Morts*. Cette peinture a été depuis peu retouchée pour la troiſiéme fois : ce qui le rend bien moins eſtimable : on a eu égard aux differentes attitudes qu'on a reſpectées, & qui paroîtront toujours avec ce plaiſir inévitable qu'on goûte en les voyant.

L'Univerſité de Bâle eſt aujourd'hui peu frequentée, & cela depuis vingt ans. Elle ne ſe ſoutient guere preſentement que pour la Medecine. Dans le temps que nous y étions, M. Zuinger, très-habile Medecin, faiſoit de ſçavantes expériences de Phyſique, où nous aſſiſtâmes, après avoir fait connoiſſance avec lui.

On voit auſſi à Bâle le Cabinet de M. Faeſch : il eſt très-curieux par les Antiquités qu'il a eu ſoin d'y ramaſſer, & par les Médailles antiques ; en quoi ce M. là eſt fort intelligent, & dont il a une forte grande quantité.

Il y a un autre Cabinet chez M. Platter, Docteur en Medecine, & fort galant homme. Il y possede plusieurs curiosités naturelles, qui entrent dans son étude. On est reçu avec une extrême politesse à voir toutes ces raretés.

Il est extrêmement sçavant dans les Antiquités, & dans le Droit. J'ai oui dire qu'il a un Manuscrit sur Grotius, *De Jure Belli, & Pacis*, qui fera grand plaisir aux curieux, s'il devient public.

M. Werenfels le fils, Docteur & Professeur en Theologie, est un homme d'un grand sçavoir, & de mérite ; & s'il n'étoit pas si connu à Paris, où dans le séjour qu'il y a fait, il s'est acquis par lui-même, l'estime & l'amitié de nos Sçavants, j'aurois occasion d'en parler avec plaisir.

M. Kœnig Docteur en Medecine, est un Sçavant d'une vaste érudition, & d'une memoire prodigieuse. C'est une veritable Chronique du temps passé. Que n'a-t-il point lû ? Et que ne sçait-il pas ? Il joint à une ample lecture, la connoissance des Livres, de la Chymie Medecinale, & de la Chymie Minerale. J'ai même sçû de bon endroit, qu'il avoit passé quelques années à travailler après des experiences tout-à-fait curieuses. Il est de la Societé *Naturæ Curiosorum*, où on lui a donné le nom d'*Avicenne*. Il a publié deux Dissertations sçavantes, *De Regno Vegetabili, & Animali*, & plusieurs autres Ouvrages dignes de lui ; & nous contons encore sur d'autres.

M. Hofman seul donneroit du relief au lieu de sa naissance, par ses differents Ouvrages, sur-tout par son excellent *Lexicon Universale, in-folio*, qui vient d'être augmenté en Hollande jusqu'à quatre Volumes. C'est un homme extrêmement laborieux. Il est encore garçon, quoiqu'il ne soit guere éloigné de soixante ans. Il est d'une figure assez irréguliere, & des-agréable. Il a l'air d'un gros tronçon d'arbre, entierement immobile. On dit qu'il a une descente qui l'incommode beaucoup. On m'a assuré qu'il n'a jamais sorti les portes de la Ville, ni passé le pont qui est à Bâle. Il aime passionnement les écus; & il n'y a point de maîtresses, qu'il ne leur sacrifiât volontiers. Cet amour extrême qu'il a pour l'argent, a répandu sur sa réputation un vernis obscur, qui l'a un peu ternie. C'est cette passion qui l'a un peu broüillé avec ses Libraires, qui se plaignent hautement de ses supercheries. Après avoir vendu bien cherement la copie de son Dictionnaire Universel à un Libraire de

Geneve, il lui joua un tour qui auroit infailliblement ruiné ce Marchand, s'il n'avoit pas eu des ressources d'ailleurs. Voici le fait, M. Hofman, après avoir donné la premiere édition de son *Lexicon*, y fit une continuation pour suppléer à ce qui avoit été obmis dans les deux premiers Volumes. Tandis que ce supplément, qui étoit très-considerable, se débitoit avec les deux premiers Volumes, cet Auteur ne cessoit point de travailler encore à augmenter son Dictionnaire: & lorsqu'il eût par devers lui grand nombre d'augmentations, il en avertit le Libraire de Geneve, afin de le porter à faire une seconde édition. Le Libraire lui répondit qu'ayant encore nombre de la premiere édition, & sur tout de la continuation; il falloit auparavant les débiter, & en faire de l'argent, pour s'indemniser des frais qu'il avoit faits; &

que d'abord qu'il les auroit vendus, il commenceroit une seconde édition, & achetteroit de lui ses nouvelles augmentations. Cela ne quadroit pas avec la cupidité de M. Hofman, que l'impatience de toucher de l'argent pressoit violemment. En un mot il traita avec des Libraires de Hollande, pour la somme de cent louis d'or. Peu de temps après ces Libraires donnerent le *Lexicon*, sous un seul alphabet, en quatre gros Volumes *in-folio*, au grand des-avantage de la premiere édition, qui est devenue par-là défectueuse, & qui est restée en grand nombre au Libraire de Geneve. Il intenta un procès à M. Hofman, & en demanda dédommagement. Quoiqu'il ait pû faire, il ne lui a pas été possible de tirer de l'argent de cet Auteur, qui ne sçait ce que c'est que d'entamer ses écus. M. Hofman, fécond en expedients, inventa un stratagême qui le peint à merveille. Comme le travail lui fait moins de peur que l'idée de toucher à son argent, il s'offrit de fournir de nouvelles additions au Libraire de Geneve, afin de faire tomber l'édition des Hollandois ; ainsi se termina ce beau procès, en trompant alternativement, & le Libraire de Geneve, & les Libraires de Hollande.

L'on fait à Bâle mille petits contes sur l'avarice de ce Professeur ; & l'on dit qu'il est tellement amoureux de son argent, qu'il le compte à tout moment : & sur ce qu'on lui demandoit à quoi cela lui servoit, puisqu'il en sçavoit le nombre, il répondit serieusement : *Etiam sonus delectat.*

Le seul Calvinisme est souffert dans Bâle. On y dit pourtant la Messe dans la maison d'un Gentilhomme Alleman ; mais on ne peut

peut s'y rendre qu'en fort petit nombre, & même sans bruit. Les Lutheriens, qui n'y sont pas moins haïs que les Catholiques, n'y ont point de Temple, & il ne leur est pas permis de s'y établir. Le Margrave de Bade-Durlach y a fait bâtir un beau Palais, qu'un François d'Huningue a executé trés-heureusement. C'est dans ce Palais, que les Lutheriens vont deux fois chaque Dimanche, faire leur Prêche, & y va qui veut. Le chant des Lutheriens est fort beau, & trés-melodieux.

Il y a dans Bâle une belle Bibliotheque ; mais qui n'est pas si considerable par la quantité des Livres, que par plusieurs Manuscrits rares, qu'on ne peut trop estimer. C'est-là que se voit le Testament écrit de la propre main du celebre Erasme. Les Livres sont arrangés dans une trés-agréable Salle, où il y a grand nombre de Tableaux, qui représentent les plus sçavants Professeurs de l'Université. La plûpart de ces portraits sont de ceux qui sont morts. C'est dans cette belle Salle que se tint le XVII. Concile General; qu'on nomme *le Concile de Bâle*, sous Eugene IV. Sigismond étant Empereur, l'an 1431. Il fut assemblé pour la Réformation de l'Eglise, & contre les erreurs des Boemiens; ausquels le Concile accorda l'usage du Calice; à condition qu'ils n'improuveroient pas la Communion de ceux qui ne communieroient que sous une espece.

Eneas Sylvius, qui fut Secretaire du Concile de Bâle, & depuis Pape, sous le nom de Pie II. est le Fondateur de l'Université de Bâle. Ce qu'il fit en reconnoissance des bonnes manieres que ceux de Bâle avoient euës pour lui durant le Concile. Il forma cette Université sur le modele de celle de Boulogne. On y enseignoit la Theologie, la Jurisprudence, la Medecine, & la Philosophie. Mais cette Université reçut un terrible echec, & tomba presque entierement lorsque la Ville de Bâle se sépara de la Communion de l'Eglise Romaine. Ce qui ne pouvoit manquer d'arriver de la sorte : car enfin, comme dans les premiers temps de cette séparation, le parti Protestant n'étoit composé que d'une vile populace, & qu'ils n'avoient de Sçavants qu'un petit nombre de revoltés, qui avoient puisé leur science dans le sein de l'Eglise Romaine, ils n'en avoient pas suffisamment pour faire des Ministres, & des Professeurs. C'est de là qu'arriva la décadence de cette Université, qui se releva ensuite par les soins des Magistrats ; & sur tout par le zele de Boniface Amerbachius, sans cependant avoir pû remonter à ce point de splendeur où elle étoit avant l'année 1529, qu'arriva le changement de Religion.

Il faut avouer qu'il y avoit de grands hommes au Concile de Bâle, durant lequel la peste, qui attaqua toute la Ville, fit de grands ravages, & n'épargna pas même les Peres du Concile, dont plusieurs furent enterrés dans l'Eglise des Chartreux.

Alfonse de Cuvilla, Cardinal, mourut en 1434.

Louis, Patriarche d'Aquilée, mourut en 1439.

Thomas, Evêque de Worchester, en Angleterre, mourut en 1433.

Suederus, Evêque d'Utrecht.

Jean Langdon, Evêque de Rochester, en Angleterre.

François de Bossis, Evêque de Cumes, mourut en 1434.

On ne s'étonnera pas que la peste ait moissonné tant de personnes dans ce temps-là à Bâle, quand on sçaura qu'il y a peu de Villes au monde qui aient été autant le jouet des calamités publiques que la Ville de Bâle. Les tremblemens de terre, la peste, les séditions, la guerre, les incendies, les inondations, l'ont tour-à-tour desolée très-fréquemment.

L'an 917, les Huns qui ravageoient les rives du Rhin, la brûlerent.

En 1250 la fameuse sédition de ceux *de l'Etoile d'argent en champ de gueule*, contre le parti *du Perroquet de sinople en champ d'argent*, fit des maux dans la Ville qu'on ne peut exprimer; & qui ne durerent guere moins de 72 ans.

En 1258 la plus grande partie de la Ville, & l'Eglise Cathedrale, furent consumées par le feu.

En 1265 une grande inondation endommagea considerablement la Ville.

En 1273, Guerre cruelle entre le Comte de Habspourg, & Henri III. Evêque de Bâle.

En 1287, Guerre entre Pierre de Rinchestein, Evêque de Bâle, contre le Comte de Monbeliard.

En 1294, plus de 600 maisons brûlées.

En 1308, Albert, Empereur, declara la guerre à l'Evêque de Bâle; d'où vinrent d'extrêmes brouilleries entre les habitans.

En 1336, le 8 Octobre, sur les neuf heures du soir, survint un tremblement de terre qui ébranla, & fit ébouler quantité de maisons de la Ville : l'Eglise Cathedrale fut renversée, & plus de 60 maisons considerables des environs de Bâle, furent entierement détruites.

En 1337, tremblement de terre au mois de Mai.

En 1346 le Palais, & une partie de la Cathedrale, furent beaucoup endommagées par un tremblement de terre.

En 1348, la peste & les séditions populaires, firent de grands desordres dans la Ville. On en chassa les Juifs: on pilla leurs biens. Ils étoient accusés de procurer la continuation de la peste, & d'avoir empoisonné les fontaines. Proche le Pont, sur le bord du Rhin, on bâtit une maison où, après en avoir enfermé plusieurs, on mit le feu; & là dedans ils furent brûlés tous ensemble.

En 1372, tremblement de terre.

En 1374, Jean, Evêque de Bâle, Bourguignon de Nation, assiegea la Ville de Bâle, appella à son secours Leopold, Archiduc d'Autriche; & lui engagea le petit Bâle, pour avoir dequoi payer les troupes: outre que ce siege incommoda beaucoup la Ville, il eût d'ailleurs des suites fâcheuses.

Il y eût cette même année une inondation qui emporta une partie du pont de bois.

En 1373, les Gentilhommes de Leopold d'Autriche, à qui Bâle avoit été engagée par l'Evêque, s'exerçants durant le Carnaval aux combats de lance, & quelques-uns du peuple ayant été blessés, les habitants prirent les armes, & tuerent plusieurs de ces Gentilhommes. Les séditieux eurent le lendemain la tête tranchée.

En 1377, le Marché au blé fut brûlé.

La même année il y eût encore un incendie, qui commença par la maison où le fameux Cratander a depuis établi sa belle Imprimerie. Depuis ce temps-là on avertit par le son d'une cloche, en hyver à huit heures,

& en

& en Eté à neuf heures du soir, les habitans de prendre garde à leur feu.

En 1378, une inondation emporta une partie du Pont de bois.

En 1409, le petit Bâle ayant été racheté, & retiré des mains de Leopold d'Autriche, & le Conseil de sa Veuve ne pouvant goûter ce morceau qu'on leur avoit tiré du bec, fit prendre les armes. Cette affaire se termina par une paix, qui ne fut pas glorieuse aux Autrichiens : car enfin pour dédommager ceux de Bâle, il falut leur ceder plusieurs Places.

En 1416, un tremblement de terre au mois de Juillet.

En 1417, un incendie qui commença proche de l'Hôpital, brûla 300 maisons, qui étoient d'autant plus combustibles, que le tremblement de terre, arrivé l'année précedente, avoit porté

G

les habitans à bâtir, & à couvrir leurs maisons tout de bois.

En 1424, une inondation emporta une grande partie du Pont de bois.

En 1428, un tremblement de terre, le 13 de Décembre.

En 1444, guerre fort vive, dont les habitans de Bâle se tirerent par leur valeur.

En 1446, une inondation causa une perte considerable par le renversement de quelques maisons dans le Marché au Poisson.

En 1480, une inondation ruina une partie du Pont de bois.

En 1502, une peste des plus cruelles emporta un grand nombre d'habitants.

En 1528, grande division entre ceux de Bâle, au sujet de la Religion. La populace se déchaîna contre les Images, & les jetta séditieusement hors des Eglises le jour des Cendres. Les Chanoines de la Cathedrale se retirerent à Fribourg dans le Brisgau ; & ce qu'il y avoit de personnes les plus considerables, cederent à la violence du petit peuple, & s'exilerent volontairement. Zuingerus dit que les Prédicateurs Catholiques, ne mesurants pas assez leurs expressions, avoient effarouché cette populace.

En 1529, inondation, le 14 de Juin.

En 1530, inondation le 4 de Juillet.

La même année, guerre Civile entre les Suisses.

En 1533, tremblemens de terre, le 27 Decembre.

En 1535, tremblement de terre, le 20 Janvier.

En 1564, une horrible peste gagna tous les quartiers de la Ville, & enleva plus de 5000 personnes, tant de l'un que de l'autre sexe.

Tout ce que je viens de vous

dire, depuis que j'ai parlé d'Eneas Sylvius, est pris de l'excellente *Methode de Voyager* de Theodore Zuinger, à qui je dois ces singularités, qu'il seroit difficile de trouver ailleurs. Comme il n'a pas poussé plus loin ses observations historiques, sur les malheurs de la Ville de Bâle, je suis obligé de m'arrêter où il s'est fixé. C'étoit un célebre Medecin, que M. de Thou se fit un honneur de visiter à Bâle, & dont il parle fort honorablement : & depuis peu est mort à Bâle M. Jean Zuinger, qui enseignoit la Theologie avec l'applaudissement de ceux de son parti. Il étoit arriere-petit-fils de Theodore Zuinger, Auteur du Livre intitulé : *Methodus Apodemica*; & du grand Ouvrage connu sous le titre de *Theatrum vitæ Humanæ*.

Avant que de quitter Bâle, je veux encore vous dire quelque

choses de son Gouvernement. Il y a particulierement trois familles qui remplissent depuis long-temps les premieres Charges de l'Etat : ce sont Messieurs Faesch, Socin, & Burcard. Comme ces trois familles sont très-nombreuses, & les plus puissantes de la Ville, il ne faut pas s'étonner si elles se maintiennent toujours à la tête des affaires.

Il y a deux *Burgemesters*, & deux *Zunstmesters*, qu'on nomme les quatre Chefs de la Republique. *Burgemesters* veut dire *Maîtres des Bourgeois* ; & *Zunstmesters*, signifie *Maîtres des Tribus*. Il y en a toujours un des deux qui repose tandis que les deux autres regnent, & sont en fonction.

Le Conseil d'Etat ordinaire s'assemble deux fois la semaine, & il est composé de soixante-dix personnes, y compris les quatre Chefs.

Il y a encore une autre sorte

de Conseil, mais qui ne s'assemble que dans les occasions extraordinaires; comme quand il s'agit de quelque chose qui concerne le bien de la Patrie. Il est composé de deux cens personnes. Les Chefs tant du Petit que du Grand Conseil, ont leurs Charges à vie. Mais ce qu'il y a ici de singulier, c'est que dans l'un & l'autre Conseil, il y a des Bouchers, des Tailleurs, des Boulangers, des Menuisiers, des Cordonniers, des Batteliers, des Barbiers, des Pêcheurs, &c. Et selon les Constitutions de l'Etat, cela ne doit pas être autrement, sans déroger aux Privileges de tous ces differents Métiers. La raison fondamentale de cette sage conduite, c'est qu'on a jugé qu'il étoit juste de leur partager les honneurs; puisque dans les périls de la Republique, & au temps du recouvrement de leur liberté, ils eurent le courage &

la vertu de partager les travaux, & les dangers qu'ils fallut esſuyer. Voilà pourquoi on élève de chaque profeſſion quelques membres aux honneurs de l'Etat. Et rien n'eſt plus propre, & plus capable de former les eſprits, & d'agrandir le cœur des Sujets d'une Republique. Ce qu'il y a de vrai, c'eſt qu'on ſe trouve parfaitement bien de cette politique, dans la Republique de Bâle. C'eſt la raiſon pour laquelle on choiſit ordinairement deux hommes de chaque métier, quelque bas qu'il ſoit, pour avoir part aux affaires publiques.

La Ville eſt diſtribuée en XVI. maiſons differentes, qu'on nomme *Zunft*, à chacune deſquelles ſe range un certain nombre de Marchands, ou de gens de Métier, qui trafiquent, ou fabriquent de pareilles marchandiſes; comme ſont les Cordonniers, les Tanneurs, &c. Ce certain nombre fait une même *Tribu*, ou *Zunft*. Les Poissonniers & les Batteliers en composent pareillement une Tribu; & ils ont leurs Conseillers qui président toûjours à leurs Assemblées, lorsque la *Tribu* ou *Zunft* est entiere. Car il faut observer qu'il y a des Corps de Mêtier qui ne font qu'une demie *Zunft*: & alors il y a quatre Conseillers du Petit Conseil, & douze du Grand Conseil.

Au reste si je m'arrête un peu à détailler les particularités du Gouvernement de Bâle, c'est parce qu'il y a peu de Republiques qui soient de ce genre, & que je n'ai point lû nulle part qu'on ait bien examiné la maniere dont se conduit cet Etat.

Ce que j'ai dit des avantages, & des Privileges des habitants de Bâle, est la raison, pourquoi les Etrangers ont tant de peine à pouvoir s'établir, demeurer, trafiquer dans cette Ville : en effet pour devenir Bourgeois, cela est très-difficile, pour ne pas dire, quasi impossible. Puisque ceux qui veulent ou travailler, ou negocier en quelque marchandise que ce soit, sont d'abord traversés par les Marchands, & Artisans, qui sont de la même profession, & qui ne manquent jamais de parler fort haut, pour le maintien de leurs Privileges. Voilà pourquoi les métiers sont-là plus heureux que par tout ailleurs. Ils se font bien payer, & vivent pour la plûpart fort à leur aise.

Les femmes & les filles y sont mieux faites, & plus belles qu'en beaucoup de lieux de l'Europe ; & il est certain qu'on ne sçauroit voir un plus beau sang.

Les hommes qui n'ont point de Charges dans l'Etat, s'habillent comme ailleurs à leur gré ; mais les Professeurs, les Ministres, & les Conseillers ont des vêtements fort singuliers. Ils portent sur leur tête un chapeau pointu, en forme de pain de sucre; une grande fraize au cou, avec un habit noir qui a bien cent plis qui commencent sous les bras, & vont se terminer au jaret.

Ordinairement les gages de ces trois sortes de Messieurs sont très-petits. Un Conseiller d'Etat n'a que quatre-vingt écus d'appointement par an; & les Conseillers du Grand Conseil n'ont rien du tout de fixe. Les Professeurs ne peuvent quasi vivre de leur salaire, s'ils ne travaillent à repeter des Ecoliers, ou à quelque autre chose. Les Ministres, quelque œconomie qu'ils aient, ne font que des repas fort minces, & ne doivent pas craindre les fumées de la digestion. C'est de-là qu'est venu le Proverbe assez connu par tout, où le Calvinisme est établi : *Qu'un Ministre, en mourant, ne laisse que des Livres, & des enfans.* Cela est encore plus vrai à Bâle qu'ailleurs : car il est certain que cette Ville a beaucoup plus de bons Sujets, qu'elle n'a de revenu pour les récompenser. Les gens de Lettres y attendent long-temps avant que d'être avancés. J'y ai vû un certain M. Battier, Docteur en Medecine, très-sçavant dans la Langue Gréque, & d'un très-bon esprit, qui languissoit après une Chaire de Professeur ; quoiqu'il eût atteint la maturité de l'esprit, & de l'âge.

Comme Bâle a été autrefois très-celebre pour les beaux & bons Livres qui s'y sont imprimés, autant qu'en aucune Ville du monde ; particulierement depuis 1500, jusqu'en 1600 ; il ne sera pas inutile de marquer ici les Libraires ou Imprimeurs qui ont travaillé durant ce temps-là, à l'utilité de la Republique des Lettres.

Le Professeur Oporin, les Episcopii, & Froben, ont sur tous les autres excellé, pour avoir été sçavants eux-mêmes, & pour avoir employé dans leurs impressions de beaux caracteres sur de beau papier. Ils se sont distingués encore, tant par le choix qu'ils ont fait des bons Auteurs du temps, que par les éditions correctes qu'ils nous ont données.

Les Imprimeurs de Bâle ont donné de beaux Ouvrages en Grec ; & ce qui m'a surpris, *Hervagius* a imprimé une belle Bible en François *in-folio*, sur du papier magnifique, vers l'an 1560. Voici les noms des anciens Libraires qui ont été depuis 1500, jusqu'en 1600, qui se sont rendus celebres parmi les Sçavants, & que Zuinger appelle : *Tipographici Heroes.* : LES HEROS DE

L'IMPRIMERIE. Je les place ici dans le même ordre qu'il leur a donné.

Joannes Amerbachius, qui s'est signalé par l'impression qu'il a faite des Ouvrages des quatre Docteurs de l'Eglise.

Joannes Petri.

Joannes, & Hieronymus Frobenius.

Nicolaus Episcopii.

Joannes Bebelius.

Joannes Vualderius.

Joannes Cratander.

Robertus Vuinter.

Michael Isingrinius.

Joannes Hervagius.

Nicolaus Brillingerus.

Balthasar Lasius.

Ludovicus Lucius.

Thomas Platerus.

Joannes Oporinus.

Ausquels j'ajoûte:

Henricus Petri.

Sebastianus Henricus Petri.

Michael Foilletus.

Werthemer.

Conrad à Waldkirch.

Ludovicus Koenig, qui se nommoit quelquefois *Rex*, parce que *Koenig*, signifie *Roi* en François. C'est lui qui nous a donné tous les Livres Hebreux que le celebre Jean Buxtorfe a fait imprimer chez lui en grand nombre. Le nom des Buxtorfes subsiste encore avec honneur : il y a encore aujourd'hui M. Jean-Jacques Buxtorfe, qui remplit dans l'Université la place de Professeur en Hebreu. C'est un homme de mérite, d'une conversation fleurie, & sçavante. Il a beaucoup voyagé : mais il ne fait point de Livres. Il est très-particulierement estimé de Monsieur le Marquis de Puisieux, Ambassadeur du Roi à Soleurre, & qui est un grand connoisseur en fait de gens de vertu, & de science. M. Buxtorfe mérite bien cette distinction : car enfin l'on voit peu de Sçavants qui aient des manieres auſſi polies, & auſſi peu embaraſſées que lui, qui ne ſe reſſent en rien de ce fade pédantiſme, dont la plûpart des gens de College ſont ſi gâtés.

Maintenant la Librairie de Bâle eſt peu de choſe ; elle eſt fort tombée. Elle ne roule quaſi plus que ſur les Koenig, dont les Ancêtres depuis 1580, juſqu'en 1660, nous ont donné pluſieurs Ouvrages conſiderables. Le grand *Lexicon Chaldaicum, Talmudicum, & Rabinicum*: Ouvrage de trente années de M. Jean Buxtorfe, que Louis Koenig a imprimé en 1639, ſous les yeux de M. Jean Buxtorfe le fils, eſt un immenſe Volume, qui fera toûjours honneur à l'Imprimerie des Koenig. Il eſt vrai qu'ils s'accommodent aujourd'hui au goût de leur Patrie, où les Livres ne ſont pas fort recherchés, & qu'ils ne donnent pas beaucoup de Livres nouveaux au Public, contents avec raison, des fonds qu'ils tiennent de leurs peres.

On n'est pas plus curieux de Livres dans les autres Cantons Suisses, qu'à Bâle. C'est par tout assez la même chose. On y a plus de penchant pour la bouteille : le vin est l'attrait singulier, le charme puissant contre lequel les Suisses ne sçauroient tenir. Il faut même avouer que pour l'ordinaire, les Sçavants n'ont pas entierement le goût des belles Lettres : ils ne connoissent point si bien les belles & bonnes éditions, qu'on les connoît en France, en Angleterre, & en Hollande.

Le Chapitre de Bâle est maintenant à Arlesheim, à deux lieues de cette Ville. Il y a une très-belle Eglise. On ne reçoit dans ce Chapitre que des gens de la premiere qualité, de même que

dans

dans celui de Strasbourg. Nous y allâmes; & en passant nous montâmes au Fort de Lanscron, qui est situé sur une haute montagne, d'où on découvre presque toute l'Alsace. Ce Fort appartient au Roy, quoiqu'il soit dans la Suisse. Il y a un Gouverneur, & deux Compagnies de garnison. A une demie lieue plus loin est Nôtre-Dame de la Pierre: lieu fort recommandable par la grande devotion qui y attire beaucoup de monde.

Après avoir séjourné environ un mois à Bâle, nous en partîmes le 8 Avril 1704, pour nous rendre à Lyon. Nous fûmes diner ce jour-là à Hellstain, qui est à cinq lieues de Bâle, & coucher à Ballstell, à trois lieues de Hellstain: ce ne sont que deux Villages, & deux fort mauvais gîtes.

Nous arrivâmes le lendemain de bonne heure à Soleurre, qui

est à quatre lieues de Ballstell.

SOLEURRE.

Soleurre est la Ville principale d'un des Cantons Catholiques; elle n'est pas grande, mais elle est fort ancienne ; comme le témoignent les deux Vers Latins, écrits sur l'Autel de la principale Eglise, qui est très-belle, & bien bâtie : les voici :

In Celtis nihil est Saloduro antiquius, unis
Exceptis Treveris, quarum ego dicta soror.

La Tour de cette Eglise est fort ancienne. Rien ne démontre mieux l'antiquité de Soleurre, que les briques non cuites, & de diverses couleurs qui s'y trouvent, pour peu qu'on remue la terre. Les ruines qui sont autour de la Ville, & les anciennes Inscriptions qu'on y voit, & dont il y en a une *à la Déesse Epone,*

& que Hofman estime d'être du temps de l'Empereur Héliogabale, prouvent pareillement que Soleurre est une Ville très-ancienne.

En 1531, cette Ville si Catholique, pensa adopter les erreurs du Calvinisme ; il y eût même entre elle, & les Villes de Zuric, de Berne & de Bâle, une espece de convention, pour admettre ce qu'alors on appelloit du mot pompeux, & trompeur, *Réformation* : mais en 1533, s'étant levé un grand démêlé entre les habitants, on chassa les Ministres, on rétablit la Messe, & on rapporta avec honneur les Images dans les Eglises.

La Ville est assez bien bâtie, & les rues en sont larges ; elle est située dans une plaine bornée d'un côté par des montagnes. La riviere d'Arre, qui se nomme en Latin *Arala*, ou *Arola*, & qui est large comme la moitié du Rhin, mouille le pied de ses murailles. L'Ambassadeur du Roy de France demeure ordinairement en cette Ville. C'est à present M. le Marquis de Puisieux, qui est aussi Lieutenant General, Grand Baillif d'Epernay, & Gouverneur d'Huningue. Il a eu l'honneur d'avoir été fait depuis peu Cordon bleu, & Chevalier de l'Ordre du Saint-Esprit. Nous avions une Lettre de recommandation pour lui, que nous eûmes l'honneur de lui rendre; il nous fit l'honneur de nous faire diner avec lui. Il nous regala magnifiquement: après quoi nous lui demandâmes un Passe-port, qu'il nous accorda de la meilleure grace du monde. Outre les grandes Charges dont ce Seigneur est revêtu, il a dans sa personne tant de belles qualités, qu'il n'y a pas lieu de s'étonner, s'il s'attire le respect & l'estime de tous ceux qui l'approchent. On n'a jamais vû une si parfaite affabilité, & si peu ordinaire aux grands Seigneurs, des manieres si polies, & si gracieuses : & tout cela est joint à une science profonde, & à une consideration extrême pour les gens de Lettres. Tout ce que nous avons vû en sa personne, nous a si fort penetrés de respect & de tendresse, que je ne crains point de dire, que c'est un des plus aimables Seigneurs de France.

Mais on ne me pardonneroit pas, si en parlant de Soleurre, je ne disois rien de l'illustre M. le Baron de Rool, grand Advoyer de la Ville, & du Canton de Soleurre. Il est très-distingué par sa grande naissance, par sa pieté singuliere, par une probité invariable, & par les importants services que sa Maison rend depuis plus de deux siecles à la France.

Tous les Seigneurs de ce nom ont toujours eu une superiorité de genie pour les affaires d'Etat; & ils s'en sont toûjours servis en faveur du Roy. Leur grand cœur les a toûjours portés, en temps de guerre, à venir se distinguer dans nos Armées, & à combattre pour le bien de l'Etat, & pour la gloire de nos Rois. M. de Bassompierre, dans le second Volume de son Ambassade, de l'édition de Cologne de 1668, rend un ample témoignage de l'attachement de la Maison de Rool pour les interêts du Roi. En parlant de la Diette qui se tint à Soleurre entre les Cantons Catholiques en 1625, sur les differents de la Valteline, où le Roy Louis XIII. s'interessa fort pour remettre les choses en leur ancien état, conjointement avec les Suisses, & les Grisons, contre les mauvais desseins du Roi d'Espagne, M. de Bassompierre écrit au Roy ce que je transcris ici : *La Dictte de Soleurre a duré jusqu'au Mardi 20 de ce mois : les Deputés de l'une & l'autre Religion sont venus alternativement tous les jours conferer avec nous ; comme aussi le Président de l'Assemblée, qui est l'Advoyer Rool de cette Ville. . . .* pag. 17. *Sa Majesté a été très-bien servie en cette Diette, mais principalement de M. l'Advoyer Rool de Soleurre, qui a été le Président de l'Assemblée. . . . . .* pag. 41. Et dans une Lettre de ce Maréchal à M. d'Herbault, M. de Bassompierre écrit : *Et sur ce que vous m'avez mandé que le Roi desiroit mon avis de ce que je croyois de cette affaire, être du bien de son service ; sur lequel elle prendroit après une résolution, je vous dirai que sur l'ordre que M. Miron reçût au mois de Septembre dernier, de demander aux Cantons la levée* d'un Regiment, & d'en donner le Commandement, comme Colonel, au sieur de Rool, Advoyer de Soleurre : quelques jours après ledit Advoyer, s'excusant sur ses infirmités, & maladies, remit la Charge, qu'il avoit acceptée, ès mains de M. Miron, le suppliant de faire succeder son fils à la Compagnie, dont on lui avoit donné la Capitulation, avec la Charge de Colonel : ce que M. Miron conseilla au Roy d'accorder à cet homme, puissant en Suisse, & affectionné à son service : & Sa Majesté le fit volontiers sur l'avis, & la très-humble priere dudit sieur Miron ; auquel elle commanda d'offrir la Charge de Colonel à l'Advoyer Am-Rim de Lucerne, qui accepta l'honneur qu'il plaisoit au Roy de lui faire, & s'en vint incontinent en Piémont...... pag. 178. C'est ainsi que l'affection de la Maison de Rool, pour la France, étoit reconnue il y a près de cent ans.

M.

M. le Baron de Rool d'aujourd'hui a encore un fils, qui se nomme *Jean-Louis-Balthasard de Rool*, qui sert avec honneur le Roy, en qualité de Capitaine dans le Regiment de Greder, Suisse.

Je ne dois pas oublier que Soleurre s'embellit de jour à autre. On la fortifie depuis plus de quinze ans; & les fortifications en sont déja fort avancées. Il y a d'agréables promenades autour des ramparts. Il n'y a que trois ou quatre Marchands dans cette petite Ville. Le gros des habitants, est presque tout de Gentilhommes, ou de gens aisés, qui sont dans les Charges, ou qui vivent de leurs rentes; le reste n'est que du petit peuple, & des artisans : & on n'y voit guere de ces gens du moyen état, qu'on trouve en grand nombre dans les Cantons Protestants. Il y a des Jesuites qui, comme par tout ailleurs, y forment la jeuneſſe à la pieté, & aux belles Lettres. Il y a encore des Cordeliers, des Capucins, & quelques Convents de Religieuſes. C'eſt une Ville où la pieté, la Religion, & les bonnes mœurs brillent plus qu'en aucun endroit. On n'y ſouffre point de ſcandales, ni de perſonnes ſcandaleuſes : on y fait une guerre ſi implacable au vice, que les gens de mauvaiſe conduite ſont forcés d'en décamper. Les Eccleſiaſtiques, & les Religieux y vivent dans une édification, que ſaint Paul auroit appellée, *la bonne odeur de Jeſus-Chriſt*. La maiſon de M. le Baron de Rool eſt une Egliſe domeſtique : & que ne dirois-je point de la pieté ſinguliere de la jeune Madame la Baronne de Rool, ſi je ne craignois de bleſſer ſon extrême modeſtie ? C'eſt un Ange dans ſon Domeſtique ; & dans le Public, où elle ne ſe répand que pour les œuvres de charité ; & au pied des Autels, où il paroît bien qu'elle goûte, *combien il est doux de s'attacher à Dieu.*

Les curieux trouveroient bien à redire à la description que j'ai faite du Canton de Soleurre, si je ne disois rien d'une singularité qui est toûjours là, & qui donne beaucoup d'embaras aux Philosophes, dont l'humeur est de ne demeurer jamais court, & de vouloir tout expliquer. Dans un pré qui est tout proche de Soleurre, & qu'on appelle *le Chantier*, il se trouve, quand l'herbe est fauchée, dans la terre, une quantité inépuisable de petits cubes, qui imitent parfaitement les dés à jouer. Ils leur ressemblent si fort, qu'on en peut faire le même usage, & s'en servir pour décider ce qu'on abandonne au hazard : puisque les points sont marqués exactement de la même maniere, sur les six faces de ces petits cubes : le côté 1. est opposé au côté 6. le 2. au 5. & le 3. au 4. ensorte que le dessous & le dessus, ou les faces opposées, composent toûjours le nombre de 7. comme dans les dés à jouer. Dans le temps que j'écris ceci, j'en ai quatre devant mes yeux, dont il y en a trois entierement parfaits : le quatriéme n'est que la moitié d'un de ces petits cubes, qui a sans doute été rompu ou cassé en deux. Sa face entiere porte 5. points arrangés comme ils ont coutume d'être dans les autres. Franchement ils me paroissent être d'yvoire, ou d'os ; comme je crois l'avoir reconnu en les ratissant avec un canif : ce qui m'empêche d'adopter le systême de ceux qui soûtiennent que ces petits cubes croissent dans ce lieu-là, qui en est effectivement inépuisable. Car enfin pour peu qu'on en remue la terre, on ne manque jamais d'en trouver plusieurs. Ce qui fortifie leur opinion, c'est qu'on en trouve de bruns, de noirs, & de parfaitement blancs. Question si par succession de temps, & par la nature du terroir, ils n'ont pas perdu leur blancheur, pour recevoir une impression brune, ou noire ? S'il est vrai qu'on en rencontre de trois fois plus longs que larges, & quelques-uns qui ont une espece de racine comme les dents, ainsi que des personnes d'honneur me l'ont assuré, la difficulté est plus grande, & devient considerable, & serieuse; mais après tout, je n'en ai point vû de ces figures irregulieres : & ceux que M. l'Abbé de Vallemont garde dans son Cabinet, & qui lui ont été envoyés par M. Stelly, très-digne Ecclesiastique qui demeure chez M. le Baron de Rool, sont d'une figure exactement cubique, & très-bien marqués. Je laisse aux Sçavants à décider ce qu'il faut croire de ce genre de curiosité. J'aprens qu'on trouve de pareils dés en quantité proche de Bade, & que les armées des Romains ont campé-là long-tems, durant les guerres de Cesar. Nous allâmes de Soleurre coucher à Berne qui est à six lieues de-là.

BERNE.

Cette Ville est la Capitale du plus puissant Canton de la Suisse; elle est grande, & située sur une petite colline. L'Arre, qui est la même riviere qui passe à Soleurre, environne la Ville de Berne presque de tous côtés. Les maisons y sont bien bâties, & les rues qui sont assez larges, ont cela de commode, qu'aux deux côtés il y a des galeries sur lesquelles le devant des maisons est appuyé; & qu'au dessous on va à couvert de la pluye, & du mauvais temps. Il y a de semblables galeries à la Rochelle, & dans quelques autres Villes de France: mais qui ne font ni auſſi larges, ni auſſi commodes que celles de Berne. Ce qui mérite d'être vû en cette Ville, eſt le grand Temple, la grande cloche, & le devant de la porte de l'Egliſe, où eſt repreſenté en ſculpture *le Jugement dernier*, ſur une grande pierre. Cet ouvrage eſt très-eſtimé par tous les connoiſſeurs. Nous ne manquâmes pas de voir fort exactement la Bibliotheque. Elle eſt compoſée d'une grande quantité de Livres, & d'anciens Manuſcrits ; il y a auſſi de très-beaux Globes celeſtes, & des portraits de tous ceux qui ont été les Auteurs de la Prétendue Reformation en ce pays-là. Les portraits de *Bertholdus Halderus* Suiſſe, & de *Franciſcus Kolbius*, n'y devoient pas être oubliés. Ces deux hommes, Diſciples de Zuingle, porterent à Berne le nouvel Evangile, inconnu dans l'Eglise depuis les Apôtres, & les hommes Apostoliques. Aparemment que Theodore de Beze n'avoit pû recouvrer les portraits de ces deux Heros de la nouvelle Religion ; puisqu'il ne les a pas donnés dans ses *Icones Virorum illustrium*. Leur place est en blanc. Mais un bel éloge de sa façon, les peint assez avantageusement. *Le Papisme*, dit il, *ayant été coulé à fond dans une dispute, ils fonderent l'Eglise de Berne*. Voici, selon lui, comme la chose se passa. Jamais on n'a changé de Religion avec moins de façon, & d'une maniere plus aisée, plus legere, & plus simple. *Les Magistrats*, dit-il, *ayant indiqué par leur Ordonnance, une dispute publique, Hallerus & Kolbius y ayant vaincu les Tenants pour le Papisme, par la parole de Dieu, toute la Ville, & tout le*

Canton, qui est fort vaste, par une commune voix, quitterent l'Eglise Catholique, & embrasserent le nouveau parti. Ce fut une affaire décidée à la pluralité des voix en un quart d'heure. On n'y apporta pas plus de ceremonie. Ce fut en 1527 que se tint cet admirable Concile de nouvelle fabrique. Il me semble que c'est berner cette tumultueuse Assemblée de Berne, de rapporter la chose comme fait Theodore de Beze. *Hallerus ac Kolbius mutuas tradentes operas, ann. Domini 1527, indictâ Magistratuum decreto publicâ disputatione, Papismi defensores ex Dei verbo revicerunt, adeo ut communi consensu, tum in Urbe, tum in universa, quæ amplissima est, illius Reipub. ditione vera Evangelii restitutio sit recepta.* On ne se mit point en peine d'examiner si ceux qui disputoient pour l'Eglise Catholique, étoient sçavants ou ignorants; & si leur incapacité ne faisoit point de tort à la cause qu'ils soutenoient. Cet examen auroit été penible, & embarrassant. Le peuple n'en est pas capable, & n'est pas d'humeur à se fatiguer par une attention pareille. Ce qu'il y a de vrai, c'est que M. Hofman dit, que c'étoit des Moines qui se défendirent assez mal. *Cum Monachi malè causam tuerentur, communione Latinâ desertâ, Evangelium amplexa est Urbs. ad Verb. Berna.* Nous ne pûmes pas voir l'Arcenal; on ne le montre point aux étrangers; peut-être parce qu'il n'est pas bien entretenu, & qu'il n'est pas si bien fourni de toutes sortes d'armes qu'on le dit. Les fortifications de la Ville ne sont pas fort considerables; & sans doute on ne s'en est pas mis en peine à cause qu'elle est fort avancée dans le pays, & que d'ailleurs il n'y a rien à craindre. Auprès du grand Temple on a élevé une terrasse fort haute, d'où on découvre une fort belle plaine, entre-coupée de petites montagnes; ce qui produit un assez bel effet. La riviere passe au-dessous; ce lieu sert de promenade à Mʳˢ les habitans de Berne. La plûpart ne sont pas autrement polis; du moins parmi le peuple; & pour peu de temps qu'on les fréquente, on ne manque pas de s'appercevoir de je ne sçai quelle rusticité qui leur est fort naturelle. C'est ce qui fait aussi que les François refugiés, qui sont en grande quantité dans Berne, y sont fort rebutés des manieres de ces gens impolis. Ils avouent qu'ils en ont beaucoup à souffrir. Ils ont tous les jours mille sujets de plainte, & mille mortifications à essuyer. Cependant *Froelichius*, dans sa *Cynosura Peregrinantium*, parlant de la Ville de Berne, il la loue de sa politesse, *civilitate conspicua:* & donne aux habitants ce qu'on appelle urbanité, & belles manieres : *Humanitatis studiosi.* Nous remarquâmes comme une espece de merveille ce qu'on nous dit d'un homme, qui passant sur la terrasse dont je viens de parler, en fut précipité du haut par un écart que fit son cheval, sans se blesser qu'à une jambe, dont il fut incommodé toute sa vie. L'Histoire ne dit pas que ce Suisse fût à jeun. On en parle autrement : on dit même que c'étoit un personnage qui n'en devoit rien au fameux *Novellus Torquatus* Milanois, qui avala trois *Conges* de vin tout d'une fois, en presence de l'Empereur Tibere, qui en fut émerveillé ; quoiqu'il eût été lui-même un grand buveur dans sa jeunesse : ajoûte Pline. *Hist. nat. lib. 14. cap. 22.* Rhodiginus dit que trois Conges contiennent 30 livres de vin. La plus haute maison n'est pas plus élevée que le sont les murailles qui soutiennent les terres, qu'il a fallu ramasser pour faire cette terrasse. On a mis une Inscription en cet endroit, & ce n'est pas sans raison. Nous remarquâmes que ce mur va un peu en talus : ce qui contribua sans doute à sauver la vie à cet homme.

Les Armes de Berne sont des Ours ; c'est pourquoi leurs Excellences ont soin d'en faire nourrir plusieurs dans des endroits creusés dans la terre, & revêtus de grandes pierres de tailles, qu'ils nomment fosses. Nous eûmes la curiosité de les voir ; & entre plusieurs de ces animaux, nous en vîmes un d'une grandeur surprenante. Il y a dans chacune de ces fosses des pins qu'on y plante tous les ans, sur lesquels ces animaux grimpent pour se divertir, & pour en ronger les branches.

Le Canton de Berne est très-puissant. Il y a 70 Bailliages. On assure qu'il peut mettre en huit jours quarante mille hommes sur pié; & dans un besoin cent mille hommes, en faisant quelque effort.

Les premiers Magistrats de cette Ville sont nommés *Schultherss*, nom qui signifie en François ce qu'on appelle *Advoyer*. Il y en a deux qui reposent alternativement. Leurs Charges sont à vie. M. de Graffenried en est un, & M. de Willadin l'autre, qui a succedé depuis peu à M. Linner.

Le fameux Poëte de la Suisse *Glareanus*, n'a pas manqué de celebrer Berne, dans le Poëme qu'il a composé à la gloire de sa Patrie:

Accede ô memoranda meis Ursina propago
Carminibus, gens Andino bene digna Cothurno,

*Mæoniaque Lyrâ, & Phœbi
laudanda Camœnis.
Urbs altis prudens, urbs tot re-
gnata per annos,
Tot populis, tot castellis, tot &
arcibus altis:
Uni qui nobis pugnando resti-
tuunt rem, &c.*

Ce Poëte sçavoit autre chose que de faire des Vers. Il étoit Philosophe, Theologien, sçavant dans les Mathematiques, dans l'Histoire, & grand Geographe. Il se nommmoit *Henricus Loritus*, & fut appellé *Glarean*, parce qu'il étoit né à Glarys dans la Suisse. Il fut d'abord Professeur à Bâle, & puis il enseigna à Fribourg. Il étoit intime ami d'Erasme. Le public a de lui de bons Ouvrages sur la Musique, sur la Geographie, sur la Chronologie, & sur les Mathematiques. L'Empereur Maximilien I. lui donna une Couronne de laurier, & un Anneau, pour témoignage de son affection, & de l'estime qu'il faisoit de ses Poësies, & de sa personne. C'est pour cela que Hofman le nomme *Poëta Laureatus*. Il mourut à Fribourg en Brisgau, âgé de 75 ans, en 1563. Il a mérité un éloge de M. de Thou, qui ne manquoit guere de donner de son encens au mérite.

Nous séjournâmes trois jours à Berne, & nous en partîmes sur des chevaux de louage : car il faut remarquer qu'on ne peut pas aller autrement qu'à cheval dans toute la Suisse à cause des montagnes.

MORAT.

Nous fûmes diner ce jour-là à Morat, à six lieues de Berne. C'est une petite Ville dont la situation est assez agréable ; & qui est proche du Lac qui porte le nom de cette Ville. Sur le bord de de ce Lac, un peu à côté du grand chemin, on a bâti une petite Chapelle remplie des os des Bourguignons, qui furent défaits au siege de Morat ; on lit au-dessus cette Inscription :

Deo Opt. Max. Caroli inclyti, & fortissimi Ducis Burgundiæ Exercitus, Muratham obsidens, ab Helvetiis cæsus, hoc sui monumentum reliquit . . . . .
anno 1476.

L'Histoire rapporte que le Duc Charle, après la défaite de son armée, fut obligé de traverser le Lac à la nage, dans l'endroit où il a près d'une lieue de large ; & qu'un de ses Pages se voyant pressé, & ne voulant point quitter son maître, saisit la queue de son cheval, qui fut assez vigoureux pour les passer tous deux de l'autre côté. Le Duc ayant demandé à son Page, comment il avoit fait pour le suivre : *J'ai pris*, dit-il, *la queue de votre cheval, parce que je ne voulois pas vous abandonner. Il n'a pas tenu à vous*, repartit le Duc, *que je ne me sois noyé* : en lui disant ces paroles, il lui cassa la tête d'un coup de pistolet : action capable d'inspirer de l'horreur aux Nations les plus barbares ; aussi le sort du Duc fut-il très-malheureux. C'étoit un infatigable guerrier. Il étoit né en 1433. Il succeda en 1467 à son pere Philippe, Duc de Bourgogne. Il traita avec une extrême severité les Liegeois, qui s'étoient revoltés. Et s'étant joint à Louis Dauphin de France, il causa dans le Royaume des maux terribles. Il s'étoit rendu formidable à ses voisins, qu'il ne laissoit guere en repos ; quoique le sort des armes ne lui fut pas favorable : mais il suivoit trop son ambition, & avoit l'ame trop martiale pour se tenir en repos, & y laisser les autres. Tantôt en guerre, tantôt en paix avec les Suisses, il en fut défait deux fois d'une triste maniere. Sa fortune fut variable dans les démêlés qu'il eût avec Louis XI. L'affaire de Morat ne le rebuta point: il alla dans la même année se faire battre par René, Duc de Lorraine, auprès de Nanci, où il finit en 1477 malheureusement sa vie, comme je vous l'ai dit dans ma premiere Lettre. Il avoit épousé Isabelle, fille de Charles de Bourbon, dont il eût une fille nommée Marie, qui porta dans la Maison d'Autriche une ample & riche succession, en épousant Maximilien I.

Nous allâmes coucher le même jour à Payerne, à quatre lieues de Morat : c'est aussi une petite Ville dont la situation a de grands agréments. Entre ces deux dernieres Villes, on voit sur la main droite, environ à trois lieues de distance, la Ville de Fribourg, qui est la Capitale d'un des Cantons Catholiques; elle paroît assez grande, & sa situation est tout-à-fait belle.

De Payerne à Moudon on conte quatre lieues; c'est à cette petite Ville, qui est du Canton de Berne, que l'on commence à parler François. Nous y dinâmes. Elle est située dans un vallon fort agréable, arrosé d'une petite riviere qui y serpente, & qu'on nomme Broye. A peine étions nous partis de-là, que nous vîmes à côté du grand chemin une vieille colonne sur laquelle une Cigogne vient faire ses œufs tous les ans. On tient que cette colonne est un reste du débris d'un ancien Temple que les Païens avoient bâti dans cet endroit. C'est une tradition populaire, contre laquelle il est peu important d'exercer les loix de la Critique.

Lauzanne.

Nous couchâmes à Lauzanne, qui est à cinq lieues de Moudon. Cette Ville située proche le lac de Geneve, est la Capitale du pays de Vaud. Les Sçavants ne conviennent pas entre eux de l'étymologie de son nom : & on n'a pas donné les mains à ce qu'en a dit *Stumpsius*, qui en tire l'origine de deux petits ruisseaux, *Lose* & *Anne*, qui arrosent cette Ville. On conjecture que Lauzanne a été autrefois plus proche du lac de Geneve. On fonde cette opinion sur les ruines anciennes, & sur les Inscriptions & les Médailles qui se trouvent assez souvent près du bord de ce lac. Quoiqu'il en soit, c'est un agréable séjour, où quantité de huguenots François refugiés, ne laissent pas de se tristement morfondre, après l'attente de l'accomplissement des Profeties du fanatique Jurieu: & où demeuroit autrefois *Fabricius*, très-habile & experimenté Chirurgien. La Ville est assez grande, & bien peuplée. Il n'y a rien de curieux qu'un beau Temple, que les gens de la Religion y ont. Le Concile, qui fut tenu autrefois à Bâle, fut ensuite transferé dans cette Ville.

Nous en partîmes dans un batteau couvert, qu'on nomme Brigantin, & qui va à voile sur le lac; & nous fûmes coucher à Nion, petite Ville située sur le bord du lac, à huit lieues de Lauzanne. Nous eûmes ce jour-là un vent très-favorable, qui baissa un peu le jour suivant, ce qui ne nous empêcha pourtant pas d'arriver d'assez bonne heure à Geneve à quatre lieues de Nion. Nous nous arrêtâmes à Morges, petite Ville sur le lac, pour y décharger quelques marchandises du Brigantin.

Le lac Léman ou de Geneve est fort vaste. Sa longueur d'Orient en Occident est de plus de vingt lieues de France ; & sa largeur est environ de dix huit lieues : comme on peut le remarquer dans les Cartes de la France, faites par M. Delisle, & par M. de Fer. En voyageant sur ce lac on découvre cinq Etats d'autant de Souverains differents ; comme l'a fort bien remarqué M. Chapuseau, dans le beau Sonnet qu'il fit sur la fête que Messieurs de Geneve donnerent en 1680 à M. Du Pré, lorsqu'il y arriva en qualité de Résident pour le Roy.

SONNET

Ministre glorieux du plus grand Roi du monde,
Toi qui sers le premier de tous les Souverains,

Que le Ciel a rendu l'Arbitre des
 humains,
Pour mettre l'Univers dans une
 paix profonde.

❦

Si le calme qu'on voit sur la terre,
 & sur l'onde,
Est l'effet surprenant de ses puissantes mains,
Sois témoins en ce jour de nos justes
 desseins,
Qui vont à celebrer sa gloire sans
 seconde.

❦

Sur le Lac le plus beau qui soit
 dans l'Univers,
D'où l'on jette les yeux sur cinq
 Etats divers,
Viens voir le foible essay d'un zele
 incomparable.

❦

Et par tant d'objets qu'on découvre à la fois,
Contemple de ces Monts la masse
 inébranlable,

Tels

Tels sont pour ce grand Roy les cœurs des Genevois.

Ce Lac est fort abondant en poisson, & sur tout en truittes si prodigieusement grandes, qu'il s'en prend qui pezent plus de 50 livres, poids de Geneve, où la livre est de 18 onces. Elles ne sont pas moins bonnes que grosses.

Ce qu'il y a de singulier au lac Léman, c'est qu'il est le plus grand de l'Europe; qu'il a ses orages, & ses tempêtes comme la mer; & qu'au contraire de la mer, dont les agitations viennent des vents qui sont sur l'horison, & sur la surface des eaux, le lac Léman n'est souvent émû que par des vents souterrains, qui font un bruit épouventable, & qui allarme extrêmement les Navigateurs. Et ce qui surprend davantage, c'est que ces bruits, ces émotions, & ces orages qui viennent du fond du lac, se font pour l'ordinaire sentir, lorsque le ciel est le plus serain, & le plus agréable ; & qu'il ne souffle sur l'horison qu'un petit & doux zephire. Il y a encore cette singularité, que ce lac du côté de Lausanne, se nomme *le lac de Lausanne* ; & de l'autre côté, où est Geneve, on l'appelle *le lac de Geneve*. Quelques-uns estiment que c'est de ce lac *Léman*, que les peuples qu'on nommoit autrefois *Germains*, s'appellent aujourd'hui *Allemans*. Je croi que c'est une étymologie, ou une érudition hasardée. La Savoie est au côté gauche en descendant ; & la Suisse est sur la droite, & qui finit à deux lieues de Geneve. Depuis Lausanne jusqu'à Geneve, on voit le plus beau pays qui soit en toute l'Europe : au moins comme l'assurent ceux qui ont beaucoup voyagé. En effet je ne pense pas avoir encore rien vû de plus agréable.

La Suisse, qui jouit d'une longue suite de tranquillité, n'ayant point eu de guerre avec aucune Puissance étrangere, depuis environ 200 ans, s'est beaucoup enrichie, sur tout depuis 50 ans, ayant profité des malheurs d'autrui. La neutralité où ils se retranchent toûjours, a été favorable à leurs Villes marchandes, qui par leur situation sont propres à tirer avantage du trafic des marchandises, qui ne peuvent passer droit d'une Nation, de celles qui sont en guerre, chez une autre. Voilà ce qui a rendu leurs Villes des *Villes d'Entrepôt*, & des lieux de reserve, où se font les magasins des marchandises, pour les y venir prendre au besoin. Cependant dans toute la Suisse, il n'y a que Zuric & Bâle, qui soient des Villes bien marchandes. Schaffouse l'est aussi un peu. Saint Gall, qui n'est pas Canton, mais allié, est très-considerable ; car quoique ce ne soit qu'un petit endroit, il s'y trouve pourtant une vingtaine de familles qui font grand commerce par toute l'Europe ; sur tout pour la Banque, & les Toiles : aussi ont-ils maison dans toutes les grandes Villes marchandes de France.

Le pays des Suisses est composé de treize Cantons, & de quelques Etats alliés avec eux, & qui font tous ensemble une République. Ces Cantons ne dépendent en rien des uns des autres. Ils ont même de differentes loix.

Il y a quatre Cantons Protestans.

Zuric,
Berne,
Bâle,
Schaffouse.

Les familles considerables de *Zuric*, sont Messieurs Escher, Mrs Myer, Mrs Hirtzel.

Les familles qui priment à *Berne*, & qui y vivent avec distinction, après Mrs de Graffenried, & de Willadin, sont Mrs Linner, Mrs Louternauv, Mrs Von-Mullenen, Mrs Diesbac, Mrs Wattewgl, Mrs Bouslet, & quelques autres, dont les noms m'ont échapé.

Les familles qui figurent le plus à *Bâle*, soit dans les affaires de l'Etat, soit dans les charges de l'Université, ce sont Mrs les Wettsteins, les Faesch, les Socins, les Burcard.

Schaffouse a pareillement des familles distinguées : Tels sont M. Hollander, qui est Bourgmestre, Mrs Wepffer.

Il y a sept Cantons Catholiques.

Lucerne,
Fribourg,

Soleurre,
Zug,
Uri,
Undervald, &
Suitz, qui donne le nom à toute la Suisse.

Ceux qui sont dans les premieres places à *Lucerne*, sont Monsieur Durrler, qui est Advoyer, Mrs Am-Rhyn, Mrs Mochr, Mrs Pfeysser, Mrs Schumecher, Mrs Sonneberg, Mrs Zur-Gilgen.

Fribourg a pareillement ses illustres, & sur tout Messieurs de Diesfbach, Barons de Praugen.

Quand j'ai parlé de *Soleurre*, j'ai fait mention de l'illustre M. Rool, Seigneur de Berghein, & grand Advoyer du Canton de Soleurre: & je ne dois pas ici oublier les autres illustres, qui sont aussi depuis long-temps au timon des affaires de cette Republique: comme Mrs de Besenval, Mrs Wagner, & Mrs Greder, qui depuis nombre d'années font si belle figure dans les Armées de France, où quelques-uns d'eux sont toûjours, ou Brigadiers, ou Colonels. C'est une des plus distinguées familles nobles de ce Canton.

Zug a peut-être la plus belle & la plus nombreuse famille de l'Europe, c'est celle de Messieurs de Zur-Lauben, où il y a beaucoup de personnes considerables.

A *Uri* il y a Messieurs Buntener, & Mrs Froger, familles de grande distinction, & qui ont la meilleure part dans les affaires de l'Etat.

Undervald a ses Messieurs de Lussy, qui y gouvernent avec honneur.

Switz, se voit tranquillement gouverner par Messieurs de Réding, & par Mrs Niderrst, qui font l'ornement de la Ville.

Il y a deux Cantons qui sont partie Catholiques, & partie Calvinistes.

Glaris, &

Apenzel.

Dans *Glaris*, une famille très-nombreuse, & très-considerable; c'est celle de Mrs Zuicky. Il y en a encore deux autres qui y sont distinguées, ce sont Mrs Tsudi, & Mrs Hessy.

Dans *Apenzel* il y a la famille très-considerable de Mrs Suter.

Je suis persüadé que dans tous ces treize Cantons, il y a encore beaucoup de familles qui meriteroient bien de n'être pas oubliées ici : mais je ne puis parler que de celles que je trouve dans les Memoires que l'on m'a donnés en chemin faisant. Je souhaiterois qu'on me les eût fournis plus amples, afin de mieux caracteriser ces Seigneurs qui gouvernent cette sage Republique,

& de rendre justice à ceux dont je n'ai point parlé.

Les Cantons Catholiques n'ont aucun commerce chez eux : ce qui leur apporte de l'argent, ce sont leurs alliances avec la France, & quelques Etats d'Italie. Ces alliances leur valent des pensions annuelles, & qui sont considerables : outre cela leurs Sujets s'enrichissent souvent dans le service de la guerre, pour peu qu'ils veulent être œconomes.

Une autre chose qui fait venir de l'argent dans le pays, c'est la grande nourriture que les Suisses font de Chevaux, & de Bétail. C'est la plus innocente maniere de devenir riche : & c'est en cela que consistoit le grand ménage des Patriarches, dont la puissance & la richesse égaloit celles des Rois. On sçait que le Roy, durant cette guerre, a acheté pour de grosses sommes des chevaux de la Suisse. Il se fait encore quantité de fromage, que l'on envoie hors le pays. Tout cela ensemble ne laisse pas de faire entrer considerablement de l'argent chez eux. Mais ce ménage ne suffit pas pour les faire devenir jamais puissamment riches, faute du grand commerce qui entraîne après lui les richesses immenses. D'ailleurs le besoin qu'ont les Suisses des denrées des autres pays, & qui sont necessaires; ou du moins devenues par l'usage necessaires, fait que l'argent sort de leur pays à peu près comme il y entre. Car enfin sans parler des étoffes, des épiceries, &c. qui leurs manquent, il n'y croît pas ni assez de blé, ni assez de vin, pour nourrir les habitans. Ainsi il faut qu'ils s'en pourvoyent d'ailleurs. Ils achetent ordinairement le vin en Alsace, & dans le Marquisat de Bade-Durlach, & le blé où ils peuvent, dans la Souase, & sur les terres du Roy.

Ils sont aussi obligés d'aller acheter le sel en France, ou en Baviere, ou en Lorraine. Et tous ces articles-là font sortir l'argent de la Suisse, & font notablement diminuer l'embonpoint de leurs bourses.

Cependant il est certain que le sort des Suisses est heureux ; car ils n'ont pas cette insatiabilité, & ce desir immense, & violent de s'enrichir. Quand ils sont parvenus à un certain degré de fortune, & proportionnée à leur condition, & à leur naissance, toute leur application se tourne uniquement à s'y maintenir, & nullement à l'augmenter. Les Suisses ne sont point dépensiers; ils vivent d'un grand ménage. Le luxe & l'ambition, qui font tant de ravages chez leurs voisins, sont des vices inconnus chez eux : & s'il n'y a pas tant à gagner dans leur pays, & si l'on n'y voit pas faire ces groſſes & ſanglantes fortunes, qu'on fait en ſi peu de temps ailleurs, ils s'en conſolent par la conſideration, que perſonne ne ſe plaint chez eux de ſe voir écorcher par des harpies inſatiables. Les plus riches Bourgeois, comme les moindres, n'ont autre charge que de faire la garde en leur Ville, de 12 nuits une; ou bien de mettre en leur place à leurs dépens, quelqu'un pour faire ce ſervice. Ce qui ne paſſe pas une piſtole de dépenſe en une année. Voilà tout ce que les Suiſſes payent.

J'ai obſervé que depuis Bâle juſqu'à près de deux lieues de Genève, on voit de deux lieues en deux lieues de grands tas de bois qui ſont ſur des hauteurs, & qu'on appelle des *ſignaux*. Ils répondent les uns aux autres, de telle ſorte que s'il arrivoit quelque allarme dans un Canton ; comme si des ennemis s'avançoient pour se rendre maîtres de quelque Place, ou Ville de la Suisse, on allumeroit un de ces *signaux*, le plus proche seroit aussi incontinent allumé ; & ainsi de suite tous les autres : & de cette maniere en 24 heures toute la Suisse se mettroit sur pié ; & il y auroit plus de 100000 hommes sous les armes, & prêts à combattre, & capables de donner de l'inquietude à la plus formidable Armée.

GENEVE.

La Ville de Geneve est située à l'extremité Occidentale du lac Léman, & dans l'endroit où le Rhône sortant de ce lac, divise Geneve en deux parties. La plus petite partie se nomme le quartier de Saint Gervais, à cause de l'Eglise de ce nom qui y est. L'autre partie de la Ville, qui est le plus considerable, est plus élevée par la hauteur du terrain où elle est bâtie. Il y a un pont sur le Rhône, par le moyen duquel on passe agréablement d'une partie de la Ville à l'autre.

Cette Ville est constamment très-ancienne ; puisque César en parle dans ses Commentaires. Hofman dit que Geneve est *d'une antiquité étonnante: Miræ antiquitatis*. Elle est grande, bien peuplée, avec des fortifications considerables. C'étoit autrefois le lieu d'un très-riche commerce : mais ce commerce si fameux, s'est insensiblement établi dans la Ville de Lyon. Cependant Geneve est encore aujourd'hui une Ville très-marchande. Je ne pense pas qu'on doive ajouter foi aux contes de Mercator, qui dit qu'elle a été bâtie par un certain Léman, pere des Allemans, l'an du monde 2994. Il en va de l'origine des Villes, comme de celle des familles ; il y a toûjours beaucoup de fables, & de mensonges officieux, que la flaterie y mêle : chaque Ecrivain croyant pouvoir faire pour sa Patrie, ce que Virgile & Tite-Live on fait pour leur pays, où ils font venir un Enée après la guerre de Troie, que d'habiles gens prétendent n'avoir jamais été. C'est ainsi que Ronsard a trouvé dans les ruines de Troie son *Francus*, pour donner le nom aux François, & pour en faire descendre la premiere race de nos Rois. Quant à l'antiquité de Geneve, elle me paroît incontestable : car outre le témoignage autentique de César, *lib. 1. de Bell. Gallic. cap. 2.* on voit encore aujourd'hui plusieurs Inscriptions Romaines, qui montrent que cette Ville étoit une Colonie des Romains ; & il s'en trouveroit sans doute beaucoup plus, si Geneve n'avoit pas été plusieurs fois ravagée & détruite par ses ennemis, & devorée par de terribles incendies.

Comme les Etats ne trouvent que trop de maîtres qui les veulent gouverner, la Ville de Geneve n'a pas manqué de Seigneurs, qui ont long-temps contesté, pour en avoir le gouvernment. Le Comte & l'Evêque se sont reciproquement chassés l'un l'autre de la Ville.

Charles IV. Empereur, pour un magnifique regale que lui fit le Duc de Savoie, le proclama Duc & Prince de Geneve, & du Genevois. Les Monnoies y étoient marquées aux Armes de ce Duc; & en l'Eglise de Saint Pierre de Geneve, on voit des tombeaux des Princes de Savoie, qui y sont enterrés. Ceux de Geneve qui s'ennuyoient de se voir gouvernés, firent en 1535 une étroite alliance avec les Suisses, & particulierement avec ceux de de Berne, & de Fribourg : dont le secours les a singulierement aidés à secouer le joug des Ducs de Savoie, & à adopter la réformation de Calvin. Après avoir chassé leur Evêque, qui fait maintenant sa demeure à Anneci à sept lieues de Geneve, ils firent de son Palais une Conciergerie, où l'on renferme les prisonniers.

Le Duc de Savoie ne laisse pas d'y conserver ses prétentions, qu'il a tâché plusieurs fois de faire valoir. Personne presque n'ignore la fameuse entreprise, que fit en 1602 Charles Emanuel Duc de Savoie, sur la Ville de Geneve. Ce Prince avoit dessein de la prendre par escalade ; & pour cet effet, durant la nuit du 12 de Decembre, il fit mettre contre les murailles un grand nombre d'échelles, par le moyen desquelles deux cens hommes étoient entrés dans la Ville. Le bruit éveilla la Garde : on courut aux armes, les deux cens Soldats qui s'étoient les premiers risqués, furent tués ou pris, & executés à mort; ou bien se précipiterent du haut des murailles: ainsi échoua cette entreprise. Depuis ce temps-là les Genevois, en memoire de ce grand évenement, celebrent chez eux tous les ans solemnellement, une fête qu'ils appellent, dit Hofman, *la fête des Echelles. A quo tempore* SCALARUN FESTUM *Urbi solemne.*

S'il en falloit croire *Scaligeriana*, Geneve seroit une très-petite Republique. *Ceux de Geneve*, y dit-on, *n'ont garde de faire un pont sur le Rhône, sur tout de pierres. Geneve, du temps de César, n'étoit point; ce n'étoit que Saint Pierre. Les rues basses n'étoient point, il n'y avoit que le haut, & le pont. Ceux de Geneve ne sçauroient avoir deux mille écus de revenu. Leur meilleur denier*

c'est la Ferme de la Pêche du Lac, qui fut affermée lorsque j'y étois 1800 livres, & d'autre fois n'auroit vallu que la moitié. . . . .
Ceux de Geneve faisoient mourir celui qui auroit tué sa femme avec l'adultere : & pour ce, disent-ils, qu'il est écrit : TU NE TUERAS POINT, ils firent execution d'un François qui avoit commis meurtre en son corps défendant. . . .
M. Goulart m'a écrit que la licence de paillarder est plus grande à Geneve qu'en France. Il y eut un Orfevre à Geneve, duquel la femme, ayant commis adultere, s'enfuit : le mari demanda licence de se marier ; par trois Dimanches on proclama ; voyant qu'elle ne venoit point, on lui donna congé de se marier. Pag. 132. 133.

Cependant, quoiqu'en ait pû dire Scaliger, il m'a paru qu'il y a dans Geneve une admirable police, & qu'on n'y a tout-à-fait soin des bonnes mœurs. Il est rare de voir par les rues des Ivrognes. Point de mauvais commerces ; & sur tout on fait main basse sur ceux qui sont scandaleux. On ne voit jamais de danses dans les rues ; & s'il s'en fait dans les maisons, il faut que ce soit à très-petit bruit. Point d'oisifs, de faineants, point de gueux, ni de mendiants par la Ville. On n'y souffre en nulle maniere ces sortes de gens. On verra des petites filles dès l'âge de six ou sept ans, faire des dentelles, travailler, & peindre à l'éguille avec une application, & une adresse qui charment. Les autres filent de la soie, & s'occupent à en faire divers ouvrages. Les Bourgeois vaquent à la marchandise, font fabriquer, & vendent des étoffes de soie, des rubans d'or & d'argent, ou s'appliquent à la Librairie. On veille extrêmement sur la conduite des jeunes gens qu'on envoie étudier dans le beau College de Geneve. On les y tient de fort court, & ils n'oseroient s'y licencier à quoique ce soit de répréhensible. Que de si innocentes mœurs ne sont-elles jointes à la pureté de la foi ! Il n'y a de vraies vertus que dans la veritable Eglise, d'où l'on sort par le schisme, & par l'heresie.

Les premiers qui infecterent ceux de Geneve de la contagion de l'heresie, ce furent Farel, Viret, & Calvin, que ces deux arrêterent lorsqu'il s'enfuioit de Paris, où l'on brûloit les Heretiques, pour se retirer en Allemagne.

Il est étonnant avec quelle affectation les Ecrivains Protestants relevent, & exagerent la science de Calvin : car enfin aiant été élevé dans les Ecoles de l'Eglise Catholique, n'a-t-on pas droit d'en conclure, que l'Eglise Latine n'étoit donc pas si obscurcie, ni tombée dans cette ruine & desolation, dont les Calvinistes la taxent dans leur Confession de foi, art. 31 ? Car enfin chacun sçait que Guillaume Farel & Jean Calvin, avoient fait leurs études au College du Cardinal le Moine à Paris; comme Beze le dit de Farel : & encore aujourd'hui il y a dans ce College une Tour qu'on appelle, *la Tour de Calvin*. Il est certain que le College du Cardinal le Moine a toûjours été des plus florissants. M. de Marolles Abbé de Villeloin, a remarqué que trois des plus sçavants hommes du monde enseignoient en même temps les Lettres Humaines à Paris dans ce College : Turnebe y faisoit la premiere Classe, Bucanan la seconde, & Muret la troisiéme, *Abbregé de l'Hist. de France*, pag. 324. Enfin Farel, Viret, & Calvin firent de Geneve Catholique, Geneve Protestante.

Je ne me suis pas donné la peine de recueillir les Inscriptions antiques qui se trouve encore dans Geneve ; tant parce qu'elles ne me paroissent pas d'une curiosité fort piquante, que parce que M. Spon en a ramassé cinquante-trois qu'il a mises à la fin de son *Histoire de la Ville, & de l'Etat de Geneve* ; où il est facile d'avoir recours.

Il y a quelques-unes de ces Inscriptions qui semblent établir que le Temple de S. Pierre étoit autrefois consacré à Apollon. Le clocher de ce Temple est couvert de fer blanc ; ce qui produit un assez agréable effet, particulierement lorsque le Soleil donne dessus. Ce Temple, qui étoit autrefois l'Eglise Cathedrale, est le principal de ceux où Messieurs de Geneve font les exercices de leur Religion : & ce qu'il y a de remarquable, c'est que dans leurs prieres, ils prient

Dieu pour tous les Princes & Rois de la terre, & particulierement pour le Roi de France, pour lequel ils témoignent en toutes occasions une merveilleuse affection, & un respect très-singulier. La Religion Catholique n'est point soufferte dans Geneve; on n'y tolere pas davantage la Religion Lutherienne : ce qui paroît assez dans ce que rapporte M. Spon dans son Histoire de la Ville, & Etat de Geneve, sur l'année 1625. *Le Marquis de Bade-Durlach, Prince Lutherien, dépouillé de ses Etats par un Arrest de la Cour Imperiale, se retira à Geneve avec sa femme, & un Pasteur. Le Conseil lui permit le Prêche en sa maison pour ses domestiques, sans plus grande afluence de peuple. Mais plusieurs Allemans habitants de la Ville, & même d'autres du peuple y allerent, dont chacun murmuroit, disant qu'il s'en manqueroit peu qu'on introduisît* n'introduisît la Meſſe dans la Ville, puiſqu'on y ſouffroit le Lutheraniſme. Le Conſeil des vingt-cinq en étant averti, l'envoya prier par un Syndic, & par le Lieutenant, de ne pas recevoir ceux de la Ville dans ces Prédications : ce que lui mépriſant, au lieu d'y aquieſcer, leur fit réponſe, que la Ville étoit Impériale, & qu'étant Prince de l'Empire, il y avoit autant de droit qu'eux. Quelques-uns même dirent qu'il avoit levé la main contre le Syndic : ce qui fut cauſe que la Seigneurie revoca la permiſſion qu'elle lui avoit accordée, dont étant irrité, il quitta Genève, & ſe retira à Thonon, où le Duc lui permit l'exercice de ſa Religion, & à toute ſa maiſon. Tom. 2. pag. 225. & 226.

Le Dimanche il y a grande preſſe à ſaint Pierre, où l'on fait deux Prêches ; l'un le matin, l'autre vers le ſoir. Ce qui y attire la foule, c'eſt qu'il y a des

Ministres de réputation, & particulierement trois qui ont toûjours une affluence d'auditeurs extraordinaires. L'un est M. Turretin le jeune, fils de celui qui est Auteur d'une Theologie qu'on vante singulierement parmi les Protestants. L'autre est M. Pictet, homme extrêmement zelé pour son parti. Il est tout de feu. Il a le talent de la parole, & celui de la plume. Il prêche, & écrit avec beaucoup de succès. Le troisiéme est M. Leger, personnange d'un grand sens.

Les Genevois ont l'esprit très-délié; & ils se ressentent peu du voisinage de la Suisse, où l'on va un peu plus rondement. Ils copient assez volontiers les manieres des François, & sont très-polis. Aussi y vient-on de tous les côtés pour apprendre la langue Françoise, qui est la seule langue qu'on y parle. On y voit presque toûjours quelque Seigneur Anglois de distinction, & souvent de jeunes Princes d'Allemagne, des Danois, des Suedois, &c. parce qu'on y rencontre la facilité d'apprendre tous les exercices qui conviennent aux gens de condition.

La Ville n'a pas une lieue de circonference ; mais elle est fort peuplée, & l'on y compte jusqu'à 30000 ames. L'on y trouve quasi tout ce qui est necessaire pour la vie ; & il y a même dequoi satisfaire au luxe, & à la volupté. La Librairie y est considerable depuis assez long-temps. L'on y imprime quantité de Livres, & même de gros Ouvrages. Ils envoient leurs Livres en Espagne, en Portugal, & par toute l'Italie. Comme ils donnent leurs Livres à bon marché, ils en font un grand débit ; & c'est par là qu'ils débouchent les grandes impressions qu'ils ont coutume de faire. Ils tâchent d'égaler Lyon : mais beaucoup de circonstances notables les tiendront toûjours au-dessous des Lyonnois, qui sont riches, entreprenants, & habiles dans le commerce.

Mrs de Tournes, qui étoient Libraires à Lyon, sont maintenant à Geneve, où ils font figure, & cependant toûjours dans la Librairie.

Mrs Chouet sont, après les de Tournes, les plus considerables Libraires. Tandisque la Religion Prétendue Reformée subsistoit en France, Geneve étoit le magazin Spirituel, d'où les Protestants tiroient tous leurs Livres de dévotion ; dont il se fait là une quantité incroyable, & qui se vendent à fort bas prix. Par exemple, une Bible *in-quarto*, reliée à la Françoise, avec les Pseaumes en musique à la fin, ce qui fait un gros Volume, ne coûte que cinquante-cinq sous.

Geneve s'embellit considerablement depuis une dixaine d'années, & l'on y fait de beaux bâtimens en quantité d'endroits: & si cela continue de la sorte, nulle Ville de la Suisse ne lui sera comparable. Aussi se fait-il un commerce beaucoup plus considerable à Geneve qu'en Suisse. On compte dans cette Ville-là, des Marchands riches de 500000 écus. Tel est sur tout M. Lullin. Il y en a de ce nom qui sont Syndics : c'est-à-dire, les premiers de la Ville ; ce qu'on appelle ailleurs *Bourgmestres*, ou *Advoyers*.

On m'a dit que les Fabri étoient une des meilleures, & des plus anciennes familles de la Ville ; mais elle n'a presentement ni lustre, ni opulence : elle n'est pas même nombreuse, ni dans les Charges ; puisque le Chef des survivants est Regent d'Ecole.

Il y a aussi à Geneve plusieurs

familles d'Italie qui se sont refugiées dans cette Ville, afin, dit-on, d'y professer la douce Religion, qu'on nomme pourtant *Reformée*. Ils se sont retirés à Geneve, parce qu'il ne faisoit pas bon pour la nouvelle Religion en Italie. La plûpart de ces refugiés sont venus de la Republique de Luques; & sont très-riches, & à leur aise: comme sont les *Callandrini*, les *Turretini*, les *Gallatini*, les *Minotali*, & plusieurs autres.

La plus belle Bibliotheque de particulier qui soit à Geneve, est celle de M. Turretin le jeune, qui doit avoir dix-huit mille Auteurs differents, selon le rapport qu'on m'en a fait. Et bien que les Ministres soient rarement au large en Suisse, M. Turretin passe pour être riche de cent mille écus.

On prêche aussi en Alleman pour les Allemans, & en Italien pour les Italiens.

L'on y fait aujourd'hui grand accueil aux Lutheriens; on les y careſſe fort, parce qu'on cherche à ſe réunir avec eux; mais de quelque po...ſſe, & de quelques avances qu'on les prévienne, les Lutheriens paroiſſent toûjours farouches, envelopés, & irréconciliables, comme gens qui ne veulent abſolument point de communion avec les Calviniſtes, dont toutes les avances ſont là-deſſus très-inutiles.

Quoique Geneve, auſſi-bien que Hambourg, n'ait pas deux lieues de territoire, cependant l'induſtrie & l'activité des habitants de ces deux Villes, font que Geneve eſt la plus riche Ville de la Suiſſe; & Hambourg de toute l'Allemagne. Tant il eſt vrai que ce n'eſt pas les bons pays, & les grandes Seigneuries & dominations, qui font l'opulence des peuples; mais la diligence & l'application des habitants laborieux, & qui ont du genie: témoin le Brandebourg qui étoit autrefois peu de chose, en comparaison de ce que c'est maintenant; & surtout depuis qu'un grand nombre de Religionnaires François y ont porté leur industrie. Geneve en a eu sa bonne part; & j'ai compris, suivant ce qu'on m'a dit sur les lieux, qu'un tiers de ses habitants est de François refugiés. Il est vrai qu'il y en a qui y sont depuis long-temps: mais le plus grand nombre y est venu depuis la revocation de l'Edit de Nantes en 1685, lorsque les Calvinistes n'ayant plus le libre exercice de leur Religion en France, ils se sont retirés à Geneve avec leurs meilleurs effets.

L'on peut dire que Geneve a eu depuis la Prétendue Réformation de Calvin, des Theologiens fort capables d'effacer de l'esprit du peuple ces restes de peines, & de scrupules qui leur restoient de leur séparation d'avec l'Eglise Catholique. L'artifice de ces nouveaux Prédicants ne consistoit qu'à faire des portraits affreux de l'Eglise, de sa chute, & de ses erreurs prétendues : déclamations très-propres à imposer aux ignorants, & à les tranquiliser dans le schisme le plus hardi, & le moin-judicieux qui fut jamais depuis le temps des Apôtres. Quans aux autres Facultés, elles n'y ont pas été autrement florissantes ; & il ne faudroit pas aller étudier à Geneve pour y devenir grand Jurisconsulte, ni Medecin habile dans la Pharmacie Chymique, non plus que dans la Botanique, & dans l'Anatomie ; sans quoi on ne peut jamais être qu'un Medecin au-dessous du médiocre.

Son Gouvernement est un des meilleurs qui puisse convenir à

une République, qui est composée d'hommes, & non pas de bêtes de charge. Elle est cependant gouvernée avec un air de grandeur & de majesté ; car enfin nulle homme de métier n'entre ni au grand, ni au petit Conseil : mais la puissance est si bien temperée entre les premiers de l'Etat, & du peuple, que les Magistrats jouissent d'une grande portion de l'autorité souveraine, qui doit être attachée à leurs Charges, & faire leur dignité ; sans que le peuple cesse de goûter une agréable, & douce liberté.

Les Syndics n'y sont pas en charge pour toute leur vie : le Syndicat ne roule pas non plus sur une famille, plus que sur une autre ; comme cela se fait ailleurs. Au reste les Genevois prétendent avoir coupé le mal par la racine, en se déclarant ouvertement, comme il est arrivé plusieurs fois, contre les brigues, & les cabales en fait d'élection, afin que la seule vûe du mérite, & de l'amour du bien de la Patrie, préside uniquement dans le choix de ceux qui les doivent gouverner.

Ce qu'il y a de charmant à Geneve, c'est qu'on y est ennemi de la contrainte, & des grandes ceremonies. Les Genevois vivent entre eux avec beaucoup de familiarité, & de confiance. Ils ne sont nullement façonniers. Ils ne tiennent rien des manieres des Suisses leurs voisins, qui se gênent extraordinairement dans leurs complimens, dont on a peine à voir la conclusion ; & sur tout à Bâle, où les visites sont chargées de ceremonies, qui ne finissent jamais ; particulierement parmi les femmes, chez qui l'air précieux est dans le sublime. C'est un ennui épouventable que de se trouver en

Suisse à quelque festin, ou à des nôces. La plus grande partie de la fête se passe en complimens à perte de vûe. Tout est froid sur table, avant qu'on soit convenu de la place que chacun y doit prendre; non pas qu'on s'y dispute pour les premiers rangs: au contraire on fait assaut de politesse, & de bel esprit, pour n'être que des derniers. Cela va jusqu'au fastidieux. N'en déplaise aux Dames de ce pays-là, elles pourroient être là-dessus moins incommodes, & moins ennuyeuses. Quand on est venu à bout de les placer, c'est encore une affaire que de parvenir à les faire manger, ou boire. Les jeunes Demoiselles sur tout sont si composées, & d'une si excessive modestie, qu'elles ne goûtent presque de rien; estimant qu'il y a de l'incivilité à manger selon son appetit. Si on les y sollicite, elles vous répondent, qu'elles n'en peuvent plus, & qu'elles n'ont fait que manger & boire. De là est venu la coûtume, pour les dédommager de ce qu'elles ont refusé en public, de leur faire à chacune un petit paquet de ce qu'il y a de meilleur sur table, qu'elles emportent volontiers. N'avoir pas vû un de ces repas, c'est avoir manqué une des plus divertissantes curiosités de la Suisse.

M. le Clerc & M. Manget, sont deux Medecins de réputation entre plusieurs autres habiles qui font la Medecine dans cette République. Ces deux Messieurs ont de concert composé plusieurs Livres en leur Faculté, qui ont été fort bien reçus. Leur Ouvrage le plus considerable, est *Bibliotheca Medica practica, in-folio*, en 4 Volumes, dressée par ordre alphabetique. Rien ne pouvoit être plus commode aux Medecins ; d'autant qu'on leur épargne par là les dépenses qu'il faudroit faire pour acheter grand nombre de Livres qu'on a ramassés, & refondus dans ce grand Ouvrage, qui est d'autant plus excellent, qu'ils n'ont fait attention qu'aux Auteurs les plus celebres.

Ils ont fait la même chose sur l'Anatomie, dont ils ont donné deux Volumes *in-folio*.

Ils n'ont pas oublié la Pharmacie & la Chymie, qu'ils ont pareillement recueillies des meilleurs Auteurs, dans deux Volumes aussi *in-folio*.

M. le Clerc est frere de celui qui est en Hollande, & qui est sçavant & laborieux ; comme il paroît par tous les Ouvrages qu'il a publiés en tout genre de Science, & de Litterature.

M. l'Advocat, qui est de Normandie, est un homme d'esprit, & de mérite : & il n'est pas aisé de trouver beaucoup de gens qu'on pût mettre de niveau avec lui. Il y a aussi des Syndics de ce nom à Geneve.

Cette Ville est fort renommée pour l'horlogerie : il s'y fait un prodigieux nombre de Montres, & de Pendules, que les Genevois envoient dans toutes les parties de l'Europe, où il s'en fait un grand débit, à cause qu'ils les vendent un prix assez médiocre. L'on y compte plus de cent maîtres Horlogers ; entre lesquels il y en a sept ou huit qui sont très-habiles, & dont le travail est beaucoup estimé. Afin de donner plus de cours à leurs Montres, ils gravent ordinairement le nom de *Londres* dessus, quoiqu'elles soient fabriquées à Geneve. Il s'y fait encore beaucoup de galons, & de boutons de fil d'or & d'argent ; mais il s'en faut bien qu'ils ne soient aussi beaux & aussi bons que ceux de Paris, qui est la Ville du monde, où ces sortes d'ouvrages se font d'un éclat plus vif, & plus durable.

Les Genevois ont cela de commun avec les Savoyards leurs voisins, qu'il y en a beaucoup d'établis au dehors : il n'y a peut-être aucune Ville marchande en Europe où il n'y en ait. Il y a pourtant cette difference, que les Savoyards n'emportent presque rien de chez eux : ils n'ont pas souvent plus d'un écu en poche quand ils quittent leur pays pour aller ailleurs busquer fortune. Ce sont pour l'ordinaire de petits Merciers, ou Porteballes, qui ont tout leur fond pendu au col : d'autres commencent par être frotteurs de Planchers, Decrotteurs, ou bien Ramoneurs de cheminée. Ils sont fort fideles ; & on leur confie volontiers les Appartements, où il y a les plus grandes richesses. Au contraire les Genevois sortent

tent de chez eux avec de bons effets; aussi sont-ils d'ordinaire de bons negoces, & de grandes fortunes.

Geneve fait encore un grand trafic d'ouvrages de cristal, & de faux bijoux, comme bagues, colliers de perles, &c. dont on tire d'eux une prodigieuse quantité.

La Monnoie ne hausse ni baisse jamais de prix chez les Genevois; aussi-bien que par toute la Suisse. On y perd environ un cinquiéme sur l'argent de France; en sorte que cent écus ne n'y valent que quatre-vingt des leurs, qu'ils nomment *Especes*: ce sont de vieux écus de Bourgogne, de Hollande, d'Espagne, de Suisse, & de plusieurs autres Republiques. L'on ne compte pas à Geneve comme en Suisse, où le florin fait un demi-écu; & où la petite monnoie va par batz, & creuzers. A Geneve il faut dix &

demi de leurs florins pour faire un écu ; & douze de leurs sous pour faire un florin. Ils ont battu Monnoie autrefois ; mais ils ont discontinué depuis un temps. Leurs anciens écus ont d'un côté un Aigle, & de l'autre une Clef.

Geneve est en alliance offensive & défensive avec le Canton de Berne : ils se secourent reciproquement dans le besoin : c'est ce qui met les Genevois en plus grande sureté contre ceux qui pourroient leur en vouloir ; & d'autant plus que Berne peut mettre aisement, & en peu de jours 50000 hommes sur pié ; & que ce puissant Canton étendant sa frontiere jusqu'à quelques lieues de Geneve, il est à portée de lui communiquer sans peine ses secours.

L'on a fait deux Histoires de cette Ville ; l'une est de M. Spon, Docteur en Medecine à Lyon :

elle a été assez bien reçue ; & il s'en est fait deux éditions. L'autre qui est en Italien, est de Gregorio Leti, que l'on achete volontiers pour se divertir ; parce qu'outre que cet Auteur parle bien Italien, & écrit d'un style fleuri, & agréablement diversifié, il plaît encore par quantité de traits piquants, & satyriques, en quoi il excelle. L'*Historia Genevrina* est de ce caractere. On dit qu'il l'a écrite de cet air, pour se vanger de l'Etat, dont il croyoit n'avoir pas lieu d'être content. On prétend qu'il s'est conduit dans cet Ouvrage par la crainte, & par l'esperance ; & qu'il n'a loué & blâmé que par les motifs de ces deux passions. Parmi peut-être cent Volumes, qu'il a produits, il y en a qui ont eu du succès ; comme *la Vida di Sesto V*. celle *di Philippo II*. Il y en a encore de considerables de lui ; mais on estime dans le monde sçavant, qu'on ne lui en doit pas la matiere, & qu'il n'a fait que leur prêter la beauté de son Italien, & le vif de son poliment. Il y a trente ans qu'il enseignoit dans Geneve l'Italien à la Noblesse étrangere, à un louis par mois : ce qui lui procura la connoissance de personnes de distinction, là & ailleurs.

On voit dans le Palais un Tableau qui represente l'Alliance contractée entre les Genevois & les Suisses en l'année 1536.

L'Arcenal est très beau & bien fourni ; on y voit encore les échelles dont se servirent les Savoyards quand ils voulurent surprendre Geneve le 22 Decembre 1602. Je croi que ce fut alors qu'on fit cette Anagrame fort juste du nom de Geneve, en celui de *Vengée*.

Il y a trois portes à la Ville, la porte Rive, la porte Neuve, & la porte Cornevin. Il y a plufieurs places publiques fort agréables, & qui servent pour la promenade: la plus belle & la plus revenante est celle qu'on appelle la Platte-forme, d'où on découvre une plaine charmante, des jardins & des vignes. Il y en a une seconde qui est fort longue; elle est couverte, & on peut s'y promener sans crainte de la pluie, ni du mauvais temps. Assez près de la Ville il y a une troisiéme place, qu'on appelle le Plein-Palais; c'est un grand pré où l'on se promene fort agréablement.

Les grandes truites pêchées dans le lac, & que l'on conserve dans de grands Reservoirs entourés de pieux, méritent bien qu'on se donne la peine de les voir. On les garde là, pour en faire present aux grands Seigneurs qui passent par Geneve. Et même en 1658, le Roi étant venu à Lyon, la Republique envoya pour le complimenter, & lui préſenter de belles truites de 40 à 50 livres ; *Car ce ſont-là les plus groſſes*, dit M. Spon, *quoique quelques-uns aſſurent qu'il y en a de 80 & de 100 livres. Il eſt vrai que la livre de Geneve eſt de 18 onces*, pag. 249.

Le College & la Bibliotheque où l'on a ſoin de montrer d'anciennes Bibles Françoiſes, ſont de dignes objets de la curioſité d'un Voyageur qui a du goût, & du diſcernement.

Au reſte la Ville de Geneve eſt dans une ſituation qui enchante : elle a des prairies admirables, des bleds dans ſes montagnes, des vignes qui produiſent des vins, dont des gens peu délicats pourroient faire débauche. Il y a des promenades délicieuſes, des vûes charmantes, des montagnes, des plaines, des rivieres : l'air y eſt bon. Tout ce qui peut faire plaiſir, & flatter le goût s'y trouve abondamment. Et le séjour m'a paru avoir des agréments assez vifs.

Nous en partîmes après y avoir demeuré plusieurs jours, & fûmes dîner à Coulonge, qui n'est qu'un Village à cinq lieues de Geneve. Avant que d'arriver au Fort de l'Ecluse, il nous fallut traverser le Rhône, qui n'est pas fort large en cet endroit; nous le passâmes dans un batteau qu'on tient là exprès pour les passagers.

Le Fort de l'Ecluse est situé au bas d'un grand Rocher, où il y avoit naturellement une espece de grotte, qui a servi de place pour la batisse du Fort, à la droite du Rhône, qui en cet endroit est fort resserré entre deux montagnes. Celle qui est opposée au Fort, se nomme le Pas des Echelles, à cause qu'elle est fort escarpée : le grand chemin passe sur le pont-levis de la Forteresse;

en telle sorte que ceux qui viennent de Genève, ou qui y vont, ne sçauroient se dispenser d'aller devant le Gouverneur, ou le Major, à qui il faut montrer les Passeports ; sans quoi on ne manqueroit pas d'être arrêté.

On voit à une petite demie lieue du Fort de l'Ecluse, l'endroit, où le Rhône se perd dans la terre sous des Rochers, où il se précipite par un grand trou, avec un bruit surprenant. Il sort ensuite par un autre endroit à 40 ou 50 pas de là, & coule tranquilement : c'est une chose très-curieuse à voir ; mais il faut pour cela s'écarter du grand chemin. Nous couchâmes à Châtillon à deux grandes lieues de Coulonge. Ce n'est aussi qu'un Village.

Le lendemain nous dinâmes à Maillac, qui n'est non plus qu'un Village à cinq lieues de Châtillon. Nous eûmes l'honneur de
diner

dîner avec M. le Comte de Maillac, qui se trouva par hazard dans l'Hôtellerie où nous logeâmes. La Maison de Maillac est très-ancienne, fort illustre, & elle est souvent celebrée dans l'Histoire. Nous fûmes coucher de là à Cormau, autre Village à cinq lieues de Maillac, dans le pays de Bugeay.

Nous dînâmes le lendemain au Pont de Chery, qui est un Village dans le Dauphiné, à quatre lieues de Cormau ; nous avions traversé le Rhône dans un batteau à une lieue & demie de là. Nous arrivâmes le même jour à Lyon, à cinq lieues du Pont de Chery : ce fut le 2. Avril.

Je ne m'attacherai point, mon cher pere, à vous faire une description exacte de cette Ville. Il y auroit trop de choses à dire. Il faudroit plusieurs gros Volumes pour donner une juste idée

P

de ce que Lyon a été, & pour raconter ce qu'il est aujourd'hui. Je ne m'arrêterai donc précisément qu'aux choses qui m'ont frapé davantage, soit pour l'Antique, soit pour le Moderne.

LYON.

Lyon est la plus considerable Ville de France, après Paris. Sa situation, ses rivieres, & la beauté de ses bâtimens, & de ses promenades, peuvent à bon droit la faire passer pour une des plus belles Villes du monde. Ses Fondateurs ont choisi pour son assiette un lieu admirable; en ce que la Saone passe au travers, & que le Rhône arrose le pié de ses murailles. C'est une Ville si vaste & si étendue, quelle comprend dans son enceinte des montagnes & des plaines; des bois & des vignes; des terres & des prés; des jardins & des vergers.

Il y a deux montagnes dans Lyon ; sçavoir, Saint Juſt, & la montagne de Forviere. Rien n'eſt plus agréable que de contempler de deſſus la montagne de Forviere, l'étendue de la Ville, & cette belle diverſité de maiſons, de jardins, de prés, de vignes, & de rivieres.

Ce n'eſt pas une petite affaire que de démêler parmi tant d'opinions differentes ſur l'étymologie du mot de *Lyon*, celle qui eſt la veritable. Auſſi ne m'y embarquerai-je que pour vous regaler d'une étymologie tout-à-fait brillante ; pour la ſolidité, je n'en répond pas. Cependant elle me paroît reſpectable, à cauſe des antiques perſonnages dont je la tire. C'eſt Clitophon de Rhodes, Hiſtorien qui s'eſt fait un nom dans les affaires Litteraires, dit Voſſius. Cet Auteur Grec, qui a traité des Indes, n'a point dédaigné de parler de la

Gaule, & de la Ville de Lyon en particulier, dont il donne l'étymologie en ces termes : *Un certain Momore, & son camarade Atepomare, étant chassés de leur Royaume, se mirent en tête de bâtir une Ville, selon l'ordre de l'Oracle, sur la montagne, au pié de laquelle est la riviere de Saone. Lorsqu'ils en eurent jetté les fondemens, on vid soudain paroître des Corbeaux qui couvroient de leurs aîles tous les arbres d'alentours. Momore qui sçavoit à fond la science des Augures, nomma cette Ville* LYON ; *parce que* LUGUM *en langue Celtique, signifie des* CORBEAUX : *&* DUNUM *veut dire un lieu élevé, éminent.* Voilà l'étymologie de la Ville de *Lyon*, s'il en faut croire Clitophon, & Plutarque, qui parle d'après lui, *Lib. de Fluvis, in Azari.* Si cela n'est pas vrai, il est du moins bien imaginé, & vaut bien être employé dans une Relation de

Voyage, où il entre des pieces de moindre valeur. Après cela j'aime mieux vous conter des choses certaines, que de vous entretenir des visions, & des chymeres de Messieurs les Etymologistes ; & vous dire d'après Strabon, ce que Lyon étoit de son temps. La Ville de Lyon, dit-il, est bâtie sur une montagne, au pié de laquelle la Saone entre dans le Rhône. Elle est dépendante de l'Empire Romain. Si on en excepte Narbonne, il n'y a point de Ville plus illustre par ses grands Hommes. Elle est le centre & l'entrepôt d'un très-grand commerce. On y frape de la monnoie d'or, & de la monnoie d'argent. Les Romains y envoient des Gouverneurs. Au devant de cette Ville, & au confluent du Rhône, & de la Saone, toutes les Nations des Gaules, à frais communs, ont bâti un Temple, qu'ils ont dédié à César-Auguste. Il y a un Autel très venerable, élevé par 60 Nations differentes, dont il porte les noms, & qui toutes ont donné chacune une Statue pour l'orner. Depuis on a encore dressé un autre Autel. *Strabo Geograph. lib.* 4.

Voici ce que Seneque nous dit de Lyon : On ne sçauroit être plus affligés que nous le sommes. Nous venons d'apprendre que nôtre Colonie Lyonnoise vient d'être entierement détruite par un embrasement qui n'a rien épargné. Il faut que nous rassemblions toute la force de nôtre esprit, pour ne point succomber sous un semblable desastre. . . . . . Cet incendie a été tel, qu'il n'a rien laissé à faire à un autre. Tant de beaux bâtiments, qui pouvoient illustrer plusieurs Villes, ont péri en une nuit, & lorsque toutes choses étoient là dans une paix profonde. Qui pourra le croire ? Tandis que toute la terre étoit en paix, & en sureté, il survient un malheur que la guerre la plus allumée n'auroit pû causer. Enfin il faut aujourd'hui chercher dans la Gaule la Ville de Lyon, que l'on y faisoit voir ces jours passés avec tant d'ostentation. Il ne s'est passé qu'une nuit entre une très-grande Ville & rien. . . . . . *Lugdunum quod ostendebatur in Gallia, quæritur. . . . . Una nox fuit inter Urbem maximam, & nullam.* . . . . . Ainsi s'est effacée de dessus la terre une Ville opulente, & qui faisoit l'ornement des Provinces entre lesquelles elle étoit située : *Civitas arsit opulenta, ornamentum Provinciarum, quibus inserta erat.* . . . . . Cette Ville n'a été consumée par le feu, qu'afin de renaître de ses cendres, & plus belle, & plus magnifique. . . . Ce qui revolte, c'est qu'il n'y avoit pas cent ans que cette Colonie avoit été commencée par Plaucus; & il y a des hommes qui vivent davantage. *Senec. Epist. 91.*

Il semble que Seneque a prédit le rétablissement de la Ville de Lyon. En effet l'Empereur Neron, son éleve, envoya à Lyon une grosse somme d'argent pour contribuer à la faire renaître de ses cendres. C'est ainsi que Tacite en parle: *Cladem Lugdunensem quadragies sestertio solutus erat. Lib. Ann. xvi. cap. 2.* Et peu d'années après il falloit que la Ville de Lyon fut bien rétablie, & même florissante, puisqu'elle faisoit tête à la Ville de Vienne, en se declarant pour Vitellius contre Galba; comme le raconte le même Tacite, *Hist. lib. 1. cap. 13.* Quand je dis qu'en peu d'années la Ville de Lyon fut rebâtie, j'entends que ce fut en moins de 20 ans.

Suetone dans la Vie de Caius Caligula, raconte que cet Empereur étant à Lyon, proposa des prix pour des pieces d'Eloquence Greques & Latines, & qu'il ordonna que ceux qui avoient le moins bien réussi, donneroient des récompenses à ceux qui avoient excellé ; & qu'ils seroient même obligés de celebrer dans des Ouvrages de leur façon, le mérite des Vainqueurs : & qu'enfin les Orateurs qui n'avoient rien fait qui vaille, seroient condamnés de se servir de leur langue comme d'une éponge, pour effacer leurs écrits, s'ils n'aimoient mieux avoir le fouet, ou être plongés dans la riviere voisine : *Edidit certamen quoque Græca, Latinæque facundiæ*..... Sueton. C. Cæs. Calig. n. 20.

C'est aux loix severes de cette fameuse Académie de Lyon, que Juvenal fait allusion dans sa premiere Satyre, V. 23 & 24, où il dit qu'un homme pâlit, comme celui qui met, sans y penser, les pieds nuds sur un serpent; ou comme un Orateur qui est sur le point de prononcer sa piece d'éloquence devant l'Autel de Lyon.

Palleat ut nudis pressit qui calcibus anguem;
Aut Lugdunensem Rhetor dicturus ad Aram.

D'où nous apprenons que l'Academie, qui devoit décider du mérite de ces ouvrages d'Eloquence, tant Greque que Latine, devoit être composée de Juges d'une grande érudition; puisqu'ils avoient à juger, non seulement de la pureté du Grec & du Latin de ces sortes de pieces, mais encore sur l'execution des regles de la Rethorique.

L'Autel dont par Juvenal, est celui qui étoit dans le Temple consacré à Auguste, & pour la fabrique & l'ornement duquel 60 Nations des Gaules avoient contribué des sommes considerables. C'étoit devant cet Autel que s'assembloit la plus celebre Academie pour les belles Lettres, qui ait jamais été dans le monde. Lyon étoit alors le centre de la Litterature, des Sciences, & des beaux Arts. C'étoit là que se faisoit un concours étonnant de tous les Sçavants, & de l'Italie, & des Gaules, pour y disputer le prix de la Philosophie, de la Poësie, & de l'Eloquence Prosaïque. C'étoit là que dans le Champ de Minerve, se rendoient tous les ans des Philosophes, des Poëtes, des Orateurs, de toutes les parties du monde docte & policé ; afin de combattre tant pour la gloire des Muses, que pour les récompenses qu'on y distribuoit.

Aussi la Librairie a toûjours

été fort en vogue dans la Ville de Lyon dès son origine. Pline le jeune en parle, & mande à un de ses amis : *Je ne sçavois pas qu'il y eût des Libraires à Lyon ; & j'en ai eu d'autant plus de plaisir, d'apprendre que mes Ouvrages s'y vendent.* Lib. 9. Epist. 11.

La Ville de Lyon est encore plus illustre du côté de la Religion. Saint Photin, & saint Irenée, ont été les premiers Apôtres qui y ont jetté les fondements du Christianisme. Saint Irenée étoit Disciple de saint Polycarpe ; qui l'étoit lui-même de saint Jean Apôtre, & Evangeliste. L'Eglise de Lyon a été arrosée du sang de plus de 20 mille Martyrs. La cinquiéme persecution qui se fit l'an 201, sous l'Empereur Severe, fut épouventable dans la Ville de Lyon. Cet Empereur ayant vaincu Albin, à qui les Lyonnois avoient donné retraite dans leur Ville, envelopa les Chrétiens dans son ressentiment, & en fit un si horrible carnage, que les rivieres y furent teintes de leur sang, & les places publiques remplies des corps de ceux qui avoient été martyrisés. C'est ce que les Historiens Ecclesiastiques appellent, par une expression aujourd'hui très-entendue, & consacrée : *Martyres Lugdunenses* : LES MARTYRS DE LYON.

Dans le XII. Siecle l'Eglise de Lyon étoit encore dans une grande celebrité. Saint Bernard, qui vivoit dans le milieu de ce siecle là, donne des louanges magnifiques à l'Eglise de Lyon, dans sa Lettre, *ad Canonic. Lugdunens.* Vôtre Eglise, dit-il, conserve tous les caracteres de l'Antiquité : *Antiquitatis insigne.* Elle n'a jamais donné dans les nouveautés qui s'élevent de temps en temps. Elle n'a point souffert qu'on la défigurât, en lui voulant donner une face jeune, & nouvelle. . . . . . . *Nec se aliquando Juvenili passu est decolari levitate Ecclesia plena judicii.* Il ne seroit pas poli de dire aujourd'hui à Lyon, *les Chanoines de Lyon.* Ces Messieurs sont maintenant accoutumés à s'entendre appeller, *les Comtes de Lyon.* Il n'en étoit pas ainsi du temps de saint Bernard ; ou bien ce Saint si admirable, n'y apportoit point de façon. Car enfin sa Lettre est adressée, *ad Canonicos Lugdunenses.* Il est cependant vrai que dans le XIII. siecle, le Chapitre de l'Eglise de saint Jean, qui est la Cathedrale, étoit composé de soixante & quatorze Chanoines, entre lesquels il y avoit un fils de l'Empereur, neuf fils de Rois, quatorze fils de Ducs, trente fils de Comtes, & vingt Barons

Il y a eu plusieurs Conciles tenus à Lyon : le Concile general y fut assemblé par le Pape Innocent IV. l'an 1445. Ce fut là que pour la premiere fois on donna le Chapeau rouge aux Cardinaux.

En 1274 on tint le quatorziéme Concile general, assemblé par le Pape Gregoire X. qui y présida lui-même. On y parla de reformer des abus qui s'étoient glissés dans l'Eglise, & de chercher les moyens d'inspirer un peu de pieté aux Chrétiens d'alors, qui n'avoient guere de Religion ; d'empêcher la profanation des Eglises, où chacun paroissoit d'une maniere scandaleuse ; de réunir l'Eglise Greque avec l'Eglise Latine, & de secourir les pressants besoins des Fideles, qui restoient dans la Terre Sainte. Le Docteur angelique saint Thomas, mourut en chemin en venant à ce Concile : & saint Bonaventure mourut durant ce Concile. La Tête de ce Saint est gardée précieusement dans l'Eglise des Cordeliers. Il y a des jours dans l'année où on l'expose à la vûe des Fideles, qui viennent avec devotion baiser le Reliquaire où on la conserve.

Il s'est tenu plusieurs Conciles particuliers dans la même Ville, pour des sujets differents, mais dont il ne convient qu'à un Voyageur Theologien de parler : & ce que j'ai rapporté succinctement des Conciles Generaux, n'est que pour faire voir que l'Eglise de Lyon a toûjours été consideree dans le Christianisme, comme une des plus celebres Eglises du monde, & comme la premiere des Gaules, dont l'Archevêque est Primat : c'est aujourd'hui Monsieur Claude de Saint-George, qui fut tiré d'entre les Comtes de Lyon, pour être Evêque de Clermont, d'où il a été appellé ensuite à l'Archevêché de Lyon. Car enfin il
faut

faut remarquer que le Chapitre de Saint-Jean a toûjours été regardé comme une pepiniere d'Evêques. C'est encore de ce Corps que le Roi, qui distingue toûjours le mérite, a pris Monsieur Jean Claude de la Poype de Vertrieus, pour le mettre sur le Trône de l'Eglise de Poitiers.

Il y a encore des restes des anciens ouvrages que firent les Romains, tant dans Lyon, qu'aux environs de la Ville : & sur tout d'un Amphiteâtre, d'Aqueducs, & de Bains publics.

Après vous avoir parlé de ce que la Ville de Lyon a été dans les premiers siecles de l'Eglise, il faut maintenant dire quelque chose de ce qu'elle est aujourd'hui.

La Ville est divisée en trente-sept Quartiers, & a par consequent trente sept Capitaines ; en onze Paroisses, dont il y en a

Q

qui sont fort étendues.

Une des plus belles singularités de la Ville de Lyon d'aujourd'hui, c'est, sans contredit, le College de la Très-sainte Trinité, où enseignent les R.R. PP. Jésuites depuis 1566. Ce College porte pour titre : *Le Temple de la Sagesse, ouvert à tous les Peuples.*

Collegium Lugdunense Societatis Jesu.
Sanctissimæ Trinitati sacrum Templum hoc Sapientiæ Gentibus apertum omnibus.
Increatæ Sapientiæ D. D. Ut Scientias omnes illi faciat vectigales.

Telle est l'Inscription de ce Temple, dont la forme est representée sur les trois faces de la Cour, & sur celles des Galeries.

Les quatre premiers Ordres de l'Architecture sont employés

dans la composition de ce Temple.

Le plus bas, qui sert d'appui à tous les autres, est le *Toscan*, qui a été mis là fort sagement; parce que comme il est le plus simple, & le plus solide, il est le plus propre à soutenir tout le poids de ce grand Edifice, qu'on a voulu representer. Sa frize n'a point d'autre ornement que l'Inscription generale que je viens de rapporter.

L'*Ordre Dorique* avec ses pilastres, frizes, corniches, retours, & autres ornements, est immédiatement au dessus.

Le troisiéme Ordre est l'*Ionique* : & l'on a mis dans les espaces de colonnes de cet Ordre, les figures des Doctes Symboles de chacune des Sciences qu'on enseigne dans ce College.

Enfin l'*Ordre Corinthien* fait l'achevement de cet Edifice, dont l'élevation n'est pas égale en toutes ses faces : c'est ce qui a obligé de jetter des Thermes, & des ornements de l'*Ordre Composite*, dans les faces qui étoient plus élevées.

Dans la face du milieu, qui fait comme le centre de ce Temple, est un grand Tableau qui represente la Sagesse donnée à Salomon, afin d'apprendre par cet emblême, que les Sciences sont une communication de la Sagesse Divine, & un épanchement de ses lumieres.

La Sagesse qu'on voit descendre du Ciel dans des nuées, montre par cette situation, & par la couleur celeste de son manteau, quel est le lieu de son origine ; & que c'est elle qui dissipe les tenebres qui nous la couvrent. Elle est couronnée d'un triangle lumineux, qui nous enseigne que la Très-sainte Trinité est la source de ses lumieres, & qu'elle n'est qu'un rayon reflechi des trois adorables Personnes, &c. La Devise, qui sert d'ame à cet emblême, est tirée du premier Chapitre de l'Ecclesiastique :

Omnis Sapientia à Domino Deo est, & cum illo fuit semper.

Les Sciences qu'on enseigne dans ce College, sont divisées en trois ordres, & figurées, comme je l'ai dit, dans les entre-deux des colonnes de l'ordre Ionique. Ce nombre de trois, exprime le Mystere de la Trinité, qui fait le titre de cette admirable Academie, qui laisse infiniment au dessous d'elle le fameux *Athenœum*, que la superstition éleva autrefois dans Lyon à la Sagesse Paienne, & dédia à Minerve.

Dans la face du milieu sont les Sciences sacrées, qui nous enseignent les Mysteres de la Foi, & les choses surnaturelles, que la révelation nous découvre.

Dans la seconde face sont les sciences Humaines.

Et dans la troisiéme paroissent les Arts sçavants, dont les Peres de la Compagnie de Jesus font profession.

Toutes ces differentes Disciplines sont accompagnées de la Médaille d'un Illustre, qui a contribué a donner de l'éclat à quelques-unes de ces Facultés. On y a joint divers Symboles, qui nous en expliquent les préceptes ; une Devise qui en fait le caractere ; & deux bas reliefs qui expriment ses parties. Certainement on ne peut rien voir de plus ingenieusement imaginé, & de plus heureusement executé. Je n'ai garde de faire la description de tout ce qui entre dans la composition de ce merveilleux Temple de la Sagesse : cette entreprise demanderoit un Livre entier : & ce travail a déja été fait par le R. P. Menestrier Jesuite, si celebre dans cette sorte d'érudition. Je ne mettrai ici que la seule liste des Sciences, & des beaux Arts, avec le corps & l'ame de la Devise qui les accompagnent ; parce qu'il y a beaucoup de génie dans ces jeux d'esprit ; & que c'est une érudition qui est fort du goût de ce temps.

La Grammaire paroît d'abord : le corps de la Devise est une casse d'Imprimerie pleine de caracteres ; & l'ame ces mots : *Quid multa, nisi ordinata ?* pour montrer que la construction, & la congruité font la beauté du discours.

L'Erudition : les Monnoies antiques qui dégorgent d'une Urne, font le corps de la Devise ; dont l'ame est ce bout de Vers : *Auget pretium ipsa vetustas :* pour signifier que la Polymathie, qui en soi peut être regardée comme peu considerable, est cependant curieuse, & recherchée, comme les Médailles à cause de leur antiquité.

La Cosmographie qui comprend la Geographie, & l'Hydrographie, n'a ni Médailles, ni Devise, dont la place est occupée par un cartouche où sont les attributs de ces deux belles Sciences.

L'Histoire: la Devise represente un flambeau allumé, qui en rallume deux ou trois éteints, avec ces mots: *Extinctos luci reddo*, qui enseignent que l'Histoire fait revivre les morts, en conservant la mémoire de leurs belles actions.

La Poesie, avec les differents genres de Vers, est representée par la Harpe du Roi Prophete, qui fait le corps de la Devise, dont l'ame est ces mots: *Ex varietate concentus*; pour exprimer que comme la diversité des cordes de la Harpe sert à la douceur
du

du Concert, la diversité des Vers sert à la douceur de la Poësie.

La Rhetorique: la Devise est une Horloge à roues avec sa montre, & son tymbre, accompagnée de ces mots: *Meditata ex tempore dicit*; qui font le caractere de l'Eloquence, qui doit toûjours être prête à parler, & qui ne le doit pourtant jamais faire, sans être bien préparée.

Après ces Arts, on passe aux Sciences qui sont des Etres plus abstraits que les Arts, & des notions purement intellectuelles.

La Theologie Positive, dont la Devise a pour figure l'Etoile matiniere, qui devance le Soleil, & nous annonce sa venue. Le mot qui accompagne ce corps, est tiré de l'Ecriture sainte, & du premier Chapitre de saint Jean: *Testimonium perhibet de lumine*; pour dénoter que la Theologie Positive découvre les lumieres des Oracles sacrés, & en rend un témoignage fidele : comme l'Etoile matiniere est la guide fidelle du Soleil ; & que comme cette Etoile disparoît dans le grand jour que fait cet astre, nous n'aurons plus besoin de ses lumieres refléchies des interprétations, quand nous verrons à découvert le Soleil de l'Eternité, & que nous serons dans le grand jour de la lumiere de Gloire. Les collines du monde, le voile de la foi, qui nous le cachent maintenant durant la nuit de cette vie, s'abaisseront ; & nous le verrons dans ces grandes routes de l'Eternité, où il n'y a ni mouvement, ni nuages, ni altération, ni défaillance. Je parle ici d'après le sçavant & le pieux Pere Menestrier.

La THEOLOGIE SCHOLASTIQUE, qui est une Theologie de combat, & de dispute, qui milite avec l'Ecriture, les Conciles, & les Saints Peres, qui sont ses armes avec lesquelles elle terrasse & foudroie invinciblement tous les nouveaux heretiques, qui ne manquent jamais de se déchaîner contre les Theologiens Scholastiques, & d'essayer de les obscurcir par la fumée noire, & épaisse de leurs calomnies. Sa Devise est un Cadran solaire, avec ces mots: *Cœlestia monstrat in umbra*, parce que cette Theologie explique les Mysteres sous les ombres des figures; comme les Cadrans solaires nous décrivent les mouvements celestes par des ombres.

Enfin viennent les Sciences Humaines qui occupent la troisiéme face.

La GEOMETRIE: sa Devise est celle que le Pere Gregoire de Saint-Vincent a inventée pour la Quadrature du Cercle, qui est l'entreprise la plus grande de la Géometrie. C'est le rayon du Soleil qui, étant reçu dans un trou quarré, ne laisse pas de former en terre un rond de lumiere; à quoi on ajoûte ce bout de Vers: *Mutat quadrata rotundis.*

L'ARITHMETIQUE: sa Devise est le Livret fait en pyramide, avec cette difference, que la pyramide commence par sa baze, & va en rétrécissant insensiblement, jusqu'à se réduire en un point: au contraire le Livret commence par l'unité, qui fait la pointe de sa pyramide, & va en s'élargissant à l'infini. Le mot qui fait l'ame de cette Devise, est celui-ci: *Crescit eundo*; parce que l'Algebre va à l'infini, & découvre tous les jours de nouveaux problêmes.

L'ASTRONOMIE: elle a pour Devise une Lunette d'Aproche, ou un Telescope à voir les astres, avec ce bout de Vers : *Cœli abdita pandit* ; ce qui veut dire que l'Astronomie découvre tous les secrets du Ciel, dont cet instrument donne la connoissance.

La Morale n'a point de Devise, dont la place est occupée par une montre ; mais au lieu de Devise, il y a trois Morales abregées.

1. La Morale Hébraïque tirée du Verset 15 du Pseaume XXXIII. & qui est le XXXIV. selon les Hebreux, סור מרע ועשה טוב, *Diverte à malo, & fac bonum.*

2. La Morale Greque ΑΝΕΧΟΥ ΚΑΙ ΑΠΕΧΟΥ. *Sustine, & abstine.*

3. La Morale Latine : *Quod tibi fieri non vis, alteri ne feceris.*

Outre cela il y a des Hieroglyphes qui, par la figure de differents Oiseaux, representent les parties les plus importantes de la Morale.

Les Abeilles representent, *le Gouvernement Monarchique.*

L'Hirondelle, *le Gouvernement Domestique.*

Le Passereau solitaire, *le Gouvernement Monastique.*

L'Aigle qui regarde le Soleil, *la pieté envers Dieu.*

La Cigogne qui porte son pere quand il est vieux, *la pieté des enfans envers leurs parens.*

Le Pelican qui se blesse pour ranimer, ou pour nourrir ses petits, *la pieté des peres envers leurs enfans.*

La Tourterelle, *l'amour conjugal.*

Le Cygne, *l'heureuse mort.*

L'Oiseau de Paradis, *la sainte vie.*

La Physique, qui explique la nature des Elements, leurs operations, & leurs transformations, paroît ici. Il y a des Plantes, des Animaux, des Mineraux, qui sont les trois familles de la Nature. Il y a divers Inſtrumens pour les experiences, des Thermometres pour meſurer les dégrés du froid, & du chaud; un Alembic pour les diſtilations, & les operations Chymiques; des Creuſets pour les operations métalliques; des Hydrauliques, ou fontaines artificielles; la figure de l'Experience du vuide, par le vif-argent, &c. On y voit l'Aimant qui attire le fer; des os du Lion, deſquels il ſort du feu, lorſqu'on les choque l'un contre l'autre; le Tourne-ſol qui penche vers le Soleil; la Baguette de coudrier, qui ſert à trouver les ſources d'eau; le Miroir ardent; une Comete; le Chaméléon, & une Horloge à roues: ſa Deviſe eſt un Soleil qui ſe leve, avec ces mots appliqués à la Phyſique: *Naturam explicat omnem.*

La LOGIQUE eſt là avec des Hieroglyphes, qui en expliquent

les qualités; comme la Clef, le Phare, la Porte, le filet du Labyrinthe, qui disent assez que la Logique est la Clef, le Flambeau, & la Porte des Sciences. Sa Devise est une main fermée, avec ces mots: *Stricta Validior*. Le corps de cette Devise a rapport au sentiment de Zenon, qui comparoît la Dialectique à la main fermée, qui est alors plus forte; & la Rhetorique à la main ouverte.

Il me suffit, mon cher pere, d'avoir ici décrit ce qu'il y a de plus essentiel, & de plus interessant dans ce merveilleux *Temple de la Sagesse*. Si vôtre curiosité vous inspiroit de voir le reste des doctes emblêmes, & hieroglyphes qui y sont peints, j'aurois dequoi vous satisfaire à mon retour; puisque l'on m'a fait ici present du Livre du Pere Menestrier, qui rapporte & explique très-sçavamment tous ces charmants ouvrages d'esprit, dans un petit Volume exprès *in-octavo*.

Le titre de *Temple de la Sagesse ouvert à tous les Peuple*, qu'on a donné au College de la Trinité, n'est pas un titre vain, & imaginaire. Il est fondé sur la verité, & tous les bons Sujets qui sont sortis de ce College, pour porter l'Evangile par toute la terre, le justifient amplement. De ce College sont sortis:

Le Pere de Canillac, & ses Compagnons, pour donner commencement à la Mission de Pera aux portes de Constantinople.

Le P. Ennemond Masse, Lyonnois, & le P. Biard, y puiserent les lumieres qu'ils ont portées les premiers dans les forêts de Canada.

Le P. Possevin, après avoir triomphé de l'Heresie à Lyon, alla attaquer l'Idolâtrie dans le fond de la Moscovie.

Le P. Gaspard Maniglier a fait

briller dans ce College les premieres étincelles de ce zele Apostolique, avec lequel il commença la Mission d'Alep dans la Syrie.

Le P. Alexandre de Rhodes sortit de cette Maison afin de faire éclatter les victoires de l'Evangile dans les vastes Provinces du Tunquin ; & plus loin que le Heros du même nom n'a conduit ses armes triomphantes.

Le P. Faber a fait dans ce College une partie de ses Etudes ; & c'est-là qu'il a commencé à faire reluire cette sainteté incomparable, dont il a porté la bonne odeur parmi les Barbares, dans le Japon, dans la Chine, & dans la Tartarie, où il penetra le premier.

Le P. Critton, qui fut le premier Recteur de ce College, fut en Angleterre durant plusieurs années dans les Prisons de la

Reine Elizabeth, pour la défense de la Foi.

Le P. Chezaut a travaillé dans la Mission de Perse, qui lui est redevable de la Chrétienté qu'o[n] y cultive encore aujourd'hui.

Enfin ce College a toujours eu depuis son commencement des Ouvriers Evangeliques, dans la Chine, dans le Japon, dans le Paraguai, dans le Méxique, dans la Perse, & en divers endroits de l'Orient : ce qui prouve qu'il est veritablement *le Temple de la Sagesse, ouvert à toutes les Nations.*

Il y a dans ce College une trèsbelle Bibliotheque, d'où l'on voit les Alpes, toujours couvertes de neiges, & dont il y en doit avoir depuis le commencement du monde. La Chapelle de la Congregation est une des plus curieuses choses qui se puissent voir. Elle est magnifique. Sa regularité charme. Les colonnes de marbre, l'or, & l'azure sont là employés avec beaucoup d'art, & de bon goût. Il est temps de quitter ce College, pour vous entretenir encore de quelques particularités de la Ville de Lyon.

L'Hôpital de la Charité est une des plus belles maisons de l'Europe. Les Pauvres & les Orphelins y ont de grands appartemens, qui leurs sont particuliers. C'est une petite Ville dans l'enceinte de la Ville de Lyon. C'est une petite Republique assez nombreuse, & dont les Regles & les Loix sont le dernier effort de la Sagesse humaine. A voir l'ordre admirable de cette Maison, on s'imagine voir la Republique de Platon. Tout est dans un silence qui édifie; & rien ne s'y dément, & n'est déplacé. Il faudroit lire l'excellent Livre qui décrit la merveilleuse discipline de cette Maison, pour le temporel, & pour le spirituel, afin de comprendre l'exquise prudence, & le fond de charité qui animent Messieurs les Administrateurs de ce vaste Hôpital. Athene & Lacedemone, dont les Grecs vantent tant les Loix, seroient bien au-dessous de cette petite Republique, pour la sagesse du gouvernement.

Lyon a encore aujourd'hui ses *Virtuosi*, & ses illustres pour les Sciences, & les beaux Arts.

Je n'ai garde d'oublier le celebre M. de Pugeais, qui par ses belles & sçavantes experiences sur l'Aimant, a tant fait d'honneur à la Philosophie Magnetique. Il a les plus beaux, & les plus riches Aimants qu'on puisse voir. Tout est magnifique dans les experiences qu'il en fait, avec une propreté, & une industrie, que les plus froids Spectateurs ne sçauroient se lasser d'admirer. Il joint à ce qu'il fait des explications si naturelles, si nettes, & si simples, qu'on saisit tout ce qu'il dit avec avidité, & avec plaisir. Sa politesse est infinie, On ne l'a jamais portée si loin. La Philosophie est chez lui assaisonnée d'une probité qui le rend un parfait modele de l'homme d'honneur. Je n'ai jamais vû d'homme d'un esprit plus délicat, & de mœurs plus respectables. En nous faisant les experiences de l'Aimant, il nous rendoit compte de tous les phénomenes qu'il nous faisoit voir: & lorsqu'il y avoit quelque chose qui ne se pouvoit pas bien démontrer, ni être expliquée clairement, il en rioit lui-même, disant: *Les Laquais ne disent pas les plus grandes sottises, les Philosophes en disent de plus grossieres, & qui ne passent que parce qu'ils se donnent des airs de gravité, qui leur donnent du poids auprès des gens crédules.* Je vous entretiendrois des charmantes experiences que nous avons vûes chez lui, s'il ne m'avoit pas fait present de deux Ouvrages qu'il a composés sur l'Aimant; dont le premier a pour titre: *Experiences sur l'Aimant*: & le second: *Lettres écrites à un Philosophe sur le choix d'une hypothese propre à expliquer les effets de l'Aimant*. J'ai sçû que ces Lettres s'adressent à M. Joubelot, qui brille à Paris par ses Aimants, & par sa profonde doctrine dans la Physique, & dans les Mathematiques, comme M. de Pugeais brille à Lyon.

Le Cabinet de M. de Servieres demanderoit un Volume entier, afin de pouvoir faire un leger détail de tous les ouvrages surprenants de Mécanique, qu'on n'y sçauroit voir, sans une espece d'enchantement. On s'imagine être dans un autre monde, & dans le pays des Fées. Dans un siecle moins éclairé, on attribueroit au Demon & à la Magie toutes les merveilles de l'art qui composent ce ravissant Cabinet. Il faut que j'en demeure-là; car enfin il n'y a point de machine qu'on n'estropiât, si on en tentoit la description, avec un genie moindre que celui de M. de Servieres, qui a executé toutes ces belles choses.

Lyon est une Ville très fameuse pour le Commerce, pour la Banque, & pour le Change: on y trouve tout ce qui est necessaire pour un florissant commerce. Elle est comme au centre de l'Europe; & par le moyen de ses deux rivieres, il n'y a point de pays où elle ne puisse avoir facilement correspondance. Par le moyen du Rhône, elle peut envoyer ses marchandises en Espagne, en Italie, en Afrique, & enfin dans l'Orient, & dans l'Occident. La Saone lui fournit tout ce qui lui peut

peut être nécessaire pour la vie, comme bled, vin, &c. De-là vient qu'on appelle cette riviere, *la mere nourriciere de Lyon.* En se donnant la peine de faire transporter les marchandises par charroy à douze lieues, on trouve la Loire, par le moyen de laquelle elles seront portées en Angleterre, en Suede, en Dannemarck, & dans tous les pays Septentrionaux. Le Canal de Montargis, ou le Canal d'Orleans, qui vont se rendre dans la Seine, & sur lesquels on peut en un jour faire voiturer les choses qu'on veut embarquer, servent à porter les marchandises jusqu'à Paris; & de-là, après un trajet par terre, jusques en Allemagne, d'où le Rhin & le Danube les peuvent communiquer aux pays les plus éloignés. Ce sont toutes ces grandes commodités pour le commerce, qui ont fait donner à la Ville de Lyon de très-grands privileges par les Rois de France, & qui y attirent une infinité d'Etrangers.

Outre les beaux restes d'Antiquité qu'on y voit, & dont j'ai déja parlé, il y a des vestiges d'un Temple que Lucius-Plancus-Munatius fit bâtir à l'honneur d'Auguste, au confluent des deux rivieres de Saone & du Rhône; lorsqu'après la défaite d'Antoine, dont il tenoit le parti, il voulut s'attirer sa grace de la part d'Auguste. Ce fut pour cela qu'il conseilla aux soixante Nations qui étoient pour lors dans les Gaules, de bâtir un Temple à l'honneur de cet Empereur; d'y élever autant de Statues qu'il y avoit de Nations; & d'y dresser deux Autels, l'un remarquable par sa beauté, & l'autre par sa grandeur. Il y avoit dans ce Temple des Augures. On a trouvé des Inscriptions qui font foi, & de ces Augures, & d'un Pontificat perpetuel qui étoit décerné à l'un d'eux, comme aussi des Quadrumvirs, & des Décurions. A l'entrée de l'Eglise de Saint Etienne, on voit une pierre qui fait mention du Pontificat perpetuel ; & au-dessus du Cloître de Saint Jean, il y a une autre pierre fort ancienne avec cette Inscription :

Julius Primitius Decurio trecentorum Augurum.

On en voit encore une autre à la Tour de Saint Pierre, dans le Cloître, où on lit ces paroles :

Jovi Opt. Max. Q. Alcinius Urbis.

F. Martinus Seq. Romæ & Augur

Ad Aram ad confluentes Araris &

Rhodani flumen in civitate Sequanorum.

Quelque temps après vint Cajus Caligula, neveu de Tibere,

& quatriéme Empereur des Romains, lequel ayant reçu à Lyon l'honneur d'être fait Consul pour la troisiéme fois ; & voulant en témoigner sa joye au peuple, institua des jeux publics : & entre autres celui qui consistoit à faire des pieces d'Eloquence en Grec, & en Latin, qui se recitoient à l'Autel d'Auguste ; ainsi que je l'ai rapporté ci-devant. Ce lieu fut depuis appellé *Athenée*, à cause de Minerve qui est la mere des Sciences, & des Arts, & qu'on nomme en Grec Αθηνᾶ, & ce nom lui est même demeuré jusqu'à present ; car l'Abbaye qu'on y a bâtie depuis, se nomme en Latin, *Monasterium Athenæum* : en François, l'*Abbaye d'Aisnay*. Ce Temple des Payens fut ensuite détruit, dans le temps que les Lyonnois embrasserent la foi de Jesus-Christ : & de ses ruines on en bâtit l'Abbaye d'Aisnay d'aujourd'hui. Le Pape Paschal II. en fit la dédicace en l'année 1107.

On voit encore aujourd'hui dans l'Eglise de cette Abbaye quatre grandes colonnes de marbre, qu'on croit avoir été des restes de l'ancien bâtiment que Plancus fit élever : & dans le chœur, le tableau du saint Archevêque Photin, fait de plusieurs petits morceaux de marbre, joints & unis ensemble avec beaucoup d'adresse. Il y en a qui soutiennent que ces quatre colonnes sont faites de pierres fondues, & qu'elles ont été moulées de la façon qu'on les voit maintenant.

On prétend aussi que sous l'Empire d'Auguste fut édifié un Temple de Venus, sur la montagne qu'on appelle *Forviere*, comme qui diroit *Forum Veneris*. Il y a presentement une Eglise Collegiale bâtie à l'honneur de saint Thomas d'Aquin, qu'on appelle encore Nôtre-Dame de Forviere. L'Eglise est fort propre, quoique petite. Il y a dix Chanoines pour le Service divin, qui ont leurs maisons, & leurs petits jardins dans le voisinage de l'Eglise. Comme il n'y a point d'eau, on a eu soin d'y creuser un puits très-profond, & d'y faire des citernes pour rassembler les eaux de pluie.

Un certain personnage nommé Longuin, bâtit aussi un Monastere à l'honneur de saint André Apôtre, dans l'Isle Barbe, après la quatriéme persecution, qui fut celle de l'Empereur Marc-Aurele Antonin. Ce Monastere fut ensuite ruiné par les Sarrasins, & rétabli par la pieté de Charlemagne, qui le consacra à saint Martin. Ce fut-là que ce Roy, & ce grand Empereur, fit mettre sa Bibliotheque, dans laquelle se trouva, après sa mort, un Manuscrit contenant un fragment des Ouvrages d'Antonius. Cette Eglise fut encore ruinée depuis les guerres civiles. Il y a à présent dans cette Isle trois Eglises ; sçavoir, sainte Anne, sainte Marie, & saint Loup. Le Lundi de Pâques il y va en devotion une grande quantité de peuple, en telle sorte que dans toute l'Isle on ne voit que des gens qui se divertissent, & qui dansent après le Service divin : tant il est vrai que la corruption de l'homme mêle toujours des abus dans les plus saintes institutions.

Mon dessein n'est pas de parcourir tous les anciens Temples, dont on voit encore quelques restes en cette Ville. Voici les noms de ceux que les Etrangers ont accoutumé de visiter.

Le premier, & le plus considerable, est l'Eglise de saint Jean, dediée à saint Jean-Baptiste, & à saint Jean l'Evangeliste, dont on voit à la sortie du chœur les deux Statues; l'une à droite, & l'autre à gauche. Il y a aux quatre coins de l'Eglise autant de Tours, dans l'une desquelles on voit une très-grosse cloche: il y a dans la même Eglise une horloge magnifique, qui approche fort en beauté de celle de Strasbourg. On y voit pareillement un coq, qui bat de ses aîles, & qui chante avant que l'heure sonne; mais ce qui est de plus remarquable, est une aiguille qui tourne dans un ovale, & qui se racourcit à mesure qu'elle approche de l'endroit le moins large, sans qu'on s'apperçoive de ce changement. Auprès de cette Eglise il y en a deux autres qu'on nomme saint Etienne, & sainte Croix; dans celle de saint Jean il y a un des plus celebres Chapitres du Royaume, à cause que les Chanoines doivent être tous nobles de plusieurs generations.

L'Eglise

L'Eglise de saint Nisier n'est guere moins belle que celle de saint Jean : elle est située presque au milieu de la Ville. C'étoit autrefois la Cathedrale ; c'est à present une Collegiale. L'Eglise saint Just étoit autrefois hors de la Ville, dans le Faubourg ; mais ayant été détruite dans les guerres civiles, elle fût rebâtie, & mise dans la Ville. Celle de saint Paul mérite aussi d'être vûe ; elle est auprès de la rue de Flandre. Celle des Jacobins est assez belle ; on l'appelle Nôtre-Dame de Confort : les Allemans y ont leur Tombeau couvert d'une grande pierre quarrée, où est representée une Aigle avec ces mots : *Ci est la sepulture des Allemans Imperiaux.*

L'Eglise de saint Irenée est une des plus anciennes ; elle fut détruite dans les guerres des Huguenots, & ensuite rétablie ; on y montre une partie de la Co-

T

lonne où Nôtre-Seigneur fut flagellé, le sepulcre de saint Irenée, & l'Autel de saint Polycarpe : on y lit ces huit Vers.

Ingrediens loca tam sacra, tam rea pectora tunde,
Posce gemens veniam lacrymas hic cum prece funde :
Præsulis hic Irenæi turma jacet sociorum :
Quos per Martyrium perduxit ad alta Polorum :
Ipsorum numerum si scire cupis tibi pando ;
Millia dena novemque fuerunt sub Duce tanto :
Hinc mulieres, & pueri simul excipiuntur ;
Quos tulit atra manus, nunc Christi luce fruuntur.

L'Eglise des Minimes est fort belle ; il y a dans leur Sacristie de très-bons tableaux qui representent plusieurs Histoires de l'Ancien Testament. Le Convent des Capucins ; celui des Chartreux, qui est sur le Mont saint Sebastien, d'où on découvre toute la Ville ; & celui des Celestins, bâti sur le bord de la Saone, sont aussi très-beaux.

Lyon est une Ville celebre depuis plusieurs siecles pour les Livres ; de telle sorte qu'on dit qu'elle seule en imprime plus que toute la Hollande ; aussi en fournit elle l'Italie, l'Espagne, le Portugal, &c. Il faudroit s'y trouver au temps des Foires, pour voir tout ce qu'il y a de riche & de beau, le grand nombre de marchandises de toute sorte, & la quantité de monde qui y vient de toutes les Nations de la terre.

Je finirai cet article, qui est déja long, par la description de quelques ouvrages qui méritent l'attention d'un Voyageur. Je commence par les trois Forts qu'on voit dans cette Ville. Le premier se nomme *Pierrecise*, à cause de sa situation, étant élevé sur un haut rocher à la droite de la Saone ; le second est le *Boulevard de saint Jean*, situé aussi sur un rocher, vis-à-vis de Pierrecise ; mais qui n'est ni si haut, ni si escarpé : il est de l'autre côté de la riviere. Et le troisiéme est le *Fort de saint Clair*, au pied duquel passe le Rhône ; il est assez bien fortifié, mais il n'est pourtant pas à comparer aux deux autres.

L'Hôtel de Ville est un des plus superbes de l'Europe : on croit que c'étoit-là où logeoient autrefois les Archevêques. On y voit deux Tables de cuivre qui contiennent la Harangue que l'Empereur Claudius fit au Senat, pour faire recevoir les Lyonnois & les autres Gaulois, en qualité de Bourgeois à Rome, afin de les rendre par-là *capables d'être Senateurs*. En effet Claudius dit formellement dans sa Harangue : *Nous avons lieu de nous louer, & de ne nous pas repentir d'avoir appellé des Lyonnois dans nôtre auguste Corps* : *Ex Lugduno habere nos nostri ordinis Viros non pœnitet.*

Le Palais est aussi fort beau; il est bâti auprès de la Saone; il a porté le nom de *Rhodana*, à cause qu'il appartenoit autrefois à une femme de ce nom, qui fut une de celles qui souffrirent le martyre du temps de S. Irenée; & qui fit present au Corps de la Justice, de ce Palais où elle demeuroit.

L'Arcenal est encore un édifice fort somptueux, & bien muni de tout ce qui est necessaire pour la défense de la Ville. Il est aussi situé auprès de la Saone; on y a fait depuis quelque temps une muraille au tour : on y a ajoûté depuis quelques années de nouvelles fortifications, n'y

T iij

ayant auparavant autre chose que la riviere qui bornoit la Ville de ce côté.

On voit de très-belles Inscriptions en beaucoup d'endroits de la Ville ; celles qui sont dans la maison dite *Antiquailles*, sont les plus curieuses : on dit que le Palais de l'Empereur Severe étoit là, parce qu'il y a des caves souterraines qui semblent favoriser cette opinion. Il y a encore quelques vieilles mazures, où sont des restes des Palais des Empereurs.

En descendant devers l'Eglise de saint Just, on passe dans une Place où on dit que furent martyrisés ces milliers de Chrétiens dont j'ai parlé. On y a planté une Croix, qu'on appelle *la Croix Décolé*. On garde soigneusement dans des Charniers, une quantité infinie d'ossements, qu'on dit être de ces Martyrs. Il y a une pierre d'une pesanteur énorme devant la porte de saint Juſt, qu'on peut remuer avec le petit doigt, parce qu'elle eſt dans un juſte équilibre. C'eſt-là auprès qu'on voit la porte qu'on appelloit autrefois *Porta Trifontii*, & aujourd'hui par corruption, *la Porte de Trious*, parce que les eaux qu'on avoit pris ſoin de faire venir là par des Aqueducs, pour la commodité des habitans, ſe diviſoient en trois canaux, qui formoient autant de fontaines.

Il y a un Tombeau auprès de la porte de Veze en dehors, qu'on appelle *le Tombeau des deux Amants*. Il eſt très-ancien, & paroît avoir été aſſez beau : le peuple croit que c'eſt le Tombeau d'Herode & d'Herodias ; mais il n'y a nulle apparence à cela, puiſque ces deux perſonnes avoient été condamnées par le Senat, & qu'à Lyon il y avoit une Colonie de Romains, qui par cette raison n'auroient pas voulu leur faire cet honneur; mais il est plus vrai-semblable que ces deux Amants étoient deux Chrétiens, mari & femme, qui avoient vécu ensemble en gardant le vœu de chasteté; ce qui se confirme de ce qu'aux Tombeaux de pareils Chrétiens, on avoit coutume d'écrire ces paroles: *Duo Amantes*.

Les deux principaux Ponts, sont celui de la Guillotiere sur le Rhône, & le Pont sur lequel on traverse la Saone; tous deux sont de pierres: le premier est long de huit cens pas, il y a dix-neuf arches. On y a planté une Croix au milieu qui marque la séparation du Dauphiné d'avec le Lyonnois. Au milieu du Pont est aussi une haute Tour, où on fait garde; il y a même une coulverine pour empêcher les approches. On lit que dans ce même endroit il y a eu autrefois un

Pont du temps des Romains.

Le Pont sur la Saone fut bâti par l'Archevêque Hombert en l'an 1050 : il y a neuf arches. On voit au bas plusieurs rochers, qui servent beaucoup à l'affermir : c'est là qu'en Eté un grand nombre de gens se baignent.

Il y a à Lyon plusieurs grandes & belles Places, entre lesquelles tient le premier rang celle qu'on nomme *Belle-cour*, qui sert de promenade publique; on y a planté plusieurs allées de Tilleuls, qui forment un ombrage fort agréable. Cette Place est sans pareille ; & on en demeurera d'accord, si on considere que la promenade y est terminée d'un bout par le Rhône, & de l'autre par la Saone, qui sont deux des plus belles rivieres de France. De l'autre côté on découvre Forviere, avec une si agréable diversité de maisons, de vignes, & de jardins, que je ne croi pas qu'Appelles ait rien représenté de plus beau dans ses Tableaux. Auprés de-là est aussi la place de Confort ; ainsi appellée à cause de l'Eglise de ce nom, qui est proche : c'étoit autrefois un Cimetiere. On voit au milieu une pyramide qui fut élevée en l'honneur de Henry IV. avec une Inscription en Lettres d'or. Outre ces deux places, il y a encore les Terreaux, celles des Cordeliers, de S. Nisier, de saint Pierre, de la Grenette : & de l'autre côté de la Ville, la place du Change, celles de la Douane, de saint Jean, & quelques autres, dont je ne fais pas mention.

Il y a six portes à la Ville, & quatre Fauxbourgs ; les six portes sont la porte du Rhône, de saint Sebastien, de Veze, de S. Just, de saint George, & d'Aisnay.

Cette derniere ne conduit qu'à l'endroit où la Saone entre dans le Rhône.

Le Faubourg de la Guillotiere est le plus considerable de tous; il est au de-là du Rhône: il y a dans ce Faubourg plusieurs cabarets, des jardins, & des vergers; en sorte que dans les jours de fête plusieurs personnes de l'un & de l'autre sexe y vont pour se divertir. Le second Faubourg est celui de la Croix Rousse, hors la porte saint Sebastien. Le troisiéme est celui de Veze hors la porte du même nom; & le quatriéme est le Faubourg de S. Just.

La Province du Lyonnois n'est pas également abondante, ni également agréable par tout. Le terroir en est assez maigre, si on en excepte le pays qu'on appelle le franc Lyonnois, qui s'étend le long de la Saone; c'est-là qu'il y a de très-bonnes terres, quantité de vignes, de prairies, & un grand nombre d'arbres fruitiers; ce qui rend ce pays tout-à-fait agréable. Les habitants de Lyon sont assez doux, polis, & affables. Les femmes y seroient très-belles, si elles ne perdoient pas si-tôt leurs dents, & leurs cheveux. On attribue cette disgrace aux brouillards qui couvrent souvent, & durant plusieurs jours de suite, la Ville. Il paroît par une Lettre de *Sidonius Apollinaris*, qu'il y a plus de douze cens ans que son ami Candidien lui reprochoit les nuages qui couvrent presque toujours l'horison de la Ville de Lyon: Vous me reprochez, lui dit-il, les jours presque continuellement nubileux de Lyon; & vous vous plaignez que tous les matins des brouillards fort épais nous dérobent tellement le Soleil, qu'à peine le voyons-nous midi : *Nebulas mihi meorum Lugdunensium exprobras, & diem quereris nobis matutinâ caligine obstructum vix meridiano fervore reserari. Epist. 8. Candidiano.* Sidonius Apollinaris n'en disconvient point : mais en recriminant contre son ami, il lui peint d'une maniere vive & fleurie, les inconvenients qui se trouvent dans le lieu où il est à Ravenne : il n'oublie pas les piqueures des cousins, & le bruit importun des grenouilles, &c. Au reste les filles & les femmes de Lyon aiment fort la propreté dans les habits, & dans les ameublements : & cette propreté tient du luxe le plus parfait. On vit là fort délicieusement. On ne sçait à Lyon ce que c'est que Gargottes : il n'y a que de bonnes Hôtelleries, & des Traiteurs : ce qui dérange souvent les allignements d'un Voyageur qui ne veut, ou ne peut pas faire une dépense considerable. On y a beaucoup d'esprit : & il y en auroit merveilleusement dans toutes les familles, si le sang Suisse ne se mêloit pas quelquefois avec le sang Lyonnois. Les peuples tiennent toujours quelque chose de leurs proches voisins, avec lesquels le commerce, & les alliances, font des liaisons qui interessent ordinairement les mœurs. Cette Province est fort petite ; car elle n'a qu'environ douze lieues de long, & autant de large. Elle a au Levant la Savoye ; au Septentrion la Bresse ; au Couchant le Forest & l'Auvergne ; & du côté du Midi le Dauphiné & le Languedoc.

Je finis ici ma seconde Lettre, mon cher pere, je souhaite qu'elle puisse vous plaire ; afin que j'aye lieu de continuer dans le suite à vous informer de ce que j'aurai pû remarquer dans ce qui me reste à faire de mes Voyages. Je suis avec un profond respect,

Monsieur & très-cher Pere,

Vôtre très-humble & très-obéissant Fils, & serviteur,

DE ROUVIERE.

TROISIE'ME LETTRE.

Voyage de Lyon à Nismes, par la Provence.

A Nismes ce 30 Juillet 1704.

JE vous ai entretenu dans ma seconde Lettre, mon cher pere, de mon Voyage d'Alsace, & de Suisse; dans celle-ci j'aurai l'honneur de vous parler de celui que j'ai fait en Provence, & en Languedoc, dont le pays est incomparablement plus beau & meilleur; où les peuples sont plus polis & plus affables; & où enfin il y a une infinité de choses à remarquer, qui méritent la curiosité d'un honnête homme.

Le 12 de Mai nous quittâmes Lyon, & nous nous embarquâmes dans un batteau qui part toutes les semaines pour Avignon.

gnon. Le Rhône, qui descend avec une extrême vîtesse, est d'une grande commodité pour ceux qui veulent aller en Languedoc, & en Provence. Nous dînâmes ce jour-là à Vienne, à cinq lieues de Lyon. Vienne est une Ville assez considerable, pour que nous nous y arrêtions un moment.

VIENNE.

Vienne est une des plus anciennes, des plus belles, & des plus charmantes Villes du Dauphiné. Quoiqu'en disent des Sçavants sur son origine, qu'on fait descendre des Grecs ; il y a plus d'apparence que Vienne a été bâtie par les Allobroges ; puisque le nom de *Vienna Allobrogum* lui est demeuré. C'est ainsi que nous croyons que Marseille tire son origine des Grecs, parce que cette Ville est nommée, *Massilia Græcorum* : & qu'Agde doit sa fondation aux Marseillois, puisqu'on l'appelle, *Agathopolis Massiliensium*. Quant à l'étymologie de *Vienne*, de *Massilia*, c'est une recherche pénible, & peu satisfaisante, & dans laquelle il entre toujours beaucoup plus de fable que de verité. Quoiqu'il en soit, il est certain que Vienne devint ensuite une Colonie Romaine ; & que les Romains ont eu fort à cœur de lui donner de l'éclat, & de la grandeur. Il n'en faut pas juger par l'état où cette Ville est aujourd'hui : car enfin on peut dire qu'elle est ensevelie dans ses ruines, par les fortunes differentes qu'elle a souffertes en divers temps. Il y reste cependant des restes de la premiere dignité que les Romains lui voulurent concilier ; puisqu'on y voit encore des vestiges d'un Amphiteâtre, des maisons, & Palais des Empereurs.

Vienne est maintenant rassemblée au pied d'une montagne fort escarpée, & le long du Rhône, à l'endroit où ce fleuve reçoit les eaux de la Gere. Le pont qui est sur le Rhône, donne du relief à la Ville, & une grande commodité pour communiquer dans le Lyonnois, le Forest, & l'Auvergne. La situation forcée où est cette Ville entre de haut rochers, & un fleuve aussi terriblement engloutissant, que le Rhône, est très-naturellement décrit dans les deux Vers suivants, qui sont de Theodulfe :

Saxosa petimus constructam in valle Viennam,
Quam scopuli inde arctant, hinc premit amnis hians.

Dès le temps de Jule Cesar cette Ville étoit si considerable, qu'elle jouissoit déja du droit de Bourgeoisie Romaine, & que ce premier Empereur en tira des personnages de distinction, qu'il éleva à la dignité de Senateur: c'est ainsi qu'on explique ces paroles de Suetone, qui traite les Gaulois de gens demi-barbares: *Civitate donatos, & quosdam à semi-barbaris Gallorum recepit in Curiam. Sueton. Jul. Cæsar. n. 76.* L'Empereur Claudius nommoit Vienne, la très-illustre, & très-puissante Colonie des Viennois: *Ornatissima, & valentissima Colonia Viennensium.* Martial la nomme belle, & fertile en vins, *Vitifera.* Ausone dit que c'est une Ville opulente, *Opulenta.* Paradin la décore du pompeux titre de *Ville Senatorienne*; parce qu'elle donnoit des Magistrats au Senat de Rome : *Senatoria.* Ses titres anciens étoient si magnifiques, & ceux qu'elle retient encore aujourd'hui sont si éclatants, qu'elle se disoit autrefois dans ses monnoies : *Maxima Se-*

des Galliarum : & que son Archevêque se dit encore presentement *Primatum Primas*. Ce que M. Hadrien de Valois trouve étrange : Car comment, dit il, la Ville de Vienne peut-elle s'orner du titre *du plus grand Siege des Gaules* ; puisque son Archevêque n'est qu'un des six Sieges Archiepiscopaux du Royaume de Bourgogne ? Et comment son Archevêque peut-il s'attribuer le titre *de Primat des Primats* ; tandis qu'il n'a sous lui aucun Archevêque ? Ce qu'il y a d'incontestable, c'est que l'Archevêque de Vienne étoit Chancelier né du Royaume de Bourgogne. Au reste il ne m'appartient point de juger du mérite de l'observation de M. de Valois, que je ne fais que rapporter historiquement, d'après *sa Notice des Gaules*. Cependant l'Eglise de Vienne a de très-belles choses par devers elle. Eusebe de Cesarée dit, que Lyon & Vienne sont d'insignes Métropoles de la Gaule: *In Gallia duæ præ ceteris insignes præstantesque Urbium matres celebrantur Lugdunum, & Vienna. Hist. Eccles. lib. 5. cap. 1.*

La grande & excellente Lettre touchant les Martyrs de Vienne, que cette Eglise écrivit aux Eglises d'Asie, & de Phrygie, & qu'Eusebe rapporte dans son Histoire Ecclesiastique, est un des plus précieux morceaux de cet Ouvrage, & fait extrêmement d'honneur à la Ville de Vienne. Cette Lettre si édifiante, & qui represente si exactement les horribles tourmens, & la mort cruelle que souffrirent ces illustres Martyrs, remplit seule tout le premier Chapitre du cinquiéme Livre de cette Histoire. L'inhumanité des Magistrats, & la patience des Chrétiens, démontrent admirablement quel étoit l'aveuglement des Payens, & les vives lumieres de la foi ardente des premiers Heros du Christianisme.

La dignité, & l'antiquité de Vienne, déterminerent Fabius-Valens, Chef du parti de Vitellius, à épargner la Ville, que les Lyonnois vouloient faire ruiner par les soldats Romains : *L'antiquité de cette Colonie, & sa dignité, furent respectées*, dit Tacite, *& l'ordre de Fabius-Valens, qui recommandoit de sauver, & de conserver en son entier la Ville de Vienne, fut exactement suivi. Lib. 1. Hist. cap. 66.*

Cette Ville est encore fameuse par la mort d'Archelaus, Roi des Juifs, exilé par l'Empereur à Vienne ; par les jeux publics qu'y donna l'Empereur Julien, qui commençoit son Consulat ; par la mort de l'Empereur Valentinien le jeune, qui y fut étranglé l'an 392, par le Comte Arbogaste, que ce jeune Prince avoit trop honoré de sa confiance; par la mort de Constant Tyran, qui y fut tué par Gerontius; par la mort de Gondegisile, Tetrarque de Bourgogne, tué par son frere Gondebaut Roi de Bourgogne, qui l'avoit assiegé, & pris dans un Temple que les Ariens avoient à Vienne, où il s'étoit refugié; par la mort du Comte Arbogaste, qui avoit tué perfidement Valentinien le jeune, & qui devenant son propre bourreau, se tua lui-même de desespoir, après avoir été vaincu par Theodose, l'an 394.

Quand les Gaules secouerent le joug de l'Empire Romain dans le v. siecle, Vienne fut sous la puissance des Rois de Bourgogne. Clovis renversa ce Royaume, qui demeura aux François jusqu'à Louis le Begue. Alors ce Royaume se relevà, & Vienne fut reprise. Ce qui ne dura que
jusqu'à

jusqu'à Raoul le faineant, dont les Sujets se revolterent, & se donnerent à l'Empereur Conrad, l'an 1033.

Depuis ce temps-là les Archevêques de Vienne eurent la souveraine Jurisdiction sur cette Ville, qui leur fut concedée par les Empereurs, & particulierement par l'Empereur Frederic I. Mais Louis XI. par un Traité passé avec Jean de Poitiers, Archevêque de Vienne, fut reconnu souverain Seigneur de tout le Viennois. Car quoique le Dauphiné fût à nos Rois dès l'an 1349, & que leurs fils aînés portassent depuis ce temps-là les Armes & le Titre de Dauphin, comme on étoit convenu par le Traité fait entre Philippe VI. de Valois, & Humbert dernier Dauphin de Viennois ; cependant nos Rois ne possedoient pas la Seigneurie de Vienne : & ce ne fut qu'en 1448 que l'Archevêque fut dépouillé de sa Jurisdiction temporelle, qui passa à Louis XI.

Il y en a qui croient que *Quintus-Curtius-Rufus*, celebre Professeur de Rhetorique à Rome, étoit de Vienne. A cause de son Eloquence, & de sa Patrie, ses Disciples l'appelloient ordinairement *le Ciceron Allobroge*. C'est un des onze Retheurs dont Suetone nous a donné la Vie. Il ne nous reste que des fragmens de cet ouvrage. C'est le même Quinte-Curce qui a fait la Vie d'Alexandre le Grand, dont les deux premiers Livres nous manquent, & que *Freinshemius* a tâché de suppléer. Ce *Curtius-Rufus* est, dit-on, le même dont Pline le jeune parle dans sa XXVII. Lettre du VII. Livre: Si c'est le même, Quinte-Curce étoit un homme à visions, & à fantômes. Et comme cette matiere est souvent celle des conversations sçavantes ; je vais vous rapporter non seulement la vision qu'eût Quinte-Curce en Afrique, mais encore celle qu'un grand Philosophe eut à Athenes. Elles sont toutes deux dans la Lettre de Pline, que je vous donne de la traduction de M. de Sacy, si connu par son éloquence. Cette Lettre de Pline est adressée à Sura, homme d'étude, & sçavant, comme il paroît par la Lettre même. La voici.

LETTRE XXVII.

A SURA.

Le loisir dont vous jouissez, vous permet d'enseigner, & me permet d'apprendre. Je voudrois donc bien sçavoir, si les Fantômes ont quelque chose de réel ; s'ils ont une vraie figure ; si ce sont des Génies, ou si ce ne sont que de vaines images, qui se tracent dans une imagination troublée par la crainte.

Ce qui me feroit pencher à croire qu'il y a de veritables spectres, c'est ce qu'on m'a dit être arrivé à CURTIUS-RUFUS. Dans le temps qu'il étoit encore sans fortune, & sans nom, il avoit suivi en Afrique celui à qui le Gouvernement en étoit échû. Sur le déclin du jour, il se promenoit sous un Portique, lorsqu'une femme d'une taille, & d'une beauté plus qu'humaine, se presente à lui. La peur le saisit. Je suis, *dit elle*, l'Afrique; je viens te prédire ce qui doit t'arriver. Tu iras à Rome, tu rempliras les plus grandes Charges, & tu reviendras ensuite gouverner cette Province, où tu mourras. Tout arriva comme elle l'avoit prédit. On conte même qu'abordant à Carthage, & sortant de son Vaisseau, la même figure se presenta devant lui, & vint à sa rencontre sur le rivage. Ce qu'il y a de vrai, c'est qu'il tomba malade; & que jugeant de l'avenir par le passé, du malheur qui le menaçoit, par la bonne fortune qu'il avoit éprouvée, il desespera d'abord de sa guérison, malgré la bonne opinion que tous les siens en avoient conçue. Mais voici une autre Histoire qui ne vous paroîtra pas moins surprenante, & qui est bien plus horrible. Je vous la donnerai telle que je l'ai reçue. Il y avoit à Athenes une maison fort grande, & fort loüeable; mais abandonnée, & deserte. Dans le plus profond silence de la nuit, on entendoit un bruit de fer, qui se choquoit contre du fer; & si l'on prêtoit l'oreille avec plus d'attention, un bruit de chaines qui paroissoit d'abord venir de loin, & ensuite s'approcher. Bien-tôt on voyoit un Spectre fait comme un Vieillard, très-maigre, très-abatu, qui avoit une longue barbe, des cheveux herissés, des fers aux pieds & aux mains, qu'il secouoit horriblement. De là des nuits affreuses, & sans sommeil pour ceux qui habitoient la maison : l'insomnie à la longue amenoit la maladie ; & la maladie, en redoublant la frayeur, étoit suivie de la mort. Car pendant le jour, quoique le Spectre ne parût plus, l'impression qu'il avoit faite, se remettoit toujours devant les yeux, & la crainte passée en donnoit une nouvelle. A la fin la maison fut abandonnée, & laissée toute entiere au fantôme. On y mit pourtant un écriteau pour avertir qu'elle étoit à louer, ou à vendre, dans la pensée que quelqu'un peu instruit d'une incommodité si terrible, pourroit y être trompé. Le Philosophe Athenodore vint à Athenes, il apperçut l'écriteau, il demanda le prix. La modicité le met en défiance, il s'informe, on lui dit l'histoire ; & loin de lui faire rompre son marché, elle l'engage à le conclure sans remise. Il s'y loge, & sur le soir il ordonne qu'on lui dresse son lit dans l'appartement sur le devant, qu'on lui apporte ses tablettes, sa plume, & de la lumiere, & que ses gens se retirent au fond de la maison. Lui, de peur que son imagination libre, n'allât au gré d'une crainte frivole, se figurer des fantômes, il applique son esprit, ses yeux, & sa main à écrire. Au commencement de la nuit, un profond silence regne dans cette maison, comme par tout ailleurs; ensuite il entendit des fers s'entrechoquer, des chaînes qui se heurtoient; il ne leve pas les yeux, il ne quitte point sa plume, il se rassure, & se contente d'écouter. Le bruit s'augmente, s'approche, il semble qu'il se fasse près de la porte de la chambre même. Il regarde, il apperçoit le Spectre tel qu'on le lui avoit dépeint. Le Spectre étoit debout, & l'appelloit du doigt. Athenodore lui fait signe de la main d'attendre un peu, & continue à écrire, comme si de rien n'étoit. Le Spectre recommence à faire son fracas avec ses chaînes, qu'il fait sonner aux oreilles du Philosophe. Celui-ci regarde encore une fois, & voit qu'on continue à l'appeller du doigt. Alors sans tarder davantage, il se leve, prend la lumiere, & suit. Le fantôme marche d'un pas lent, comme si le poids des chaînes l'eût accablé. Après qu'il fut arrivé dans la cour de la maison, il disparoit tout-à-coup, & laisse-là nôtre Philosophe, qui ramasse des herbes, & des feuilles, & les place à l'endroit où il avoit été quitté, pour le pouvoir reconnoître. Le lendemain il va trouver les Magistrats, & les supplie d'ordonner que l'on fouille en cet endroit. On le fait; on y trouve des os encore enlassés dans des chaînes; le temps avoit consumé les chairs. Après qu'on les eut soigneusement rassemblés, on les ensevelit publiquement; & depuis que l'on eut rendu au mort les derniers devoirs, il ne troubla plus le repos de cette maison. Ceci, je le croi sur la foi d'autrui ; mais voici ce que je puis assurer aux autres sur la mienne. J'ai un affranchi nommé Marcus, qui n'est point sans sçavoir. Il étoit couché avec son jeune frere ; il lui sembla voir quelqu'un assis sur leur lit, & qui approchoit des ciseaux de sa tête, & même lui coupoit des cheveux au-dessus du front. Quand il fut jour, on apperçut qu'il avoit le haut de la tête rasé, & ses cheveux furent trouvés répandus près de lui. Peu à près pareille aventure arrivée à un de mes gens, ne permit plus de douter de la verité de l'autre. Un de mes jeunes esclaves dormoit avec ses compagnons dans le lieu qui leur est destiné. Deux hommes vêtus de blanc, c'est ainsi qu'il le racontoit, vinrent par les fenêtres, lui raserent la tête pendant qu'il étoit couché, & s'en retournerent comme ils étoient venus. Le lendemain, lorsque le jour parut, on le trouva rasé comme on avoit trouvé l'autre, & les cheveux qu'on lui avoit coupés, épars sur le plancher. Ces avantures n'eurent aucune suite, si ce n'est que je ne fus point accusé par Domitien, sous l'Empire de qui elles arriverent. Je ne l'eusse pas échapé s'il eût vécu; car on trouva dans son Porte-feuille une Requête donnée contre moi par Carus. De là on peut conjecturer que comme la coutume des Accusés est de negliger leurs cheveux, & de les laisser croître, ceux que l'on avoit coupés à mes gens, marquoient que j'étois hors de danger. Je vous supplie donc de mettre ici toute vôtre érudition en œuvre. Le sujet est digne d'une profonde méditation: & peut-être ne suis-je pas indigne que vous me fassiez part de vos lumieres. Si selon vôtre coutume, vous balancez les deux opinions contraires, faites pourtant que la balance penche de quelque côté pour me tirer de l'inquietude où je suis; car je ne vous consulte que pour n'y être plus. Adieu.

Quoiqu'il en soit de toutes ces histoires, il faut demeurer d'accord qu'il est glorieux à la Ville de Vienne, d'avoir donné à la Ville de Rome un sçavant, & un homme éloquent, qui par son mérite parvint aux premieres dignités de l'Etat.

Les excellents vins, qui n'aident pas peu à adoucir les chagrins de la vie, & que produit le terroir de Vienne, concilient à ce pays-là l'estime des hommes raisonnables, & de bon goût. Pline l'aîné en parle avec éloge dans le XIV. Livre de son Histoire Naturelle. *Il n'y a pas long-temps, dit-il, qu'on a trouvé une sorte de vin, qui naturellement fait sentir à celui qui le boit une petite pointe de goût de la poix : & ce vin-là a donné une belle réputation au pays de Vienne. Jam inventa Vitis per se in vino picem recipiens, Viennensem agrum nobilitans. cap.* 1. Il est certain que les Romains étoient fort friants de ces vins de Vienne, qui sentent le goût de la poix. Et Pline raconte dans le chapitre xx. l'emploi, que l'on faisoit de la poix, & de la résine pour sophistiquer les vins. Ce qui lui a fait dire: *Le vin pour être agreable, est forcé de souffrir la malignité des Cabaretiers empoisonneurs: & après cela nous nous plaignons qu'il nous fait mal. Tot veneficiis placere cogitur: & miramur noxiam esse.*

Plutarque parle non seulement de la coutume de poisser les tonneaux, & les vins mêmes; & de leur communiquer par l'art, ce que la nature leur a refusé: & il semble même dire que les Viennois poissoient leurs vins, que les Romains bûvoient & exaltoient de tout leur cœur: *Le Pin, dit-il, est encore fort utile au vin; il lui fournit des choses qui le rendent plus délicat, & qui contribuent à le conserver; car tout* le monde poisse les vaisseaux où on le met : & même se trouve-t-il des gens qui mettent de la résine dans le vin même, comme font les Grecs, & les Italiens des environs du Pô. Et qui plus est, on apporte de la Gaule Viennoise du vin poissé, dont les Romains sont éperduement avides. La poix lui donne une odeur qui fait plaisir, lui ôte sa verdeur, & le rend plus délicat, plus coulant, & un peu plus fort qu'il ne seroit par lui-même. Plutarc. Symposf. cap. 4. Je ne sçai pas si les Viennois usent encore aujourd'hui de ces sophistiqueries; mais je sçai bien que leur vin est excellent, & que j'en ai bû agreablement avec un Chanoine de Saint Nisier de Lyon, qui ne trouvant pas celui de cette Ville-là à son gré, étoit venu exprès passer quelques jours à Vienne, par le seul attrait du vin de ce délicieux pays, dont il disoit que la montagne méritoit le nom de

Mons Domini, de Mons Sanctus, bien mieux que la Montagne de Sion. Enfin je ne sçaurois mieux finir l'éloge du vin de Vienne, que par le Distique, dont Martial l'a honoré dans le XIII. Livre de ses Poësies. *Distich. 107.*

PICATUM VINUM.

Hæc de Vitifera venisse picatâ
 Vienna
Ne dubites: misit Romulus ipse
 mihi.

Un des beaux endroits de l'Histoire de Vienne, c'est le XV. Concile General, qui y fut assemblé l'an 1311, par ordre de Clement V. Il y avoit les deux Patriarches d'Antioche, & d'Alexandrie ; plus de trois cens Evêques, trois Rois ; sçavoir, Philippe IV. Roi de France, Edouard II. Roi d'Angleterre, & Jacque II. Roi d'Arragon. On y parla particulierement des erreurs, & des crimes des Templiers, dont l'Ordre y fut aboli; & leurs biens furent donnés aux Chevaliers de l'Ordre de saint Jean de Jerusalem. On y condanna les heresies des Beguards, & des Beguines. On y traita d'une expedition dans la Terre sainte; de la Reformation de l'Etat Ecclesiastique; & de l'établissement dans les Universitez, de Professeurs qui enseigneroient les Langues Orientales, pour la propagation de la Foi dans le Levant. En effet on y établit cinq Universitez pour l'Europe, dont les lieux furent designés par le Pape Clement V. L'Université de *Paris*, pour la France & l'Allemagne; *Boulogne & Rome*, pour l'Italie; *Salamanque*, pour l'Espagne; & *Oxfort*, pour l'Angleterre, l'Irlande & l'Ecosse.

Il y a encore des restes des anciens ouvrages que les Romains firent autrefois pour embellir cette Ville : mais il n'y en a point dont il soit demeuré de plus sensibles vestiges, que de l'Amphiteâtre.

On montre à Vienne la maison de Pilate, qui fut Gouverneur de la Judée pour les Romains, & qui condamna Jesus-Christ à la mort. Comme Pilate avoit exercé une extrême cruauté contre les Samaritains, & qu'il les avoit fait périr presque tous, il fut cité à Rome ; & deux ans après il en fut chassé, & envoyé à Vienne ; où de desespoir il se donna la mort, en se précipitant du haut de la Tour où on le gardoit.

L'Eglise Cathedrale se nomme S. Maurice : on y monte par de très-beaux degrez. On voit devant l'Autel un Tombeau, dans lequel est contenu le cœur du Dauphin François, fils de François I. Roi de France, avec cette Epitaphe latine :

D. O. M. S.

D. O. M. S.

Corpus abest, cor tantùm hic est pars maxima nostri,
Principis, in Cœlo corporis umbra manet.
Domino Francisco, Francisci primi
Galliarum Regis augustissimi, primogenito Delphino Viennæ,
Britaniæ Duci, Viennenses mœstissimi posuerunt.
1548.

Il y a encore un très-beau Sépulcre de marbre, admirablement bien travaillé, & entouré d'un treillis de fer, dans une Chapelle de l'Eglise de saint Pierre.

On prétend que l'Eglise de Nôtre-Dame de la Vie, ou la Vieille, qui est soutenue par huit colonnes en long, & quatre en large, a été autrefois le Prétoire de Pilate. On montre encore la Tour où il fut renfermé : la

Pyramide qui est hors de la Ville, & l'abîme où il se précipita, & qui est toujours couvert de nuages, & de brouillards fort épais.

Il y a dans cette Ville dix Paroisses, & trois Eglises Collegiales : elle avoit deux Châteaux extrêmement forts, sur tout celui qu'on nomme encore *Pipet*; l'autre a nom la *Bastie* : ils sont à present démolis.

On voit quelques traces des anciennes murailles, qui font juger que cette Ville a été autrefois beaucoup plus grande qu'elle n'est maintenant.

Nous fûmes coucher à Condrieu, à deux lieues de Vienne; cette petite Ville est fameuse par ses bons vins. *Condriacum. . . . vino suo celebre*, dit Hofman.

VALENCE.

Le lendemain nous dinâmes à

Valence, autre Ville considerable du Dauphiné, à onze lieues de Condrieu. Elle est située le long du Rhône, dont la rapidité a ruiné ses murailles qui ont coûté des sommes immenses à réparer : elle est assez grande. On lui donne le titre de Duché : elle est capitale du Valentinois. Il y a une Université celebre ; mais étant tombée dans un certain temps, on disoit vulgairement :

Docteur de Valence,
Longue robe, & courte science.

La réformation qu'on y fit il y a quelques années, a remis les choses dans l'ordre ; & l'on n'y fait plus les Docteurs avec la facilité qu'on y trouvoit autrefois : c'étoit-là que couroient les Ecclesiastiques legers de doctrine, qui vouloient entrer dans les dignitez de l'Eglise, où il faut être Docteur : & si la consideration n fait quelquefois recevoir de cette sorte, on y garde d'ordinaire la rigueur de l'examen. On y voit une chose assez remarquable, c'est le corps d'un Geant, qui avoit nom *Buardus*, enseveli dans l'Eglise des Jacobins. Les os de ce *Buardus* joints ensemble, forment un corps de quinze pieds de hauteur.

On voit dans l'Eglise de saint Pierre, fondée par Charlemagne, une caverne qu'on dit aller jusqu'à l'autre bord du Rhône. On dit aussi qu'on trouva dans un sepulchre, le corps d'une femme tout couvert d'or & de pierreries, ayant à ses pieds une grande pierre de cristal, & au-dessus de sa tête une lampe de verre ; & que plusieurs de ces choses furent réduites en poussieres quand elles eurent été exposées à l'air : il y avoit cette Inscription :

D. Justina M.

Il y a dans cette Ville plusieurs

autres belles antiquitez, comme l'Eglise de saint Jean le Rond, qu'on croit, à cause de son antiquité, avoir été le Pantheon des anciens Valentinois.

Valence fut d'abord une Colonie Romaine. Nous lisons sur une Médaille d'Auguste : *Valentia*, avec deux Cornes d'abondance. Elle est rapportée par le Duc d'Arscot, *Tab. xvi. n. 12.* Hofman dit que cette Ville a été nommée, *Valentia*, *Valence*; à cause de sa situation qui la rendoit alors trés-forte : *Valentia à viribus, & robore.*

C'est une Ville Episcopale, sous l'Archevêque de Vienne. Son premier Evêque étoit saint Emilien. Il y a eu de grands Prélats dans cet Evêché. Jean de Montluc a fait assez de figure dans l'Europe, pour trouver dans ma Relation une place particuliere. Il fut d'abord Jacobin, mais comme il sentoit un peu le Lutheranisme, Marguerite, Reine de Navarre, le porta à quitter cet habit, & le mena à la Cour, où son habileté le rendit capable des plus grands emplois de l'Etat. Cinq de nos Rois l'ont employé successivement à des Ambassades importants, d'où il se tira toûjours avec honneur. Il fut seize fois Ambassadeur; & le Roy Charle IX. l'envoya en Pologne pour faire tomber la Couronne de cet Etat sur la tête de Henri, Duc d'Anjou son frere. Montluc fit réussir ce projet à merveille. Brantome en parle avec éloge: *L'Evêque de Valence étoit fin, délié, rinquant, rompu & corrompu, autant pour son sçavoir que pour sa pratique: & il avoit été de sa premiere profession Jacobin; & la feuë Reine de Navarre, Marguerite, qui aimoit les gens sçavants, & spirituels, le connoissant tel, le défroqua, & le mena avec elle à la Cour, le fit connoitre, le poussa,* lui aida, le fit employer en plusieurs Ambassades: car je pense qu'il n'y a guere de pays en l'Europe où il n'ait été Ambassadeur.... jusqu'à Constantinople qui fut son premier avancement, & à Venise, en Pologne, Angleterre, Ecosse, & autres lieux. On le tenoit Lutherien du commencement, puis Calviniste contre sa profession Episcopale: mais il s'y comporta modestement, par bonne mine, & beau semblant. La Reine de Navarre le défroqua pour l'amour de cela. Hofman n'a pas oublié d'observer que Moreri dit d'après Dupleix, & Sponde, que Montluc étoit favorable aux Protestants: *Réformatis eum favisse Dupleix, Spond. scribunt.* Il n'y a pas d'apparence de nier que Montluc, dans sa jeunesse, n'eût donné dans le parti de la Prétendue Reformation: mais si on lit sans préjugé les Ouvrages qu'il a composés pour son Diocese de

Valence, on sera contraint d'avouer qu'il étoit sur la fin de sa vie, tout-à-fait Catholique. Ces Ouvrages sont ses Instructions, & ses trois Lettres au Clergé, & au peuple de Valence, & de Die, imprimées en 1557, & ses Ordonnances Synodales, publiées en 1558. C'est par-là qu'on doit juger de ses sentiments sur la Religion : aussi le Pere Columbi, Jesuite, a-t il fait une Apologie pour Montluc. Ce qu'il y a de vrai, c'est que ce Prélat avoit un esprit admirable, qu'il avoit beaucoup de science, de discernement, & une prudence surprenante pour conduire heureusement une affaire difficile & importante. Il fut fait Evêque en 1553, & mourut à Toulouse en 1559.

Valence eut autrefois ses Comtes, qui gouvernoient tout le Valentinois. Le premier de ces Comtes fut Gontard, qui fleurissoit

rissoit vers l'an 950. Il étoit de la Maison des Comtes de Poitiers, Ducs d'Aquitaine : mais après la mort du Comte Louis, Valence & le Valentinois passerent en la puissance des Rois de France ; & Louis XI. unit ce Comté au Dauphiné. Louis XII. l'érigea en Duché, & le donna à César Borgia, fils du Pape Alexandre VI. La Maison de Poitiers fit quelques protestations : mais quelque temps après François I. donna à vie à Diane de Poitiers le Duché de Valentinois.

Les maisons de Valence étoient autrefois assez belles ; mais toute la Ville eût étrangement à souffrir des Huguenots, qui y porterent avec rage le fer & le feu : non à l'exemple des premiers Chrétiens qui souffrirent durant trois cens ans, les plus sanglantes persecutions, sans se revolter jamais une seule fois,

Toutes les Eglises de Valence sont belles: elles portent cependant encore des marques de la fureur des Calvinistes. L'Eglise Cathedrale qui portoit autrefois le nom de saint Etienne, premier Martyr, est maintenant dediée à Dieu sous le nom de saint Apollinaire.

On a tenu plusieurs Conciles à Valence. Le premier Concile qui s'y est assemblé, est de l'an 374: le second de l'an 584: le troisiéme se tint en 855. On y traita les matieres de la Grace, & de la Prédestination, d'une maniere qui ne desespere personne: *Nous tenons*, disent les Peres du Concile, *que Dieu prévoit, & a prévû de toute éternité les bonnes œuvres que les bons doivent faire, & les mauvaises actions que les méchants feront.... Nous tenons fidelement, & nous plaît de tenir qu'il a entierement prévû, qui sont ceux qui se ren-*

dront bons par sa Grace; & qui par cette Grace recevront les récompenses éternelles: qu'il a pareillement prévû qui sont ceux qui par leur propre malice deviendront méchants, & qui par sa Justice seront condamnez à une éternelle damnation. . . . Que sa Prescience n'a point imposé à aucun méchant la necessité de l'être; de maniere qu'il ne puisse pas être autre chose qu'il n'est: mais ce qu'il devoit devenir par sa propre volonté, Dieu qui connoît toutes choses avant qu'elles arrivent, l'a prévû par sa Toute-puissante, & immuable Majesté. Ainsi nous ne croyons point que ce soit par un préjugé de Dieu que quelqu'un perit: mais par le mérite de sa propre iniquité. Nous ne croyons point non plus que les méchants perissent, parce qu'ils n'ont pas pû être bons; mais parce qu'ils n'ont pas voulu être bons, & que par leur faute ils sont demeurez dans la masse de perdition, ou par le peché originel, ou par le peché actuel. Canon 3. Nous croyons constamment que tous les Fideles qui sont baptisez, sont regenerez par l'eau, & par le S. Esprit; qu'ils sont veritablement membres de l'Eglise, ayant été baptisez dans le sang de Jesus-Christ, & lavez de leurs pechez; parce qu'il n'y a rien de vain, & d'illusoire dans les Sacremens de l'Eglise, où tout est sincere & vrai. De cette multitude de Fideles, & de rachetez, les uns sont éternellement sauvez, parce que par la Grace de Dieu ils sont restez dans sa redemption.... Les autres, parce qu'ils n'ont point voulu rester dans le salut de la Foi, qu'ils ont reçû premierement, ont rendu par leur mauvaise vie la grace de la redemption vaine, & inutile pour eux. Canon 5.

De Valence nous fûmes coucher à Ancone, qui est un grand Village situé sur le bord du

Rhône, à sept lieues de cette derniere Ville.

Nous dinâmes le lendemain au Pont-Saint-Esprit à cinq lieues d'Ancone.

Le Pont S. Esprit.

Le Pont Saint-Esprit est une petite Ville fort agréable, située sur le bord du Rhône; il y a une Citadelle. Nous n'entrâmes point dans la Ville. Il n'étoit point permis à cause des troubles excités dans le Languedoc par les Camisards. Monsieur le Baron de Guines, Lieutenant de Roy dans la Citadelle, vint à une espece d'ouvrage qu'on a fait faire assez près du grand chemin, pour examiner les Passeports de tous ceux qui étoient venus par le Batteau d'Avignon. C'est ici que commence la Province de Languedoc. Les Terres qui appartiennent au Comté d'Avignon, viennent aussi jusques là. Le Pont qui est en cet endroit sur le Rhône, est un des plus beaux de France: il a douze cens six toises de long, quinze de large, & vingt-deux arches.

Comme je vous ai fait la description de quelques Villes appartenantes au Dauphiné, je vous dirai un mot en passant de cette Province. On la divise en haut & bas Dauphiné. Le haut est fort montagneux, & assez sterile; il produit cependant beaucoup de casse, de la terebentine, de l'agaric, & de très-bons pâturages pour les bestiaux. On trouve sur les plaines des montagnes, de fort belles fleurs, & sur tout des martagons qui sont même à fleurs doubles. Mais ce qu'il y a d'admirable, c'est qu'on y voit des places grandes comme la Place Royale, où il n'y a que de la reglisse; en sorte que les vaches, les chevres, &

les brebis qui paissent cette plante, donnent un lait très-agreable, & fort salutaire pour les poulmoniques. Le beure, & le fromage y sont excellents.

Le bas Dauphiné produit dans ses vignobles des vins agreables, tels que sont ceux de Grenoble, de Vienne, de Thein, & de Montelimar. Il y croît beaucoup de froment & de seigle. Les habitants y sont assez civils, & affables, & ont raison de ne ceder à personne pour le bel esprit. La Noblesse de cette Province est fort ancienne, genereuse, liberale. Les femmes & les filles y ont une envie démesurée d'être bien ajustées. Le Dauphiné avoit autrefois ses Princes qui le gouvernoient, & qui portoient le nom de Dauphins: le dernier fut Humbert, qui donna cette Province aux Rois de France, à condition que leurs fils aînés porteroient le nom de

Dauphin, & auroient leurs Armes écartellées de France & de Dauphiné. Ce Duché fut uni à la Couronne sous le regne de Philippe VI. & de Jean son fils, en l'année 1349 ; & ce fut Charle III. fils de Jean, qui porta le premier le nom de *Dauphin*.

Ce seroit une omission considerable, si je ne vous disois pas que comme le monde a ses sept merveilles, celebrées par Philon de Byzance, le Dauphiné a aussi sept merveilles, qui ont été chantées en vers & en prose par M. de Bossieu, Président à Grenoble. Les voici :

1. La Fontaine ardente, près de Grenoble.
2. La Tour sans venin.
3. La Montagne inaccessible.
4. Les Cuves de Sassenage.
5. La Fontaine de vin.
6. La Manne de Briançon.
7. La Fontaine Barbere, dans le voisinage de Vienne.

A l'égard de la *Fontaine ardente*, je dirai qu'elle étoit fameuse dès le temps de saint Augustin, qui en parle dans le Livre xxi. chap. 7. de la Cité de Dieu. Voici comme ce Pere s'énonce: *On dit qu'il y a une Fontaine où les flambeaux allumés s'éteignent, & ceux qui sont éteints s'allument*..... *Il est vrai que pour cette Fontaine je n'ai trouvé personne qui m'ait dit l'avoir vûe en Epire: mais j'en sçais qui m'ont dit en avoir vû une toute semblable en Gaule près de Grenoble.*

La *Tour sans venin* a cette vertu, qu'il n'y peut vivre ni araignée, ni serpens; & que si on y porte des insectes venimeux, ils expirent sur le champ.

La *Montagne inaccessible* est ainsi appellée, parce qu'elle est de tous côtés tellement escarpée, qu'on n'y peut monter qu'au peril de sa vie. Elle a la figure d'un pain de sucre, dont la pointe est en bas. Il y a un paturage délicieux, si on y pouvoit conduire des bestiaux. On y voit des fleurs plus brillantes qu'en aucun endroit des Alpes. Ce qui est difficile à expliquer, c'est qu'il s'y trouve des sources d'eau qui coulent éternellement. Elle a environ une lieue de tour : & le pied de la montagne est si sec & si aride, qu'il n'y croît aucunes herbes, ni plantes, qu'on puisse saisir, pour y monter. Elle est située entre Grenoble & Die. Le premier qui a osé se risquer à escalader cette montagne, étoit un nommé Dompjulien, originaire de Lorraine, homme le plus hardi, & le plus entreprenant qui fût jamais. Il fit cette entreprise l'an 1492, par ordre du Roy Charle VIII. pour qui il conduisoit des troupes en Italie. Voici la relation qu'il écrivit de dessus la montagne, sans spécifier pourtant les instruments, &

les machines dont il s'étoit servi pour y grimper.

A Monsieur le Président de Grenoble.

Monsieur le Président, je me recommande à vous de bon cœur. Quand je partis du Roy, il me chargea faire essayer si on pourroit monter à la montagne, qu'on disoit inaccessible, dont par subtils moyens & engins, j'ai fait trouver la façon d'y monter la grace de Dieu, & y a trois jours que j'y suis, & plus de dix avec moi, tant gens d'Eglise, qu'autres gens de bien, avec un Echelleur du Roy, & n'en partirai jusqu'à ce que j'aye vôtre réponse, afin que si vous voulez envoyer quelqu'un pour nous y voir, que faire le puissiez; vous advisant que trouverez peu d'hommes, quand ils nous verrons dessus, & qu'ils verront tout le passage que j'ai fait faire, qui ose venir: car c'est le plus horrible, & épouventable passage que je vis jamais.

ne homme de la compagnée. Je vous le fais à sçavoir, afin qu'étant bien accertené à vôtre plaisir, le veuillez écrire au Roy par mon Laquais porteur de cette ; & je vous assure que vous lui ferez grand plaisir, & à moi aussi ; & vous devez être seur, si je puis rien pour vous, le ferai au plaisir de nôtre-Seigneur, qui vous doint ce que plus vous desirez. Ecrit le 28 jour de Juin sur Eguille-fort, dit Mont inaccessible : car le peuple du pays l'appelle l'Eguille ; & pour ce que ne le sçauroit oublier, je l'ai fait nommer, au Nom du Pere, du Fils, & du Saint-Esprit, & de saint Charlemagne, pour l'amour du Nom du Roy ; & ai fait dire la Messe dessus, & mettre trois grandes Croix aux Cantons. Pour vous deviser de la Montagne, elle a par-dessus une lieue françoise de tour, ou peu s'en faut ; & un trait d'arbalestre de travers ; & est couverte d'un beau pré par dessus, &

avons trouvé une belle Garenne de Chamois, qui jamais n'en pourront partir, & des petits avec eux de cette année, dont s'en tua un maugré nous à nôtre entrée : car jusqu'à ce que le Roy aie autrement ordonné, je n'en veux point laisser prendre. Il y a à monter demie lieuë, & une lieuë d'autre chemin, & est le plus beau lieu que vîtes jamais par-dessus. Le tout vôtre Dompjulien. Le penultiéme jour de Juin 1492, furent presentées ces Lettres. Cette Lettre est tirée de la Chambre des Comtes de Grenoble, & rapportée par M. le President de Boissieu, dans la Relation qu'il a faite des sept Merveilles du Dauphiné. Je ne crois pas que depuis plus de 220 années que cette entreprise si temeraire se fit, il se soit trouvé personne qui ait hazardé à faire une pareille tentative.

Les Cuves de Saffenage sont deux creux larges, & profonds,

qui ont été pratiqués dans la vive roche. Il y en a une plus grande que l'autre. La grande se trouve souvent toute pleine d'eau. L'autre ne tient point l'eau, qui s'écoule par diverses fentes survenues dans le rocher. Il y a là beaucoup de choses curieuses à observer. Ce qui s'offre d'abord aux yeux, c'est un bois épais d'arbres antiques, qui semblent porter leur tête jusque dans les nues ; ce qui inspire une espece d'horreur religieuse à ceux qui y abordent. On voit à même temps une grosse fontaine, qui fait beaucoup de bruit, & fait de belles cascades en se précipitant au bas du rocher. Il y a encore un bois plus haut, où il se trouve de petits reservoirs d'eau, que les paysans du Village vont consulter tous les ans le jour de l'Epiphanie, pour en augurer si la moisson de l'année sera abondante. On ne sçait d'où cette eau vient; il n'y a nulle apparence de source. Une autre chose qui mérite observation, ce sont de petites pierres plates de couleur rouge, jaune, violette, que les paysants amassent là soigneusement, & qui étant mises dans l'œil, s'y roulent jusqu'à ce qu'elles ayent fait sortir les ordures qui entrent par hazard dans les yeux. On en fait là tant de cas, qu'on les nomme par excellence, *les pierres précieuses de Sassenage*. Ces differentes merveilles ont rendu ce lieu respectable. On dit qu'il étoit autrefois consacré aux Nymphes ; & que Melusine, après avoir quitté le Poitou, vint à Sassenage ; & le peuple l'appelle, *la Fée de Sassenage*. Ce qu'il y a de certain, c'est que la Terre de Sassenage est aujourd'hui à un Seigneur de ce nom, qui est d'un mérite distingué, dont la Maison est très-noble, & très-ancienne, & que je pourrois celebrer par beaucoup d'endroits glorieux, s'il convenoit à un Voyageur d'entrer dans des détails de Genealogie.

La *Fontaine de vin* se voit entre Gap & la Baume. Elle a cela de singulier, que son eau passant par quelque mine métallique, y prend une saveur austere, & vineuse. De tous les miracles que la Nature fait, il n'y a point d'élement où elle se joue davantage, que dans les eaux de Fontaines. Il n'y a qu'à consulter là dessus le grand Maître de l'Histoire Naturelle, Pline, qui dans le Livre 30. chapitre 2. fait le récit de plusieurs Fontaines, dont l'eau naturellement ne devroit avoir aucun goût, & qui cependant donnent des eaux de saveurs fort particulieres, qu'elles empruntent sans doute des veines Métalliques ausquelles elles touchent, en coulant dans les entrailles

entrailles de la terre.

La *Manne de Briançon* se recueille du Meleze, qui est un grand arbre fort commun aux environs de Briançon. On l'appelle en Latin, *Manna Laricea*, parce qu'elle vient du Meleze. C'est une excellente manne qui doit être choisie blanche, & seiche. Sa vertu est de purger le cerveau : elle fait évacuer la bile, & les serosités : elle est merveilleuse contre la Phthisie naissante : elle appaise la toux, & les oppressions. Prise dans la ptisanne, elle adoucit le sang épaissi, & le rend plus propre à la circulation.

La *Fontaine Barbere*, qui est proche de Vienne, n'est point autrement merveilleuse, si ce n'est que dans les années malheureuses par leur disette, elle est plus abondante ; & que plus la riviere qu'elle forme est grosse, plus elle annonce aux mise-

A a

rables mortels le malheur de manquer bien-tôt de pain. Monsieur le Président de Boissieu a décrit ces sept Merveilles, avec sa belle érudition ordinaire. Je le copierois volontiers ; mais cela retarderoit ma sortie du Dauphiné, qu'il est temps de quitter pour aller en Provence.

Enfin la Province de Dauphiné a au Levant la Savoie, & le Piémont ; au Midi, la Provence & la Bresse ; au Nort, & au Couchant, le Comté Venaissin.

LE COMTÉ VENAISSIN.

Le Comté Venaissin avec la Capitale, qui est Avignon, appartiennent aujourd'hui au Saint Siege. Ce qui est arrivé de la sorte. On croit qu'Avignon doit sa fondation à ceux mêmes qui ont fondé Marseille ; & que ces deux Villes furent bâties dans le même temps. Ce qui n'est pas sans quelque difficulté. Ce qu'on peut dire de plus constant sur ce point, c'est qu'Avignon a toujours eu beaucoup d'attachement pour les Romains, & que Pline la compte parmi les Villes Latines : *Oppida Latina Aquæ Sextiæ Salyorum, Avenio Cavorum, &c. Hist. Nat. lib. 3. cap. 4.* Elle tomba en la puissance des Bourguignons dans le v. siecle. Clovis en fit la conquête : ensuite les Gots s'en emparerent. Charle Martel l'enleva aux Sarrazins qui s'en étoient rendus maîtres, dont il fit un grand carnage vers l'an 725. Dans le ix. siecle elle passa des mains des François en la puissance des Rois d'Arles, & de Bourgogne. Les Comtes de Provence, & de Toulouze la possederent à leur tour. En 1226 Louis VIII. qui marchoit contre les Albigeois, prit Avignon, dont les habitants avoient voulu se jouer : il les mortifia avec une severité, qui les rendit fort repentants de l'audace qu'ils avoient eue de lui fermer les portes de leur Ville. Avignon revint après cela aux Comtes de Provence, & de Toulouze. Les Rois de France leur succederent. Le Roi Philippe le Bel en 1290 maria son frere Charle de Valois, avec Marguerite, fille de Charle II. Comte de Provence, auquel il ceda son droit sur Avignon. Charle II. laissa à Robert, dit *le Sage*, & *le Bon*, le Royaume de Naples, & Avignon, où il fut couronné en 1309. Il mourut en 1343. Il eut un fils qui mourut avant lui, & qui fut pere de Jeanne, qui fut instituée par son grand pere Robert, heritiere du Royaume de Naples, & de ses autres Seigneuries. Voilà par consequent en 1343 Avignon en la puissance de cette Reine Jeanne, qui fut très méchante, & très malheureuse. Elle n'eut point d'enfants de ses quatre maris. Ce fut cette Reine Anne fort nécessiteuse, qui en 1348 vendit au Pape Clément VI. la Ville d'Avignon, pour la somme de quatre-vingt mille florins, qui valent environ quarante-huit mille livres de France.

Il faut remarquer que les Souverains Pontifes ont eu fort à cœur le séjour de la Ville d'Avignon ; puisque Clement V. dès l'an 1306, transporta le Siege de Rome à Avignon. Mais il faut entendre comment Etienne Pasquier conte la chose dans ses *Recherches de la France, page 545, & 546.* C'est un morceau trop interessant pour n'avoir pas ici sa place. J'adoucirai un peu quelques mots qui ont trop vieilli : car il est étonnant combien ce bon François, qui se piquoit de purisme de son temps, est dur & barbare en une infinité d'endroits. Merveilleuse, & differente fortune des Langues vivantes ? Avant que de passer plus outre, dit il, je ferai une saillie, non peutêtre mal à propos ; puisque l'occasion s'est presentée de vous avoir ci-dessus touché, comme les Papes se firent Seigneurs proprietaires de la Ville, & Comté d'Avignon. Cette Ville étoit de l'ancien Patrimoine des Comtes de Provence, jusqu'au Siege, & Pontificat de Clement VI. Ce neanmoins Clement V. s'y étoit habitué avec toute la Cour de Rome dès l'an 1306. Et vraiement je suis contraint de dire que ce Pape fut d'un esprit merveilleusement bizarre, & d'une volonté bizarrement absolue, d'avoir quitté cette grande Ville de Rome, premiere de la Chrétienté, de laquelle ses Prédecesseurs, par une longue possession, s'étoient acquis la domination souveraine, pour se venir loger par forme d'emprunt, en un arriere coin de la

France, dans la Ville d'Avignon, nid à corneilles, au regard de l'autre. Car même outre le desordre que ce changement apporta à nôtre Eglise, cette longue absence d'Italie, occasiona une infinité de petits Tyrans par faute de contrôlle..... de se faire Seigneurs absolus d'Unes, & autres Villes, au grand préjudice tant du Saint Siege, que de l'Empire. Absence qui commença de prendre fin sous Gregoire XI. Limosin ; & voici comment : Ce Pape plein de zele, & de devotion, devisant avec un Evêque, lui dit qu'il feroit beaucoup mieux pour le devoir de sa conscience, s'il résidoit dans son Eglise, laquelle demeuroit par son absence veuve de son Epoux. A quoi fut répondu par l'Evêque : Que tout ce qu'il faisoit en ceci, étoit à l'exemple de lui, lequel aussi ne faisoit sa résidence à son grand Evêché de Rome. Cette réponse toucha si fort le cœur du Pape, que deslors il se voua de tout au retour, lequel il executa si dextrement, qu'à l'insçu de tous ses Cardinaux il arriva à Rome, laquelle avoit senti l'éclypse de son soleil l'espace de soixante-dix ans. Car en l'an 1306 Clement V. s'étoit venu loger à Avignon, & en l'an 1352 Clement VI. en acheta la proprieté. Et Gregoire XI. en quitta la demeure l'an 1376. Ce bon Pape fut reçu par le peuple Romain avec une infinité d'applaudissemens, & acclamations publiques ; & mourut l'an 1378, au très-grand regret de ce même peuple, qui perdit alors son vrai pere. Les Cardinaux, entrants au Conclave, furent priez par le peuple de se souvenir que la Ville de Rome étoit le vrai Siege des Papes, & pour cette cause ils jettassent les yeux sur un Pape Italien........ L'affaire est ourdie, & conduite de telle façon, que par suffrage volontaire des uns, & par la crainte des autres, fut élû Pape Urbain VI. Italien,

Italien, qui établit son Siege dans Rome...... La Reine Jeanne, qui ne vouloit priver son Comté de Provence de cette grande Cour de Rome, par un monopole fait avec les Cardinaux, fit par eux élire celui qui depuis se fit nommer Clement VII. dont nos Historiographes Ecclesiastiques n'ont fait état en nôtre Eglise, non plus que de Benoit XIII. son successeur, comme étants Anti-papes. Cette Reine Jeanne étoit si mal née, que tous ses desseins visoient à mal faire. Et tout ainsi que ce dernier coup d'elle causa une infinité de maux au Saint Siege; aussi fut-ce l'accomplissement, & dernier periode de ses malheurs......... Urbain indigné contre la Reine Jeanne, l'excommunie, & la declare indigne du Royaume de Naples: au contraire Clement VII. l'absout de toutes ces Censures, & la confirme en tous ses Etats......
Guerre entre les Prétendants au

Bb

Royaume de Naples.... Charles Durazzo ayant été fait General de l'Armée du Roy de Hongrie son cousin, donna si bon ordre à son fait, qu'entrant dans la Ville de Naples par une des portes, Othon, mari de Jeanne, s'enfuit par l'autre. Bataille entre eux deux: où Othon eut du pire, & fut pris. Et quelque peu après cette Princesse, qui s'étoit retirée dans la roque du Château-neuf, se rendit à lui prisonniere, estimant qu'il lui feroit bonne guerre, & telle que sa qualité requeroit. Toutefois, après avoir eu l'avis de Louis Roy de Hongrie, il la fit pendre, & étrangler au même lieu qu'elle avoit fait étrangler le Roy André son mary; & encore d'un cordon de soie, tout ainsi comme elle avoit fait: & tout d'une suite fit trancher la tête à Marie sœur de Jeanne. Telle fut la tragique destinée de la Reine Jeanne: Princesse qui a suscité des Anti-papes, qui a fait naître dans l'Eglise un horrible schisme, qu'on a vû durer quarante ans, & qui a vendu Avignon au Pape Clement VI. Cependant quoiqu'en dise Etienne Pasquier, qui n'est pas toûjours fort juste dans ses *saillies*, pour me servir de son terme, tout le monde sçait que ce fut par les conseils de sainte Catherine de Sienne, qui étoit venue à Avignon, pour accommoder l'affaire des Florentins avec Gregoire XI. qui les avoit excommuniez, que ce souverain Pontife fut déterminé de quitter cette Ville pour rétablir le Siege Pontifical à Rome.

Le Comté de Venaissin appartient tout au Saint Siege. On estime que le mot de *Venaissin*, vient de *Venasque*, qui en fut autrefois la Ville Capitale: & il y a bien de la vraisemblance dans cette étymologie. Il y a dans ce Comté Carpentras, Cavaillon,

B b ij

& Vaison, trois Villes Episcopales. Avignon y a été depuis ajoûté. Ce Comté est situé entre la Provence, le Dauphiné, le Rhône, & la Durance. Ce pays ne manque point d'agrémens. Il y a des fruits délicieux: en un mot la terre y est assez fertile, & répond fidelement à la diligence de ceux qui se donnent la peine de la bien cultiver. Comme de toutes ces Villes je n'ai vû qu'Avignon, je me bornerai à faire la description de cette Ville, dont j'ai déja dit quelque chose.

AVIGNON.

Cette Ville est belle, & fort agréable, située sur le Rhône, & qui doit les embellissemens, que lui donnent ses Palais, à la magnificence des Papes, depuis qu'elle leur appartient: car auparavant c'étoit peu de chose. Le Pont qui est sur le Rhône, étoit un ouvrage digne d'être observé, avant qu'une partie en eût été emportée par une inondation. Il y a au bout de ce Pont une Forteresse, élevée sur un haut rocher, & où il y a quelques pieces de Canon pour la défense de la Ville. On estime ses murailles, qui sont entierement de belles pierres de taille, avec diverses Tours, qui font un effet assez agréable.

Ceux qui se plaisent dans les jeux, & les mysteres des nombres, n'ont pas manqué de relever que la Ville d'Avignon est singuliere par le mysterieux nombre de sept : car outre qu'il y a

Sept Paroisses,
Sept Colleges,
Sept Hôpitaux,
Sept Portes,
Sept Palais,
Sept Convents de Religieux,
Sept Convents de Religieu-

ses ; il y a de plus ces deux singularités sur le nombre septénaire, que personne n'a encore remarquées ; c'est que sept Papes y ont tenu leur Siege Pontifical ; sçavoir,

En 1306, Clement V.
En 1316, Jean XX.
En 1334, Benoît XI.
En 1342, Clement VI.
En 1352, Innocent VI.
En 1362, Urbain V.
En 1371, Gregoire XI. & de plus, que ces sept Papes y demeurerent sept dixaines d'années, c'est-à-dire, soixante-dix ans. Les Italiens, & sur tout les Romains, qui ne s'accommodoient nullement de ce séjour des Papes à Avignon, y trouvoient extrêmement à redire ; & dans leur mauvaise humeur ils s'échappoient à parler assez licentieusement de ces Papes là. Aussi ces Romains ont ils comparé ces soixante-dix années d'ab-

sence de Rome, & de retraite à Avignon, aux soixante-dix années de la captivité des Enfants d'Israël à Babylone, dont ils donnoient volontiers le nom à la Ville d'Avignon. Le célebre Petrarque, à qui la mauvaise fortune fit faire tant de figures differentes, & qui a fait un assez long séjour dans Avignon, lorsque les Papes y tenoient leur Siege, parlant des desordres de la Cour Romaine, qui suivoit le Pape, non seulement il nomme Avignon la Babylone Occidentale; mais même il prétend que la fameuse Babylone d'Orient n'a pas été plus corrompue, & plus dépravée : il insulte au Rhône, sur lequel la Ville d'Avignon est située ; & compare ce fleuve à l'Euphrate, sur les rives duquel l'ancienne Babylone étoit assise. Ses Lettres écrites d'Avignon, sont remplies de gemissements, & de lamentations, comme s'il étoit dans une Cité d'où la verité & la vertu fussent bannies. Voici un trait de la vivacité de ses complaintes, & de ses doléances : *Hi etenim tales sunt, quales dico, ni fallor ; imò verò quales dicere nequeo, sic ad extrema dedecorum atque nequitiæ, quæ utcumque olim steterat prolapsa res est, ex quo sancta, & potens tunc Romana, nunc Avinionensis Ecclesia tangit, vertice sydera, & digito cœlum volvit, ubi & Judas si triginta illos suos argenteos pretium sanguinis attulerit, admittetur, & pauper à limine Christus arcebitur ; quod ita esse Christianus nemo est qui nesciat, nemo qui non doleat, nemo qui vindicet. Epist. 17. pag. 641. Libri Epistolar. sine titulo.* Mais quoiqu'on dise d'Avignon, je suis du sentiment des Etrangers, qui appelle cette Ville : *Le Paradis terrestre de la France.*

La Ville d'Avignon a un Archevêché, qui a pour Suffragants les Evêques de Carpentras, de Cavaillon, & de Viaison. Avignon n'étoit autrefois qu'un Evêché; mais le Pape Sixte IV. qui monta sur la Chaire de saint Pierre en 1471, érigea cette Eglise en Archevêché l'an 1475. L'Eglise Cathedrale est Nôtre-Dame de Doms. C'est une Eglise ancienne, belle, & même magnifique. Elle possede des Reliques très-venerables : & les Voyageurs curieux sont exacts à voir les superbes Tombeaux, & les peintures, qui ornent cette Eglise. Le Chapitre en est très-considerable. Saint Ruf est le premier Evêque d'Avignon, & on reconnoît pour saints plusieurs de ses Successeurs; comme sont, Juste, Donat, Maxime, Magne, Agricole, & Veredéme.

L'Eglise de saint Agricole est la premiere Paroisse, qui est Collegiale, dont le Chapitre fut fondé en 1321 par le Pape Jean XX. que ceux qui comptent les Antipapes parmi les Papes, nomment Jean XXII.

L'Eglise de saint Pierre fut fondée en 1358, par le Cardinal du Prat.

L'Eglise des Celeſtins doit être viſitée, parce qu'on y voit la Chapelle, & le Tombeau de S. Pierre de Luxembourg.

L'Eglise des Cordeliers eſt curieuſe à voir par la hardieſſe de ſa voûte, dont le ceintre eſt très-large. C'eſt-là qu'eſt le tombeau de la fameuſe Madame Laure, que Petrarque a tant celebrée. Nous en parlerons bientôt.

On voit encore à Avignon dans l'Eglise des Peres de la Doctrine Chrétienne, le Corps entier du Bienheureux Ceſar de Bus, Fondateur de cette Congregation. Il nâquit à Cavaillon l'an 1544. Ce fut la lecture de la

Vie des Saints qu'on lui prêta, qui le dégoûta du siecle, & qui le fit entrer dans la voie du salut. Il perdit la vûe; & ne voulut jamais essayer aucun des remedes qu'on lui proposa pour la recouvrer. Il fit paroître là-dessus une patience non moins admirable que celle du bon homme Tobie devenu aveugle, & qui ne laissoit pas de ressentir la grandeur de cette affliction, qu'il témoigne admirablement par ces paroles qu'il dit à l'Ange Raphael: *Quelle joie puis-je avoir, moi qui suis toûjours dans les tenebres, & qui ne vois point la lumiere du Ciel.* Tobie, chapitre 5. ℣. 12.

Les R. R. PP. Jesuites ont un très-beau College dans Avignon, & une autre Maison où est le Noviciat pour la Province de Lyon.

Il y a encore une très-belle Université, qui fut fondée l'an 1303, dans le temps qu'Avignon étoit sous la domination de Charle II. Comte de Provence. Ce Prince illustra cette Université par des privileges avantageux, que le Pape Boniface VIII. confirma par une Bulle autentique. Je n'entreprendrai pas de parler de toutes les autres Eglises, puisqu'Avignon est une des Villes de la Chrétienté, où il y a plus de Maisons Ecclesiastiques, & Religieuses.

Le Palais où les Papes demeuroient, conserve encore de beaux restes de leur magnificence. C'est un ouvrage de Jean XX.

Le Palais des Archevêques mérite d'être vû & examiné : il est bien bâti.

Il y a eu plusieurs Conciles tenus à Avignon. Celui de l'an 1192, est notamment contre les Usuriers, dont la Ville ne manque pas. Il suffit que les Juifs y soient tolerés, pour que l'usure y soit pratiquée avec ses dernieres noirceurs. Ces sortes de gens, heritiers de l'esprit de leurs peres, n'aspirent qu'après les benedictions terrestres. Ils ne songent qu'aux biens temporels. Leurs ames sont trop appesanties, pour s'élever jusqu'aux promesses des choses éternelles. Ils ont dans Avignon une petite Synagogue assez propre. Ils ont un chapeau jaune, afin de distinguer ces miserables d'avec les Chrétiens, parmi lesquels il ne se trouve que trop de personnes gâtées de la lepre Judaïque, & qui ne rougissent point de n'être pas moins usuriers que les Juifs les plus perfides. Les Juifs sont là de grands fourbes dans leur commerce ; & est bien fin, qui n'en est pas afronté : ils ne sont soufferts dans la Ville, qu'à condition qu'ils iront toutes les semaines entendre un Sermon qui leur est fait par un Religieux.

Enfin le Pape gouverne Avignon, & le Comté, par un Vice-Legat, qui a dans ce pays une Jurisdiction Spirituelle, & Temporelle. C'est un poste très-honorable, & que chaque Legat ne possede que durant trois ans, au bout desquels on le retire, afin d'en mettre un autre. Ceux d'Avignon ne payent point de Tailles; & ce que le Pape en tire, n'est qu'un droit d'entrée, & de sortie, qui se prend sur toutes sortes de marchandises, & qui est affermé à des particuliers. Ce droit ne laisse pas d'être considerable; parce que cette Ville est fort marchande.

Ce fut dans le Rhône tout près d'Avignon, que des Pêcheurs, qui ne s'attendoient pas à une si riche capture, prirent dans leurs filets *le Bouclier Votif*, d'argent, appellé par les Latins, *Clypeus Votivus*, qui se voit à présent au Cabinet du Roy. M. Spon, qui en a donné l'explication dans ses *Recherches curieuses d'Antiquités, page 1.* dit que l'ignorance de ces Pêcheurs ne leur permit pas de profiter de ce que la fortune leur presentoit. Ils firent, dit-il, *à peu près ce que firent autrefois les Suisses, qui s'étant rendus maîtres du Camp du Duc de Bourgogne à la bataille de Morat, vendirent sa vaisselle d'argent, comme de simple étain, & ses pierres précieuses, comme des bagatelles de cristal. Ces Pêcheurs voyant cette pièce couverte d'un limon endurci, que le cours de la riviere y avoit formé, en rompirent les bords, pour voir s'il n'y avoit point d'argent dans son alliage. Il est à présumer que comme l'argent paroit moins blanc rompu, que coupé, ils crurent qu'il y en avoit peu ; puisqu'ils la vendirent pour un prix très-mediocre à un Orfèvre d'Avignon, nommé M. Gregoire, lequel* l'ayant nettoyée, en fit faire un deſſein; & jugeant que cela valoit plus que le métail, quoiqu'il y eût quarante-deux marcs d'argent fin, il l'envoya à Lyon chez un Jouaillier, nommé M. Simonet, pour le vendre à quelque Curieux, ſi l'occaſion s'en preſentoit. Celui-ci en parla à M. Mey, qui par l'inclination qu'il a toûjours eue pour les belles choſes, fut ravi de l'acheter. Après qu'il en fut maître, il fit reſouder les pieces qui en avoient été détachées. Ce Bouclier Votif eſt de la figure d'un grand baſſin rond, & plat. Il a deux pieds, deux pouces de diametre, & eſt bordé tout autour d'un bord auſſi d'argent, de l'épaiſſeur du petit doigt. Les Païens qui ne faiſoient leurs plus grandes actions, que par un motif de vanité, & pour acquerir de la réputation, étoient bien aiſes de laiſſer à la poſterité la mémoire de ce qu'ils avoient fait de plus illuſtre.

ſtre. Ce Bouclier Votif a ſans doute été fait dans le deſſein de le conſacrer aux Dieux, & de le pendre dans un Temple pour être un monument de la belle action qui y eſt repreſentée. Ce Bouclier que M. Spon eſtimoit valoir plus de 1300 francs d'argent, en vaudroit davantage aujourd'hui. Il prétend que l'Hiſtoire qui eſt repreſentée ſur ce Bouclier, eſt cette action de vertu que fit Scipion l'Africain à la priſe de Carthage la neuve en Eſpagne, 220 ans avant la naiſſance de Nôtre-Seigneur; & ainſi en ajoûtant 1704, qui eſt l'année où j'écris cette Lettre, il ſe trouvera que ce Bouclier conſacré, eſt ancien de 1924 ans. Cette action eſt racontée aſſez au long par Tite-Live, *lib. 26.* après avoir dit de quelle maniere la Ville fut priſe, & le grand butin qu'y firent les Romains. *On amena à Scipion*, dit-il, *d'entre les* prisonniers, une fille dans le printemps de son âge, & d'une beauté si achevée, que par tout où elle passoit, elle attiroit les regards de tout le monde. Scipion s'étant informé de son pays, & de sa famille, apprit qu'elle étoit fiancée à un jeune Prince des Celtiberiens, nommé ALLUCIUS, dont elle étoit passionnement aimée. A l'heure même il fit venir ses parents, & l'Epoux destiné à cette Belle. Quand ils furent arrivez, Scipion leur parla à tous, & ensuite en particulier à Allucius. Jeune homme, lui dit-il, je vous appelle jeune, afin de vous entretenir avec plus de confidence. Mes Soldats m'aiant amené vôtre fiancée, & ayant apris que vous l'aimiez tendrement, ce que sa beauté me peut aisément persuader, j'ai bien voulu favoriser vôtre passion: quoiqu'à vous parler sans déguisement, s'il m'étoit permis de jouir des plaisirs de la jeunesse, & particulierement dans un legitime amour, & que les soins de la Republique ne fussent pas maîtres de mon cœur, j'eusse bien pû vous demander vôtre Epouse, qui merite l'inclination d'un honête homme. Mais sçachez qu'elle a été traitée chez moi, avec le même respect qu'elle l'eût été chez vôtre beau-pere, ou chez vos parents. On vous l'a gardée avec soin, afin qu'on pût vous faire un present digne de vous, & de moi. Toute la récompense que je vous en demande, est que vous soyez ami de la Republique : & si vous avez pour moi autant d'estime, que ceux de vôtre Nation en ont eu pour mon Pere, & pour mon Oncle, soyez persuadé que presque tous les Romains nous égalent en vertu, & qu'il n'y a point de peuple sur toute la terre, que vous deviez plus craindre pour ennemi, ni aucun que vous deviez plus souhaiter pour ami. Ce jeune Prince confus de cet excès de bonté, & tout transporté de joïe, tenant la main de Scipion, prioit tous les Dieux de récompenser une action dont il ne pouvoit assez reconnoître le mérite. Cependant les parents de cette Belle, voyant qu'on la leur vouloit rendre sant rançon, offrirent une somme d'argent considerable, qu'ils apportoient, & prierent Scipion de l'accepter comme un témoignage de leur gratitude, avec assurance que le plaisir qu'il leur feroit en la recevant, ne seroit pas moindre que celui de leur avoir rendu sa prisonniere, sans s'être prévalu des droits de la victoire. Scipion feignant de se laisser vaincre à l'empressement de leurs prieres, fit mettre cet argent à ses pieds; & ayant appellé Allucius, il lui dit: Voilà ce que vous aurez par-dessus la dot que vôtre beau pere vous donne. Recevez-le de ma main comme une seconde dot, dont je vous fais present. Ainsi il lui fit emporter la somme qu'on lui avoit presentée, & emmener sa maitresse. Enfin ce jeune Prince charmé des presents & des honneurs dont il fut comblé, retourna chez lui, & publia avec éloge le merite de Scipion, lequel plus semblable à un Dieu, qu'à un homme, sçavoit tout vaincre par les armes, par la douceur, & par les bienfaits. Ensuite M. Spon explique les dix figures humaines qui sont gravées dans ce Bouclier. Scipion est là une pique à la main, qui est la marque d'un Géneral d'Armée. La Fiancée est celle qui lui est presentée par un jeune homme que M. Spon prend pour Allucius. Les quatre autres qui ont de la barbe, sont des Espagnols parents de ce jeune Prince, & de son Epouse, qui le prie d'accepter le present qu'ils ont apporté pour la rançon de cette illustre prisonniere. Les deux autres assistants qui ont le casque en tête, & le menton razé, sont des Officiers de Scipion. Celui qui est à terre tout nud, est apparemment un de ces prisonniers de guerre, que Scipion avoit faits dans Carthage la neuve, & qui n'est là que comme un témoin de sa victoire, & un admirateur de sa vertu. Enfin ce riche monument s'est trouvé dans le Rhône, *où il est à croire, dit M. Spon, qu'il fut perdu par le malheur de quelque batteau chargé de bagage, qui s'étoit enfoncé en traversant la riviere : car c'étoit le chemin de Scipion pour repasser d'Espagne en l'Italie.*

On ne pardonneroit pas à un Voyageur qui feroit quelque séjour à Avignon, s'il n'alloit pas voir la fameuse Fontaine de Vaucluse. Je l'ai vûe tout rempli des idées que je m'en étois formées d'après les Vers de Petrarque, qui lui a donné une celebrité qui durera autant qu'il y aura des Amants, & des Poëtes amoureux.

La Fontaine de Vaucluse.

Cette Fontaine, comme la vallée où elle est, porte le nom de *Vaucluse*, parce qu'elle est renfermée de collines, & de montagnes, dans le Comté de Venaissin : *Vallis clausa*. Cette Fontaine s'éleve, & sort d'un lieu profond, comme une espece de puits, au pied d'une montagne ; aux environs de laquelle on voit couler quantité d'autres petites sources d'une eau toute cristalline. Elle dégorge une si grande abondance d'eau, que presque dès sa source, elle forme la riviere de Sorgue, qui nourrit quantité de truites, d'écrevisses, & d'autres poissons. Cette riviere passe dans Avignon, & sert à y voiturer beaucoup de commodités pour la vie.

Le pere du fameux Petrarque étant sorti de Florence à cause

des guerres des Guelfes, & des Gibelins, fut obligé de se retirer à Avignon, où étoit alors le Pape avec toute sa Cour. Cet homme desesperant de pouvoir jamais retourner dans sa Patrie, où ses biens avoient été confisqués, songea à s'établir dans le Venaissin ; & pour cet effet, il acheta quelques prez, & quelques petites maisons dans la vallée de Vaucluse. Ce fût là ce qui occasionna dans la suite Petrarque à choisir ce lieu fort solitaire, pour en faire sa *Retraite*, son *Parnasse*, son *Mont Helicon*, son *Academie* : car c'est ainsi qu'il parle de ce lieu dans ses Lettres Latines, & dans ses Poësies Italiennes. Cet endroit lui convenoit fort pour vaquer aux contemplations philosophiques, & à nourrir le penchant qu'il avoit à l'étude, & à la méditation. Il y fit porter tous ses Livres : & la plûpart de ses Ouvrages y ont été

été composés, ou commencés, ou conçus. Ce fut à Vaucluse qu'il écrivit ses Bucoliques, les deux Livres de la Vie Solitaire, son *Africa*, & quantité de Sonnets, & de Chansons à l'honneur de l'illustre Laure, qu'une Dame de condition, & de mérite, & qui étoit sa Tante, élevoit là dans une merveilleuse innocence. Il ne faut pas s'étonner si après cela Petrarque nomme la Fontaine de Vaucluse, *la Reine des Fontaines*. Il en parle souvent, & il ne sçauroit s'en taire. Il est intarissable sur ce sujet. *Quand je suis*, dit-il, *à Vaucluse, si mes pechés me font souvenir que je suis homme, je ne laisse pas cependant d'y mener une vie d'Ange, du côté de la tranquillité d'esprit.* Dum ad fontem Sorgiæ peccatis homo, sed quiete animi prope Angelus degebam. Lib. 11. Epist. 14.

Ce fut là que Petrarque devint

amoureux de la belle Laure: c'est-là qu'il a tant chanté en Vers les plus innocentes amours qui furent jamais. Ceux qui ont crû que Petrarque avoit pris de l'amour pour Laure en la voyant dans l'Eglise, se sont trompés. La verité est, qu'allant un jour de sa retraite de Vaucluse, pour entendre l'Office divin à la petite Ville de Lisle, il rencontra cette jeune fille qui y alloit pareillement. La conversation qu'il eut avec cette aimable personne, le charma. Il lui trouva une beauté piquante, un esprit merveilleux, une humeur douce, un jugement au de-là de son âge, un son de voix charmant, les traits regulierement beaux, le soû-rire fin, l'air noble, & délicat. Petrarque n'a pas oublié de celebrer dans ses Poësies les moindres circonstances de son amour, aussi a-t-il eu soin d'en remarquer la naissance. C'est dans le IIIe Madrigal de la premiere partie de ses Sonnets. Il y peint le premier moment de son amour. Il dit que Laure, qui n'avoit peut-être alors que douze ou treize ans, lui parut comme un petit Ange nouvellement descendu du Ciel, sur le frais rivage de la riviere de Sorgue, que forme dès sa source la Fontaine de Vaucluse; que son destin l'avoit conduit là seul; que Laure l'apperçut; & qu'aussi-tôt cette jeune beauté façonna un filet tout de soie, qu'elle cacha sous l'herbe fleurie qui ornoit le chemin; qu'il fut pris dans ce filet; & qu'il se sçut bon gré d'y avoir perdu sa liberté, enchanté de la douce lumiere qui sortoit des beaux yeux de Laure; & le reste, dont le stile est tout poëtique:

Nova Angeletta soura l'al-
accosta

Scese dal cielo in su la fresta
  riva,
La'ndio passava sol per mio de-
stino:
Poi che senza compagna, &
senza scorto:
Mi vide, un laccio, che di seta
  ordiva,
Tese fra l'herba, ond'è verde'l
  camino;
Allor fu preso, & non mi spiac-
que poi,
Si dolce lume usciq de gli occhi suoi.

Dans l'admirable Sonnet 149, de la premiere partie, Petrarque raconte pareillement, qu'il fut pris dans un rets tissu d'or, & de perles, qu'une Angelique main, plus blanche que l'ivoire, & la neige, lui avoit tendu sous l'herbe:

Amor fra l'herbe una leggiadra
  rete
D'oro, & di perle tese sott'un
  ramo, &c.

D'où il est évident que Petrarque devint amoureux de Laure sur le chemin de Vaucluse à Lisle. Depuis ce moment là, Petrarque, sans jamais se démentir, employa tous les talens, qu'il avoit pour la belle poësie, à publier dans ses Vers la beauté, les vertus, & le mérite de l'incomparable Laure. Il étoit fort à portée de lui témoigner sa passion, qu'il retint toûjours dans le respect: car enfin Petrarque & Laure démeuroient tous deux dans la vallée de Vaucluse. Mademoiselle de Scudery l'a fort bien observé dans sa *Mathilde*, pag. 18. & 19. *Vaucluse, dit-elle, si celebre par la merveilleuse Fontaine de même nom, dont Petrarque a tant parlé, qui tantôt haute, & tantôt basse, forme toute seule une des plus belles rivieres qu'on puisse voir; & par mille bouillons d'eau, qui partent impetueusement d'auprès d'elle, sans troubler la* tranquilité de sa source, fait des cascades naturelles qui rendent la vallée de Vaucluse la plus délicieuse du monde. La maison de Laure étoit en ce lieu là, & Petrarque en avoit une tout proche, sur une petite éminence : de sorte que si la modeste rigueur de Laure ne se fût pas opposée à sa felicité, il eût pû avoir mille commodités de l'entretenir en particulier. Mais bien que Laure eût pour lui la plus grande estime qu'elle pût avoir, & toute la tendresse dont elle étoit capable ; elle vivoit avec tant de retenue, que sans lui faire jamais nulle rudesse, on peut dire qu'il n'avoit pourtant jamais sujet d'en être tout à-fait content. Aussi ne voit-on dans ses Ouvrages que des plaintes tendres, & respectueuses.

 Jamais Amant n'a expliqué ses sentiments d'estime, de respect, & de tendresse en tant de façons, & de façons si fines, & si délicates,

Tantôt Petrarque est jaloux des fleurs dont Laure se pare; & il en envie le sort: comme il s'en explique si galamment dans le Sonnet 38. de la premiere partie.

L'Oro, e le Perle, e i fior vermigli, e i bianchi
Che il verno devria, &c.

Tantôt il se fait une peine mortelle, de ce que, dans une fête, le Duc d'Anjou emporté par la grande beauté de Laure, la salua, selon l'usage de France, & la salua la premiere; quoique la plûpart des autres Dames fussent de plus grande condition qu'elle. Petrarque est content de cette distinction: mais il ne s'accommode point de la maniere, dont le Prince avoit salué Laure. Le Poëte embarrassé, approuve, & contredit à la fois. C'est dans le Sonnet 202.

Real natura, Angelico intelletto
Chiar' alma, &c.

Tantôt à l'occasion d'un gant que Laure avoit par mégarde laissé tomber, que Petrarque avoit relevé, & qu'il se faisoit une grande joie de posseder, il composa trois Sonnets. Dans le premier il loue la main, & le gant. Dans le second il chante la beauté de la main. Dans le troisiéme il se dit heureux d'avoir ce gant, & malheureux de se voir obligé de le rendre. Ce sont les Sonnets 167, 168, & 169.

O bella man che mi distring'l core
  En poco spacio, &c.
Non pur quell' vna bella ignuda
  mano
Che con grave, &c.
Mia ventura e amor m'haveat
  si adorno
D'un bel, &c.

Tantôt entousiasmé de joie, d'avoir appris des Dames amies de Laure, que c'étoit avec chagrin qu'elle n'avoit pû se trouver avec elles à une promenade sur le bord du Rhône, où il étoit; & qu'elles avoient observé que l'ordre qui l'empêchoit d'y venir, avoit déconcerté toute la beauté de son visage, & mouillé ses yeux; Petrarque se flattant, prend ce chagrin comme une preuve que Laure l'aime; & compose le Sonnet 187, où ce Poëte parle comme un Amant qui se tient assuré du cœur de sa Maîtresse. Ce que quelques Ecrivains mal pensants n'ont pas expliqué tout-à-fait à la gloire de Laure. On devroit songer que les Amants, & surtout des Amants Poëtes, sont des gens qui se flattent aisément, qui ne parlent jamais à tête reposée, qui se font honneur, & plaisir des moindres bagatelles,

& qui se repaissent de chimeres.

Qui amant sibi ipsi somnia fingunt.

Le Sonnet en question commence ainsi:

*Liete, è pensose, accompagnate,
e sole
Donne*, &c.

Quand Petrarque ne rime pas pour l'original, il rime pour la copie. Et c'est en effet par les deux Sonnets qu'il a composés sur le Portrait de Madame Laure, que nous sçavons qu'elle se fit peindre par Simon, Peintre de Sienne, & qui étoit fameux en ce temps-là. Ce Poëte n'avoit garde d'oublier qu'il fit faire pour lui, par le même Simon, une copie du portrait; qu'il comptoit ses raisons à ce tableau; & qu'il murmuroit de ce que le

Peintre n'avoit donné à son ouvrage, ni sens, ni intelligence, pour entendre, & pour répondre. Ces deux Sonnets sont le 58, & le 59 de la premiere Partie, & qui commencent de la sorte :

Per mirar Policleto à prova fiso
Con gli altri, &c.
Quando giunse à Simon l'alio concetto,
Ch'a mio nome, &c.

Enfin Laure est-elle affligée du départ d'une de ses amis, & joint-elle à ce tendre adieu des larmes de douleur, son Amant ne demeure pas oisif ; & il ne fait pas moins que quatre Sonnets sur la beauté des larmes qu'elle répandit en cette rencontre : & ces quatre Sonnets ont été trouvés si bien travaillés, que la plûpart des beaux Esprits les sçavent par memoire. Ce sont les Sonnets 123, 124, 125, & 126.

Non fur mai Giove e Cesare si mossi
A fulminar, &c.
I vidi in terra angelici costumi,
E celesti bellezze, &c.
Quel sempre acerbo, e honorato giorno
Mando si al cor, &c.
Ove ch'i posi gli occhi lassi à gir
Per querar, &c.

Un jour que ses yeux se rencontrerent avec les yeux de la belle Laure, & qu'il crut qu'elle avoit été bienaise de le voir, & de se laisser voir elle-même à lui, il fut si transporté de joie, qu'il en pensa devenir fou, & prêt à courir les rues. Il ne peut s'en taire, il en fait aussi-tôt un Sonnet, qu'il envoie à son ami Sennucio. C'est le Sonnet 86, où il fait de grands remerciements à l'endroit par où elle avoit passé.

Aventuroso più d'altro terreno

*Ou' Amor vidi gia fermar la
 piante,
Ver me volgendo quelle luci-
 sante,
Che fanno intorno a se l'aere se-
 reno.
Primo, &c.*

Une autrefois il arriva que dans le temps qu'il regardoit Madame Laure, le Soleil de l'autre côté vint sur le visage de cette belle: Voilà l'imagination de Petrarque en campagne, il s'imagine que le Soleil est son rival, & que cet Astre est amoureux, comme lui, de Laure. Ce qui tempera l'inquietude de nôtre Poëte, c'est que cette charmante fille se déroba au Soleil, & se mit de maniere que Petrarque la pouvoit voir, marquant délicatement par là, qu'elle le preferoit au Soleil, dont elle lui faisoit un sacrifice. C'est le sujet du Sonnet 93, qui est très-galant.

*In mezo di duo amanti honesta
altera
Vidi una Donna, &c.*

Dans une autre occasion il est fâché de ne sçavoir pas une langue universelle, & qui pût être entendue de toutes les Nations du monde, afin de leur apprendre quelle est Laure, & de leur faire connoître la beauté de sa personne, & les charmes de son esprit. C'est ce qu'il rime dans le Sonnet 115, qui est tout-à-fait beau. Il y a un fort charmant portrait de Madame Laure.

*Occidente virtute ornata, e calda
Alma gentil, &c.*

Le Sonnet 117 est incomparable, il met l'eau de la Sorgue au-dessus de tous les fleuves, & de toutes les rivieres du monde, & il préfere le *Laurier*, qu'il avoit planté sur le bord de cette riviere, pour honorer le nom de *Laure*, à tous les arbres de l'Univers, & dont l'ombre lui seroit bien moins agreable, que l'ombre de son Laurier. On ne sçauroit louer une Dame avec plus de délicatesse.

Non Tesin, Po, Varo, Arno,
Adige, e Tebro,
Eufrate, Tigre, Nilo, &c.

Petrarque, qui surpasse tous les Poëtes les plus galants, se surpasse lui-même, quand il parle des cheveux blonds de la belle Laure; il s'en exprime comme un homme enchanté; & il y revient si souvent dans ses Sonnets, & dans ses Chansons, qu'il faudroit faire un extrait de toutes ses Poësies, pour rapporter tout ce que sa féconde, & amoureuse imagination lui a inspiré sur ces cheveux charmants, dont il étoit éperduement amoureux.

Il est vrai que Laure étoit digne de tout l'attachement que Petrarque avoit pour elle : car enfin outre les charmes de sa personne, & les belles & nobles inclinations de son cœur, son esprit s'étoit infiniment orné dans les sçavantes conversations qu'elle avoit de fois à autre avec ce grand homme. On ne parloit à la Cour du Pape, qui étoit alors à Avignon, que du bel amour de Petrarque, & de Laure. Jamais il ne fut un commerce plus celebré, & plus respecté. Les Vers de Petrarque voloient de toutes parts. On les lisoit avec empressement. Ils étoient les délices des personnes d'esprit, & les portaits d'une liaison que chacun admiroit, & que personne ne desapprouvoit. Madame Laure ne se montroit jamais en public, sans enlever le cœur de tous ceux qui la voyoient. On ne pouvoit tenir contre

contre les charmes de sa conversation. Belle, & sçavante; mais sans affectation, & avec une modestie qui ne la quittoit jamais, elle avoit mis toutes les Dames de son côté. On ne pouvoit se passer d'elle : & une partie de plaisir étoit estimée bien imparfaite, lorsque Madame Laure n'en étoit pas. La superiorité de son genie, & son merveilleux brillant dans les compagnies, ne lui attiroient point de jalouses sur les bras. Il n'y avoit pas une Dame qui ne s'éforçât de relever, & de faire valoir toutes les jolies choses que disoit la charmante Laure.

La Provence, qui a toûjours été une pepiniere de beaux esprits, l'emportoit particulierement alors, sur toutes les Provinces de France. Les Dames qui y sont naturellement polies, s'aviserent de former une espece d'Académie, où l'on décidoit avec esprit des

Questions galantes & ingénieuses, qu'on y proposoit. Cette charmante Assemblée étoit composée de douze Dames des plus qualifiées de la Province, & Madame Laure étoit une de ces douze Academiciennes. On appelloit ce Senat, ou ce Parlement, *la Cour d'Amours*. Mademoiselle de Scudery, dit dans *Malthide*, que quelques-unes de ces Dames *étoient de l'illustre Maison de Forcalquier, les autres de Baulx, d'Ancezune, aujourd'hui, Caderouze, de Vence, d'Agoult, de Trans, de Salon, & de plusieurs autres considerables*. Quant à Madame Laure, Mademoiselle Scudery declare qu'elle étoit de très-bonne Maison, & que sa Tante, qui l'avoit auprès d'elle, étoit de la Maison des Gantelmes, pag. 10, 11 & 12.

Petrarque a consacré un Sonnet, qui est le 190, à l'honneur de cette belle Societé des douze

Dames, qui après avoir fait une partie de plaisir dans un bateau, s'en retournerent chez elles dans des charettes, & où Madame Laure, qu'il represente comme un Soleil au milieu de ces onze Astres, chantoit divinement. Ce Sonnet n'est pas des moindres de l'Auteur.

Dodici donne honestamente lasse
Anzi dodici Stelle e'n mezo un Sole
Vidi in una barchetta, &c.

Quand j'ai dit que ces nobles Academiciennes s'en retournerent chez elles dans des charettes, j'ai suivi la Note qui est dans la Traduction de Philippe de Maldeghem, Seigneur de Leyschot, imprimée à Douai en 1606, où il dit qu'elles étoient *sur une charette*. Je sçai bien que Petrarque a mis dans le Sonnet, *in un carro triomfale*; & le Traducteur, *sur un char triomphal*. Mais j'estime qu'il s'en faut tenir à la Note : & qu'en langage de Poëte qui a la tête échauffée, *le char triomphal* de ce temps-là, étoit une charette de quelque honnête Fermier du voisinage : c'est ainsi que Dom Guichotte prenoit pour des perles, les grains de bled que Dulcinée du Toboso vannoit. C'est assez le stile du grand Petrarque : tout ce que Madame Laure touchoit étoit de la soie, de l'or, des rubis, des diamans, & des perles. Quoiqu'il en soit, je ne voudrois pas tirer l'épée pour une semblable querelle. En tout cas, Mademoiselle de Scudery dit que c'étoit *un chariot* : c'est une machine qui avoisine de fort près *la charette*.

Enfin cette Societé, qui composoit le Parlement, ou *la Cour d'Amours*, produisit mille agréables choses. C'est à ces Dames que nous sommes redevables d'un Recueil François d'Arrêts d'Amours, qui a pour titre : *Arresta Amorum*. Ce Livre sur la Jurisprudence d'Amour, est imprimé à Lyon en 1533. Il y a cinquante un Arrêts, dont le premier est fort singulier. On y voit une Dame de la morale severe, & d'une conscience si délicate, qu'elle ne veut rien recevoir en amour, de peur de devenir coupable de Simonie. Le Commentaire de *Benedicti Curtii Symphoriani*, sur ces *Arrêts d'Amours*, est très-sérieux, & très-sçavant.

C'étoit sans doute un Rigoriste Sectateur de la morale étroite, & ennemi de la morale relâchée, avec qui il falloit aller droit. On en peut juger par son Commentaire. Donner, dit-il, quelque chose pour une chose spirituelle, c'est Simonie. Or l'amour est quelque chose de divin. Il est dans l'ame, c'est donc une chose spirituelle. *Panorm. in cap.*

quando de Jud. C'est donc Simonie d'exiger quelque chose, soit pour le fond, soit pour les annexes. *Pro eo quid dare, Simoniacum erit, ac pro annexis* : car il est de la justice que l'accessoire s'éjouisse de la prérogative du principal. *Idem in cap. 1. eod. tit.* La Coutume qui est abusive ne doit prévaloir contre la regle, & n'excuse point. *cc. non satis cum in Eccles. eo.* Quant à l'investiture, il faut bien se donner de garde de rien donner ; alors il y auroit Simonie : *Caveant tamen ne pro investitura quid detur, tunc enim esset Simonia.* Ceux qui ont dissipé leur bien après les femmes, doivent être traitez comme des Simoniaques convaincus : & telles gens ne doivent point chanter au Lutrin de leur Paroisse : *Ac etiam taleis ab omni Psalmodia repellendi sunt: cc. accusatum quoties tanta eo.* Je ne rapporte que cet échantillon de l'étroite morale de ce Commentateur, pour faire juger de toute la piece. Au reste les Arrêts prononcez par ces respectables Dames, dont la Jurisprudence est fort saine, méritoient bien les veilles d'un aussi docte personnage, pour les commenter.

Pendant que Madame Laure brilloit sur les rives du Rhône, il survint une chose, qui, toute glorieuse qu'elle étoit à Petrarque, ne laissoit pas de faire de la peine à cette Sçavante, dont le cœur, quoique très-sage, étoit cependant tendre, & délicat. En un même jour Petrarque reçut du Senat de Rome, & du Chancelier de l'Université de Paris, des Lettres, par lesquelles on l'invitoit d'aller recevoir la Couronne de Laurier, pour reconnoître le mérite de ses belles Poësies. Cet honneur étoit fort grand ; il s'agissoit de lui donner sur les deux plus grands Theâtres du monde, une Couronne de Laurier, pour marque de la plus haute réputation qu'on pût avoir dans la Republique des belles Lettres : mais Madame Laure voyoit qu'elle alloit perdre l'homme du monde qui avoit le plus de mérite, qui avoit le plus d'attachement pour elle, & qu'elle aimoit très-tendrement, quoiqu'elle l'eût toûjours caché avec un soin extrême. Petrarque de son côté, tout glorieux qu'il étoit d'aller être couronné à Rome avec beaucoup de ceremonie, car il préfera Rome à Paris, sentoit que son cœur se revoltoit à la seule idée d'une longue absence. Ce fut vers ce tems-là qu'il fut si fort travaillé en songe, par des visions qui lui présageoient la mort de l'illustre Laure. Il en a fait le sujet de plusieurs Sonnets. En effet, quoiqu'après son

Voyage

Voyage d'Italie il soit revenu à Vaucluse, il est certain qu'il y tarda peu ; & qu'il fut obligé d'aller à Padoue, où on lui donna un Canonicat. Ce fut là qu'il apprit la fatale nouvelle de la mort de Madame Laure ; il en pensa mourir d'affliction. Ses amis le regarderent comme un desesperé. Il passa plusieurs jours sans prendre aucune nourriture. Il ne pouvoit comprendre que Laure pût, ou dût mourir ; & il seroit mort lui-même effectivement, si quelques personnes d'autorité, qui l'estimoient infiniment, ne fussent venus au secours de sa Philosophie, qui n'étoit pas suffisante pour le consoler de la mort prématurée de sa charmante Maîtresse. Les premiers Sonnets de la seconde Partie contiennent les premiers bouillons de son emportement. Il y paroît furieux. Un amour si sage pouvoit-il avoir de si extravagantes saillies? Tant il est vrai que le pur amour est le plus tendre, & le plus délicat! La mort de Laure n'éteignit pas l'amour de Petrarque: il l'avoit toûjours présente à l'esprit : & il continua de travailler après la mort de Laure pour sa gloire, comme il avoit travaillé durant sa vie pour sa personne. Il ne fut jamais un Amant plus attaché à sa Maîtresse. Petrarque a fait pour Laure 318 Sonnets, & 88 Chansons, & tout y est admirable. Il l'a toûjours aimée avec tant d'estime, & de tendresse, qu'il l'a honorée par ses Ecrits durant 20 ans, & 10 ans après qu'elle fut morte.

Cette Dame a eu la gloire d'avoir été louée par les plus grands Hommes du monde : car sans rappeller ici le nom de tous ceux qui l'ont celebrée, je me contenterai de rapporter l'Epitaphe que le Roi François I. a composée à son honneur, pour être mise sur son Tombeau.

EPITAPHE
DE MADAME LAURE.

En petit lieu compris vous pou-
    vez voir
Ce qui comprend beaucoup par
    renommée :
Plume, labeur, la langue, &
    le devoir,
Furent vaincus par l'Aimant de
    l'Aimée.
O gentille Ame étant tant esti-
    mée,
Qui te pourra louer qu'en se
    taisant ?
Car la parole est toûjours repri-
    mée
Quand le Sujet surmonte le Di-
    sant.

Quant à Petrarque, il paroît qu'après la mort de Laure, il vint encore faire quelque séjour à Vaucluse. Je tire cette conjecture de sa Lettre à Olympius, où Petrarque s'énonce avec une effusion de cœur sur les charmes de sa Retraite, & où il parle de la belle Laure comme d'un Laurier seché & mort. *Je sçai*, dit-il, *que la Vallée de Vaucluse est un séjour charmant en Eté : & si quelqu'un s'est fait un plaisir d'y demeurer, pour moi je m'en fais un délice. Il y a dix ans que j'y suis ; & s'il m'est permis de me faire ici un peu d'honneur, n'en déplaise à nos Montagnes, à nos Fontaines, & à nos Forêts si charmantes, rien n'a plus acquis de nom à ces lieux-ci, que la demeure que j'y fais. Ce que je dis fort volontiers, de peur que quelqu'un ne se figure que je fais plus d'estime de la Vallée de Vaucluse, qu'elle n'en mérite. Mais après tout, je l'ai toûjours trouvée fort convenable à mes affaires, à mon humeur, & au plan de vie que je me suis prescrit. C'est là que libre de ces âpres soucis qui nous dévorent dans les Villes, j'ai rencontré un innocent repos champêtre. Ce n'est pas seulement par le choix que j'ai fait de ce lieu-ci, que je lui ai donné de la celebrité, c'est par mes Vers : sans me mettre en peine de le rendre fameux par de superbes bâtiments, qui ne sont qu'une vaine & sotte ostentation des richesses des Financiers. C'est par mes Ecrits que le nom de Vaucluse durera autant que tous les siecles. Je me souviens avec plaisir, que c'est ici que j'ai commencé mon AFRICA avec tant de feu, & de rapidité, que maintenant que je revois cet Ouvrage pour le limer, je suis épouvanté de la grandeur de mon projet, & de la hardiesse de mon entreprise. C'est ici que j'ai tant écrit de Lettres, & presque toutes mes Bucoliques, & en si peu de temps, que si vous le sçaviez, vous en seriez étonné. Il n'y a point d'endroit au monde, où l'on trouve un plus précieux loisir; & où l'on soit plus piqué du desir d'assembler des vertueux, & des illustres, pour philosopher avec cette délicieuse liberté, qu'on ne rencontre point dans le commerce des Courtisans, gens fades, & qui ne connoissent rien de la veritable volupté. Cette charmante solitude m'a inspiré le dessein de loüer la vie retirée, & le religieux repos dont je joüis. C'est ici à l'écart où j'ai tâché d'émousser la vivacité d'un jeune & tendre amour dont je ressentois le trop tyranique empire. Je suis venu sous ces ombrages verds, comme dans une forte Citadelle, afin de m'y retrancher contre les coups, & les caprices d'un folâtre amour, qui me causoit plus d'embarras, que de plaisir. C'est pourtant ici qu'ayant apporté avec moi le feu allumé dans mon cœur, je trouvois le mal plûtôt que le remede. Que l'on est à plaindre, lorsqu'on n'est plaint de personne, & qu'on est destitué de ces amis sinceres, qui sont capables de nous redresser dans nos égaremens! C'est ici que la flame de mon cœur s'exhalant par ma bouche, je faisois retentir l'air, & ce vallon du miserable bruit, d'autres diroient, du doux murmure de mes plaintes amoureuses. C'est ici que j'ai chanté les premiers Cantiques de mes amours, dont j'ai maintenant honte; & dont j'ai pourtant bien de la peine à me repentir; & qui peut-être plairoient à ceux qui sont pris du même mal. Que vous dirai-je de plus? tout ce que j'ai composé ailleurs est, selon mon goût, bien au-dessous de ce que j'ai écrit ici. J'y suis, & la verité est, que ce séjour me sera toûjours cher par le souvenir de ce que m'a fait écrire une passion que je n'ai pas encore la force de desavouer. . . . . . Je devrois pourtant à present songer à des choses plus convenables à mon âge. N'est-il pas temps de renoncer à l'amour?

En effet, que me reste-il maintenant qui me puisse faire plaisir ? N'ai-je pas tout perdu ? Un soudain naufrage m'a dépouillé de tout: & ce que je ne puis dire, sans m'attendrir, mon beau LAURIER, *ma chere* LAURE *vient de se fletrir, & de mourir pour jamais. Cette incomparable, qui toute seule a donné plus de lustre à la Sorgue, & à la Durance, que n'en eut jamais le Tesin, n'est plus. Maintenant que je ne la vois point, je ressens mieux que jamais combien la Vaucluse du Venaissin est plus illustre, que les plus florissantes Vallées, Collines, & Villes d'Italie.* . . . . Lib. VIII. Epist. 3.

Laure vint au monde l'an 1314. Elle étoit incontestablement de bonne Maison : Petrarque le marque dans le Sonnet 180.

Il nobil sangue, vita humile, e queta,

Et in alto intelletto un puro core,
Frutto senile in sul giovanil fiore,
Ea aspetto, &c.

Il lui donne là une belle louange : *Un sang noble, une vie modeste, & tranquille, une haute intelligence, un cœur pur, qui a la sagesse de l'âge avancé, & le brillant de la belle jeunesse : une plante qui porte à la fois les fleurs du Printems, & les fruits de l'Automne.* Mais il s'explique encore plus clairement, sur la noblesse de Laure, dans les Vers Latins qu'il a écrits à l'Evêque Colonna, à qui il mande qu'il ne la peut quitter, ni revenir de l'amour qu'il a pris pour elle, & qui le suit en trousse par tout :

Est mihi post animi mulier clarissima tergum,
Et virtute suâ, & sanguine nota vetusto.

Carminibusque ornata meis, auditaque longè,
Sed redit in frontem, & variis terroribus implet.

Elle étoit entre douze & quatorze ans lorsqu'il en devint amoureux. Et elle avoit environ trente-quatre ans quand elle mourut en 1348. C'est ce que Petrarque appelle, *mourir à la fleur de ses plus belles années*. C'est ainsi qu'il s'énonce dans le Sonnet 10 de la seconde Partie :

Ne l'eta sua piu bella, & piu fiorita,
Quand' haver suol amor in noi piu forza,
Lasciando in terra la terrena scorza
Et L'aura mia vital da me partita.
E viva, e bella, &c.

C'est ce qu'il exprime encore

de la même maniere dans le Sonnet 47 de cette même seconde Partie :

Tutta la mia fiorita, e verde etade
Paſſara, &c.

Ce qu'il y a de remarquable, c'eſt que Laure mourut le ſix d'Avril, qui eſt le même jour, & le même mois que Petrarque en devint amoureux. Elle fut enterrée, comme je l'ai déja dit, dans l'Egliſe des Cordeliers à Avignon.

Petrarque nâquit l'an 1304, le 20 Juillet; & l'an 1327, âgé de 23 ans, le 6 d'Avril, qui étoit cette année-là le Vendredi Saint, il fit rencontre en allant à l'Egliſe, de la belle Laure, qu'il aima deſlors, & qu'il a aimée avec une conſtance ſans exemple. Il a été eſtimé & aimé de tout ce qu'il y avoit en Italie de Seigneurs, & de Princes plus distinguez. Il mourut à Arqua, à dix lieues de Padoue, d'un Paroxisme d'Epilepsie, âgé de soixante-dix ans, le 18 de Juillet 1374. Il fut enterré comme il avoit ordonné, devant la porte de l'Eglise : on lit cette Epitaphe sur son Tombeau :

Frigida Francisci lapis hic tegit
 ossa Petrarcæ,
Suscipe Virgo parens animam :
 sate Virgine parce,
Fessaque jam terris, cœli requiescat in arce.

Nous partîmes d'Avignon après y avoir passé quelques jours, & nous prîmes le chemin de Toulon, ayant dessein de voir toute la Provence : nous dinâmes ce jour-là à Orgon, grand Village à cinq lieues d'Avignon ; & couchâmes le soir à Lambés, petite Ville à quatre lieues d'Orgon.

Nous fûmes diner le lendemain à Aix, à trois lieues de Lambés.

Aix.

La Ville d'Aix a reçu de la Nature & de l'Art, tout ce qui peut contribuer à rendre un lieu agréable & charmant. Sa situation est belle ; elle est dans une plaine fertile. La riviere de Larc, qui passe assez proche, embellit tout les environs d'Aix.

On nomme cette Ville en Latin, *Aquæ Sextiæ* : *Aquæ*, à cause de ses bains d'eau chaude, qui ont toûjours été fameux. *Sextiæ*, parce que *Sextius Calvinus*, fonda, ou rétablit cette Ville : car enfin s'il est le Fondateur, ou le Restaurateur, c'est une discussion où je n'ai nul interêt, ni nulle envie d'entrer. Quant à ses bains chauds, ils ne sont plus, dit Solin, dans leur premiere réputation, ils se sont refroidis :

Nec jam parem esse famæ priori, cap. 8.

Aix est une Ville très-ancienne, & une Colonie des Romains; toutes les belles Inscriptions qui s'y trouvent, en sont un témoignage incontestable. La Ville est grande; les rues sont larges & belles; les maisons bien bâties; où il y a d'ordinaire des bains chauds domestiques. C'est près de là que C. Marius en deux batailles, vainquit sans ressource les Teutons, les Ambrons, qu'il leur tua deux cens mille hommes, & fit quatre-vingt dix mille prisonniers. Cependant cette Ville a été plusieurs fois ruinée par les Barbares : elle souffrit encore la même destinée de la part des Lombards, & des Sarrasins, que les richesses de la Ville, & la fertilité du pays y avoient attirez. Elle s'est toûjours relevée de ses ruines, & plus belle & plus magnifique par le bon goût de ses habitants ; & sur tout depuis quelques années on s'est tellement appliqué à l'embellir, qu'elle peut disputer pour la beauté avec la plûpart des principales Villes du Royaume.

Le Parlement, qui fait tant d'honneur à la Ville d'Aix, y fut établi par Louis XII. s'il est vrai que Louis XI. n'en fit que regler la Justice. Le Palais où ce Parlement s'assemble, est magnifique. Les Chambres en sont toutes belles. Le marbre, l'or, & l'azur, & de fort bonnes peintures, ont été liberalement employés pour les orner. Il y a devant le Palais une Place, au milieu de laquelle on a élevé un Buste de Henri IV. dit le Grand. On y voit aussi un Echaffaut toûjours tout dressé, & fermé par une balustrade de fer, pour y executer à mort les criminels. Franchement Aix a toute la majesté que doit avoir une Capitale de Province : & on n'y est pas long-temps sans reconnoître que cette Ville soûtient à merveille le rang & la dignité de Capitale de la Provence.

Le Cours est un des plus beaux, des plus longs, & des plus larges qu'il y ait en Europe. On a eu soin d'en planter, & d'en conduire les arbres, d'une maniere qui produit le plus bel effet du monde, & qui offre à ceux qui s'y promenent une ombre, & une fraîcheur, que la plus brûlante saison semble toûjours respecter. C'est là que les Nouvellistes vont politiquer, que les Philosophes débitent leurs sçavantes maximes, & que la Galanterie va conter ses fleurettes. Ce qui releve encore la beauté de ce Cours, ce sont quantité de jolies maisons qui sont bâties tout du long.

La Ville d'Aix, & les lieux d'alentour, furent convertis à la Foi

Foi par saint Maximin, qui en a été le premier Evêque. Ensuite l'Eglise d'Aix a été élevée à la dignité d'Archevêché, qui a pour Suffragants les Evêques d'Apt, Riez, Fréjus, Gap, & Sisteron.

L'Eglise Cathedrale est Saint Sauveur, où il y a une Tour exagone. Il y a dans cette Eglise un fort beau Baptistaire. La structure en est admirable. Il est de marbre blanc, & soûtenu par huit colonnes de pierres fondues, qui sont à l'entour des Fonts Baptismaux, & en façon de petit Dôme. Cette Eglise est aussi une Paroisse.

Il y a aussi à Aix une Université, qui fut fondée en 1409 par le Pape Clement V. Louis III. Comte de Provence, autorisa en 1413 cette fondation, que les liberalités de nos Rois, Henri le Grand en 1603, & Louis le Juste en 1622, ont beaucoup augmentée, & embellie.

Il y a dans Aix grand nombre de personnes qui aiment les Sciences, & les beaux Arts. On y a beaucoup d'émulation pour cultiver les belles Lettres, qui ornent si agreablement l'esprit. Je sçai bien qu'on y a vû avec plaisir, & de tout temps, des Cabinets curieux, & des Antiquaires de grande distinction. Monsieur Lauthier étoit un excellent connoisseur en matiere d'Antiques. Son Cabinet étoit d'autant plus considerable, qu'il y avoit ramassé les plus belles curiosités du Cabinet de M. de Bagarris, & de l'incomparable M. Peiresc, qui est de ces illustres dont le nom porte avec soi un éloge, ou plûtôt qu'on ne doit jamais nommer sans payer le tribut qui est dû au mérite, & à la vertu. Ce grand homme qui vint au monde à Aix le premier Decembre 1580, donne un grand relief à cette Ville. Il étoit tellement sçavant dans l'Antiquité, qu'elle n'a rien de curieux qui ne lui ait été connu. Il avoit une inclination merveilleuse pour les belles Lettres, qu'il a toûjours cultivées avec beaucoup de réputation. Il mourut le 24 Juin 1637. Tous les Sçavants se mirent en devoir de lui donner des louanges après sa mort; & il y a un Volume imprimé, où il paroît qu'on a fait son éloge en plus de quarante Langues. Il étoit Conseiller au Parlement d'Aix, & joignoit à une vaste connoissance de la Jurisprudence, de la Philosophie, & des Mathematiques, une probité telle qu'on la doit attendre d'un Magistrat parfaitement homme de bien. On parle encore à Aix du Cabinet de M. le Prieur Borilly, & du Cabinet de M. Sibon, Avocat. Le peu de séjour que j'ai fait là, ne m'a pas permis, quelque envie que j'en eusse, de m'informer des mesures qu'il falloit prendre pour visiter ces Illustres, & voir leurs Cabinets.

Il y a eu des Conciles tenus à Aix. Il s'en assembla un où l'Archevêque Paul Huraut, & ses Suffragants, condannerent le Livre dangereux qu'Edmond Richer avoit nouvellement composé sur *la Puissance Ecclesiastique, & Politique.* Le Cardinal du Perron écrivit contre Richer, Docteur & Syndic de l'Université de Paris. Il fut déposé de son emploi de Syndic, & puis dans un Ecrit qu'il presenta au Cardinal du Perron, il chanta la palinodie, & abandonna ses premiers sentiments.

Nous partîmes d'Aix pour aller coucher à Saccharron, petit Village qui en est éloigné de quatre lieues.

Nous allâmes coucher à Saint Maximin, à deux lieues de Saccharon, & de là à la Sainte Baume, à deux lieues de cette derniere petite Ville. Ce n'est pas le droit chemin de Toulon, ni le plus beau ; mais nous voulions satisfaire nôtre curiosité ; & nous suivîmes en cela l'exemple de tous les Etrangers, qui ne passent pas ordinairement en ces quartiers, sans visiter les lieux que je viens de nommer.

Saint Maximin.

Saint Maximin est une petite Ville assés bien située : ce qu'il y a de remarquable est l'Eglise des PP. Jacobins ; il n'y en auroit pas de plus belle en France, si le Portail étoit achevé. On y voit dans une Chapelle basse le Chef de sainte Magdelaine, enfermé dans une très-riche chasse. On prétend qu'un morceau de chair s'est miraculeusement conservé au côté gauche, à l'endroit où nôtre Seigneur, après sa Resurrection, toucha la tête de cette Sainte, en lui disant : *Femme ne me touche point.* Sur le grand Autel, qui est parfaitement beau, il y a une Chasse de porphyre, donnée par le Pape Urbain VIII. où sont renfermés les os de la Sainte. A côté du même Autel il y a un Tableau en bas relief, qui represente son élevation sur le saint Pilon par les Anges. C'est un morceau fort estimé de tous les connoisseurs, aussi-bien que sa Statue placée sur la Chasse de porphyre. L'Autel est soûtenu par des colonnes d'un marbre le plus beau qu'on puisse voir. Dans la même Chapelle, où est le Chef de sainte Magdelaine, est aussi son Tombeau de marbre de Grece, où sont plusieurs Reliques très-précieuses.

La Sainte Baume.

La sainte Baume est l'endroit du monde le plus capable d'inspirer de la devotion : c'est un desert affreux, & un rocher escarpé dans lequel naturellement il y avoit une grotte où l'on croit que sainte Magdelaine se retira, & fit penitence durant trente ans. Ce Roc est sur une montagne qui a trois lieues de hauteur, & dix d'étendue. Nous fûmes obligez de laisser nôtre chaise au pied de la montagne, que nous montâmes en partie à pied, & en partie sur des chevaux qui se trouvent-là toûjours prêts à louer. On voit dans cette grotte l'endroit du rocher sur lequel la Sainte se retiroit ordinairement. On a renfermé ce lieu avec des grilles de fer, où plusieurs lampes brûlent continuellement. Il y a à côté une fon-

taine dont l'eau est admirablement fraîche & bonne, à ce qu'on dit, pour plusieurs maladies. Ce qu'il y a de remarquable, c'est qu'à l'endroit du rocher sur lequel reposoit sainte Magdelaine, on n'y a jamais vû tomber une seule goute d'eau : comme cela arrive dans tous les autres endroits, d'où l'eau découle en assez grande quantité. De cette grotte on en a fait une fort jolie Eglise ; & on a trouvé le moyen de pratiquer à côté, dans le rocher, une maison capable de loger plus de vingt Religieux ; dont il y en a toûjours un certain nombre destiné au Service de l'Eglise, qui augmente aux grandes fêtes, à cause de la grande affluence de peuple qui y vient de fort loin. Le haut du rocher dont j'ai parlé, se nomme le saint Pilon, d'où on découvre la plaine mer, plusieurs belles Villes, & presque
toute

toute la Provence. On dit que c'étoit à cet endroit où sainte Magdelaine étoit élevée sept fois par jour par les Anges.

De toutes les Descriptions que plusieurs Auteurs ont faites du Desert de la sainte Baume, il n'y en a point certainement de plus curieuse, que celle qu'a composée le Pere Pierre de saint Louis, Carme de la Province de Provence. C'est un Poëme qui contient douze Livres, & plus de sept mille Vers. Ce Livre fut imprimé à Lyon pour la premiere fois, en l'an 1668. La seconde édition se fit en 1694. Et il s'en est fait une troisiéme impression en 1700. Le Religieux, Auteur de cette Description, avoit sans doute le genie de la Poësie. Il a suivi son entousiasme, sans se mettre beaucoup en peine de le regler. C'est ce qui l'a jetté frequemment dans des expressions qui paroissent fort étranges. Il fait des portraits un peu trop naturels. Il use de comparaisons tout-à-fait hardies, & singulieres. Enfin s'il touche, & s'il est pathetique quelquefois, la verité est qu'il divertit beaucoup plus souvent par des pointes, & des allusions, qu'on n'attend jamais, & qui surprennent toûjours. Aussi ce Livre est-il fort recherché par ceux qui aiment les saillies propres à faire rire. *Livre 1. pages 8 & 9.* Le Poëte apostrophe la sainte Baume, les oiseaux, & les vieux arbres qui en font l'ornement, & leur parle ainsi :

Forêt, grotte, desert, montagne, solitude,
L'objet, & le sujet de toute mon étude,
Ne vous offensez pas, si je mêle ma voix
Aux frédons naturels des chantres de ce bois;
Quand le bruit des bruyants qui

rompt vôtre silence,
Me convie à chanter comme eux
  leur excellence.

Majestueux Tirans, venerables
  Vieillards,
Suports silencieux de tant de
  babillards,
J'entends des oisillons les famil-
  les nombreuses,
De tant de Rossignols les troupes
  amoureuses,
Qui par cent gazouillis, à l'en-
  vi des Pinçons,
Sur vos bras verdoyants, dégoi-
  sent leurs chansons.

Livre 2. pag. 19 & 20. Le Poëte fait étudier la Grammaire à
sainte Magdelaine, & la fait commencer par le Rudiment:

Et c'est sa discipline, & tous
  ses châtiments
Qui lui font commencer ces ru-
  des Rudiments,

Pour de là l'élever aux sciences plus hautes,
Et pouvoir dicerner la moindre de ses fautes.
Dans cette basse Classe, elle veut corriger
Ses manquements commis d'un esprit trop leger......
A peine croiroit-on combien elle profite ;
Quoiqu'elle soit encore Novice, ou Néophyte.
Mais dans l'obscurité d'un Ciel Cimmerien,
Ce qui la fait trembler pour son Grammairien,
C'est de voir par un Cas du tout déraisonnable,
Que son amour lui rend la mort Indéclinable;
Et qu'Actif, comme il est, aussi-bien qu'excessif,
Il le rend à ce point d'impassible Passif.
O! que l'amour est grand, & la douleur amere,

Quand un Verbe Passif fait
   toute sa Grammaire!...
Pendant qu'elle s'occupe à punir
   le forfait,
De son temps Préterit, qui ne
   fut qu'imparfait ;
Tems de qui le Futur reparera
   les pertes
Par tant d'afflictions, & de peines souffertes :
Et le Present est tel, que c'est
   l'Indicatif,
D'un amour qui s'en va jusqu'à
   l'Infinitif.
Puis par un Optatif : ah! plût
   à Dieu, dit-elle,
Que je n'eusse jamais été si cri-
   minelle !

Dans la page 25 du même second Livre, le Poëte fait parler
de la sorte sainte Magdelaine à
ses yeux :

Mes yeux, ces deux sorciers,
   dont je veux me vanger,

*Au lieu d'être brûlés, se verront
  submerger ;
Ayant pris dessein de noyer dans
  mes larmes,
Leur art diabolique avec tous
  leurs charmes.....
Feront eau de par tout fondus
  d'humidité,
Ne prenant que ces bains pour
  leur infirmité.
Et ces deux moribonds, pour se
  remettre en vie,
Après un *** de mort, verse-
  ront l'Eau de Vie.*

J'avoue que ce Poëme m'a fort diverti dans mon Voyage : & que j'y ai trouvé quelquefois des descriptions, dont le fond est admirable, & qui seroient tout-à-fait belles, si le tour d'esprit Provençal y étoit entré pour quelque chose de moins. Telle est, selon mon goût, la description qu'il fait de l'Aurore dans la page 27 du second Livre :

Après les Elements, je considere encore,
Dans les plus beaux matins, la pompe de l'Aurore :
Si-tôt que cette belle, ouvrant son pavillon,
Vient semer sur l'azur son riche vermillon.
Pendant qu'on ne voit plus paroître les Etoiles,
Qui perdant leur clarté, trouvent toutes des voiles :
Et puis se vont cacher, la honte sur le front,
N'osant plus se montrer après un tel afront.
Mon cœur tressaillit d'aise, à l'aspect qui le touche,
Admirant cette fille au sortir de sa couche,
Dans son des-habillé de rouge cramoisi,
Ou de jaune doré, que son pere a choisi :
Avec sa coëffe d'or, & sa jupe éclatante,

*Après avoir tenu tout le monde
en attente ;
Je la vois donc d'ici monter sur
l'horizon,
Pour venir délivrer la nature
en prison,
Chasser bien loin de soi l'ombre
qui la devance,
Qui connoît le repos, & garde
le silence ;
Et remettre en son jour cet excellent Tableau,
Charbonné par la nuit, avec
son noir pinceau.*

Dans la page 29, le Poëte, qui se guinde quelquefois trop haut, décend dans des idées un peu triviales, & populaires, quand il fait parler sainte Magdelaine à Jesus-Christ en Croix, & abbreuvé de fiel, & de vinaigre :

*Mes vins délicieux, avec ma
bonne chere ;*

Après qu'il fut cloué sur sa funeste Chaire,
Lui firent avaler, d'un trait de sa bonté,
Le vinaigre, & le fiel, qu'il but à ma santé.
Je remarque ce coup, c'est à moi qu'il le porte :
Mais dans la Passion où l'amour vous emporte,
Ne faut-il pas, MON DIEU, que pour contre-poison
Magdelaine à son tour, vous en fasse raison ?

En voilà assez pour juger du tour d'esprit, & de la merveilleuse fecondité d'imagination de cet Auteur, qui affecte toûjours d'être pointu dans tout ce qu'il dit.

Nous fûmes coucher ce jour-là même à Torves, petite Ville à trois lieues de la sainte Baume, & en partîmes le lendemain pour aller diner à Boisgencie à quatre lieues des Torves.

De là nous fûmes coucher à Toulon, à trois lieues de Boisgencie.

TOULON.

Toulon est une Ville bâtie sur le bord de la Mer Mediterranée : elle est assez grande, & les rues en sont très-bien percées. Ce n'étoit autrefois qu'un rendez-vous de Pêcheurs. Il y a une Forteresse, & un très-beau Port, & le plus grand qui soit en France. On y tient ordinairement les Navires de guerre, comme on tient les Galeres à Marseille. M. le Camus, Prevôt de la Marine, nous mena au Foudroyant, qui est un Navire de cent dix pieces de Canon.

Sans nous jetter dans l'examen des differentes opinions où l'on est sur le Fondateur de la Ville de Toulon, nous dirons seulement ce qui passe pour constant : que cette Ville est très-ancienne, que sa situation est charmante, & que le Port qui la rend très-propre au commerce, en fait une des plus agréables, & des plus riches Villes de la Provence. Il y a un Evêché, dont le premier Evêque a été saint Honoré. L'Eglise Cathedrale est celebre par le grand nombre de ses précieuses Reliques. Il y a à Toulon un très-bel Arcenal, & qui est le principal Arcenal de mer. Feu M. Begon, qui en avoit été Intendant, avant que de l'être à la Rochelle, & à Rochefort, y a fait de grands & utiles embellissements. Henri le Grand fit fortifier la Ville par de belles murailles, dont il la fit fermer: & il y fit élever deux Moles, chacun de sept cents pas, qui entourent presque le Port, & qui y mettent les Navires dans une plus grande seureté, qu'il n'étoient auparavant. Ceux qui veulent de là passer en Italie, ne manquent pas de trouver à Toulon des commodités, & des occasions fréquentes, pour faire ce voyage en moins de douze heures, lorsque le vent est favorable.

Nous partîmes de cette Ville après y avoir demeuré un jour, & fûmes dîner au Bois de Conjeu, à quatre lieues de Toulon. Ce n'est qu'une assés mauvaise Hôtellerie, au milieu d'un Bois. De là on compte cinq lieues à Marseille, où nous séjournâmes trois jours. Voici ce qu'il y a de plus remarquable.

MARSEILLE.

Marseille est une grande & belle Ville située sur le bord de la Mer Mediterranée : elle est très-ancienne, puisque les Histoires nous font foi que ce furent les Phocéens qui la bâtirent; & que les anciens Romains regardoient cette Ville comme leur meilleure amie, & leur plus fidelle alliée. Son Port qui passe pour le plus assuré, & le meilleur de l'Europe, rend aussi Marseille une Ville des plus marchandes de France. Son commerce s'étend jusqu'à Alep, en Syrie, à Tripoli, au Grand Caire, à Constantinople, & dans des pays encore plus éloignés, d'où les Navires apportent des soies, des cottons, des drogues, des épiceries, & quantité d'autres marchandises rares.

Cette Ville est bien fortifiée par des Tours, par de solides murailles, & par de très-bonnes Forteresses. On la divise aujourd'hui en Ville vieille, & en Ville neuve. La Ville neuve est bâtie depuis, & à la moderne. Les rues en sont belles & propres, & les maisons grandes & magnifiques. L'entrée du Port est étroite; mais elle va en s'élargissant.

Il y a une grosse Tour, où il y a toûjours du Canon pour défendre l'entrée aux Vaisseaux qui voudroient entrer de force. Il y a même une chaîne qui sert à le fermer. Outre cela il y a en dehors trois Forts; le premier, & le plus fort, se nomme le Château d'If; il est bâti sur un rocher, presque du côté du midi. On a bâti encore une Citadelle quarrée où l'on tient ordinairement plusieurs pieces de Canon, afin d'empêcher les courses que les Ennemis pourroient faire: cette Forteresse est gardée par 100 soldats. On peut voir de là les autres Forts, qui sont le Ratoneau, où il y a 300 Soldats de garnison; & sur la gauche le Fort saint Jean, qui est une grosse Tour ronde, où l'on tient des Soldats pour la garder.

 Plus près de la Ville est Nôtre-Dame de la Garde, qui est une très-bonne Forteresse qui domine sur la Ville, & découvre sur la mer : c'est de là que l'on donne le signal pour l'entrée, & la sortie des Vaisseaux. Il y a dans cette Place plus de vingt pieces de Canon ; & il n'y manque rien de tout ce qui peut être necessaire pour faire une vigoureuse résistance. Il y a toûjours dans le Port quelques Galeres. Nous entrâmes dans la Réale, qui est la plus grande. C'est là qu'on voit le comble de la misere, par le triste état des Malheureux qu'on y tient enchaînés, & qui s'occupent cependant à travailler à differentes choses. Il y en a même qui nous regalerent d'une espece de concert, avec des violons : c'étoit pour avoir la piece ; à quoi nous ne manquâmes pas de satisfaire.

De l'autre côté du Port est l'Eglise de Saint Victor, qui mérite bien d'être vûe. Le Pape Urbain V. la fit rebâtir la derniere

fois, après qu'elle eût été ruinée par les Vandales. On y garde le Chef de ce Saint dans une Chasse d'argent doré, qui pese bien six cents livres. Au-dessous de cette Eglise il y en a une seconde, qui est toute dans la terre, & où l'on fait aussi le service. On y voit dans une Armoire la vraie Croix sur laquelle saint André fut attaché, & martyrisé; elle est revêtue d'argent. On y garde une grosse pierre qui, quoique fort épaisse, ne laisse pas d'être transparente, quand on en approche une chandelle allumée. Il y a d'autres pierres sur les Tombeaux des premiers Chrétiens ; & sur lesquelles on voit gravé des gâteaux & des raisins, qui representent la matiere, dont on celebroit la sainte Eucharistie, après qu'on eût fait défense de laisser ce divin Sacrement dans la bouche de ceux qui mouroient. On y montre
aussi

aussi la grotte dans laquelle sainte Magdelaine fit penitence pendant sept ans, après qu'elle fut arrivée à Marseille avec son frere Lazare, & sa sœur Marthe ; enfin on peut remarquer dans cet endroit une fort grande quantité de Tombeaux très-curieux, & très-anciens, où ont été enterrez plusieurs d'entre les premiers Chrétiens, qui avoient souffert le martyre.

L'Eglise Cathedrale est Nôtre-Dame, où l'on conserve la tête de saint Lazare, dont elle porte aussi le nom. Il y a aussi dans cette Eglise une Colonne & un Bassin au-dessus, qu'on dit avoir servi à Nôtre-Seigneur pour laver les pieds de ses Apôtres. Il y a quantité d'autres belles Eglises que nous avons vûes, & dont je ne fait point mention.

Ceux qui séjournent à Marseille ne doivent pas oublier de voir l'Arcenal ; c'est un des plus beaux que nous ayons vûs pour l'arrangement, & la propreté des armes. Les salles qui le composent sont fort agréables.

Je ne parlerai point de son beau Cours, de ses bâtiments magnifiques, de ses riches Eglises, des Monasteres, des Seminaires, des Hôpitaux, des Places publiques, de ses agréables Fontaines, que les Etrangers ne peuvent voir sans admiration ; mais ce que je ne puis passer sous silence, c'est plus de vingt mille maisons de campagne, qui sont aux environs de Marseille, & que l'on nomme-là *Bastides*. C'est une espece d'enchantement de voir un si prodigieux nombre de maisons de plaisance, qui répondent fort à la fertilité, & à la richesse de cet aimable pays.

Après avoir parlé de ce que Marseille offre maintenant à la curiosité des Voyageurs, il est à propos de dire quelque chose de ce que cette Ville celebre a été autrefois.

Il est certain que Marseille est d'une antiquité très-reculée. Le Chevalier Marsham, si sçavant dans l'ancienne Chronologie, parle de Marseille comme d'une Ville d'une très-grande ancienneté : *Marseille*, *dit-il*, *est une Ville très-celebre. C'est une Colonie fondée par les Phocéens ; & long-temps avant que les Phocéens eussent été chassés de leur pays par la venue des Perses, Olympiade 44. Ils vinrent de l'Asie s'établir là ; comme Harpocration le prouve par Aristote.* Chronic. Can. Ægypt. Sæcul. XVII. pag. 515.

Athenée dit d'après Aristote : *Que les Phocéens, Marchands d'Ionie, ont bâti Marseille,* Lib. XIII. cap. 5. Cette Ville se ressentoit tellement des manieres des Grecs, que Tacite, parlant de la bonne éducation qu'on avoit donnée à Julius Agricola, dit qu'étant jeune, il avoit été envoyé étudier dans l'Ecole de Marseille, Ville qui joignoit ensemble la politesse des Grecs, & les bonnes mœurs de sa Province: *Massiliam locum Græcâ comitate, & Provinciali parsimoniâ mixtum ac bene compositum. Tacit. in Agricol. cap. 1.* Dès le temps de Plaute les mœurs des Marseillois étoient déja dans une grande réputation; & étoient passées en proverbe, tellement que quand on vouloit louer la bonne conduite d'un honnête homme, on disoit qu'il avoit les mœurs de Marseille: *Massilienses mores.* Ciceron releve les bonnes mœurs de la Ville de Marseille au-dessus de tout ce qu'on peut dire, non seulement de la Grece, mais encore de toutes les Nations du monde. Il ajoûte qu'il est plus facile de louer, que d'imiter la bonne discipline qui s'y observe: *Neque verò te, Mas-*

filia, prætereo, . . . cujus ego Civitatis disciplinam atque gravitatem, non solùm Græciæ, sed haud scio an cunctis gentibus anteponendam jure dicam. . . . . Ut omnes ejus instituta laudare faciliùs possint, quàm æmulari. Orat. pro L. Flacco.

Valere-Maxime exalte à merveille les loix, & les mœurs des anciens Citoyens de Marseille : & quoiqu'ils fussent plongés dans les tenebres du Paganisme, il les represente avec des sentiments sur la Comedie, dignes des Chrétiens mêmes : *Les Citoyens de Marseille,* dit-il, *ne sont pas moins louables, à cause qu'ils maintiennent les vieilles coûtumes, que parce qu'ils ont aimé les Romains, & sont toûjours demeurés fideles à leur parti. Ils observent depuis long-temps une loi qui fait remarquer l'étroite severité de leur discipline : permettant à un Maître qui a été trois fois trompé par son*

Affranchi, de le remettre en servitude autant de fois. . . . . Cette Ville garde encore exactement, & avec severité beaucoup d'autres loüables coûtumes. Elle ne veut point de Comediens qui representent des amours impudiques, de peur que ses Citoyens ne prennent la liberté de les imiter. Elle bannit tous ceux qui sous prétexte d'une devotion feinte & simulée, sont bien aises de vivre aux dépens d'autrui, sans travailler ; abhorrant sur toutes choses les hypocrites, & les superstitieux. . . . . . Il y a deux Tombeaux aux Portes de la Ville, dans l'un desquels on met le corps mort des Esclaves, & dans l'autre ceux des personnes libres, afin de les porter dans un chariot au lieu destiné pour leur sepulture, sans cris, sans pleurs, & sans aucune marque de tristesse. On permet seulement le jour du convoi de sacrifier chez soi aux manes du défunt, & de traiter ses plus proches parens. Car à quoi sert de verser des larmes? N'est-ce pas témoigner, & porter aux Dieux une espece d'envie, de ce qu'ils n'ont pas voulu partager leur immortalité avec vous? On garde publiquement en cette Ville de la cigue préparée, pour celui qui, au jugement de la Cour des six cents, aura prouvé par bonnes raisons qu'il a un juste, & legitime sujet de se faire mourir. On connoît veritablement le grand courage de ceux qui se destinent à la mort ; mais on le modere par une sage & prudente précaution : ne permettans pas à tout le monde de se tuer, quand bon lui semble ; & ne refusant pas toutefois cette satisfaction à celui qui le desire sagement. . . . . Je ne croi pas que les Gaules aient donné commencement à cette coûtume des Citoyens de Marseille. Ils l'ont tirée des Grecs. Elle se pratiquoit en l'Isle de Cée : car lorsque j'allai en Asie à la suite de Sexte-Pompée, comme nous entrions dans une Ville appellée Julide, il arriva qu'une des plus grandes Dames du pays, chargée d'honneurs, & d'années, après avoir fait trouver bon à ses Citoyens, qu'elle mourût, prit la résolution de s'empoisonner, & tint à beaucoup de faveur que Pompée honorât sa mort de sa presence. Ce personnage aussi poli que vertueux, se crut obligé de lui donner ce contentement. Il s'achemina donc vers le lieu où se faisoit la ceremonie, & comme il étoit un des plus éloquents hommes de son siecle, il employa beaucoup de discours, mais inutilement, pour la détourner de son dessein. Car cette Dame âgée de 90 ans, autant ferme de corps que d'esprit, couchée sur un lit plus riche que de coûtume, & appuyée sur son coude, lui tint ces paroles : Puisses-tu Pompée être plûtôt favorisé des Dieux que je vais voir, que de ceux que je laisse ; puisque tu

daignes

daignes me regarder mourir, après avoir fait tous tes efforts pour m'en empêcher. Pour moi, qui ai toûjours trouvé favorable le visage de la fortune, & qui crains son changement, je fais échange de si peu de vie qui me reste avec la fin la plus heureuse du monde ; laissant après moi deux filles, & sept de leurs enfants en parfaite santé. *Elle n'eut pas plutôt achevé ces paroles, qu'elle exhorta les siens à la paix, leur distribua ce qu'elle avoit de biens, & donna par préciput à sa fille aînée ses parures, & ses Dieux domestiques. Elle prit alors d'une main assurée, la coupe où l'on avoit préparé le poison ; & en ayant répandu par offrande quelques goutes en l'honneur du Dieu Mercure, qu'elle prioit de lui être favorable, & de la conduire par le meilleur chemin au séjour des ames bienheureuses, elle avala courageusement ce breuvage mortel. Elle* nous avertit de temps en temps de quelles parties de son corps le venin se saisissoit : mais comme elle sentit que son cœur étoit prêt de succomber à sa violence, elle désira que ses enfants, pour dernier office, lui vinssent fermer les yeux. Les nôtres furent tellement attendris de ce spectacle, que fondants en larmes, nous fûmes contraints de nous retirer. Mais revenons à la Ville de Marseille, d'où l'exemple que nous venons de raconter, nous avoit insensiblement détournés. Personne n'y entroit armé, quelque sorte d'armes que l'on portât. Les Gardes qui les prenoient en entrant, les rendoient fidèlement à la sortie. La civilité que ces gens-là pratiquoient envers les Etrangers, étoit grande ; mais en récompense ils en tiroient cet avantage qu'ils pouvoient vivre, & converser avec eux en toute seureté. Je ne puis sortir de Marseille, que je ne me souvienne d'une coutume pratiquée pour tous les

Gaulois, dans la créance qu'ils avoient que les ames sont immortelles. Ils tiroient des Lettres de change pour s'en servir quand la mort les auroit fait passer d'une vie à l'autre. Je les prendrois pour des foux, si le docte Pytagore n'avoit point eu le même sentiment qu'eux. Valer. Maxim. Lib. 2. cap. 6.

Les Ecrivains Romains, parmi les louanges qu'ils donnent à ceux de Marseille, ils celebrent toûjours leur fidelité, qu'ils gardoient inviolablement, & contre leurs propres interêts à ceux à qui ils l'avoient promise. Velleius Paterculus, me semble donner une belle louange à la Ville de Marseille, lorsqu'il en dit assez durement : *Marseille plus zelée pour garder la fidelité aux Romains, que prudente dans ses résolutions, retarda la marche de Cesar : Massilia fide major, quam consilio prudentior, Lib. 2.*

cap. 50. Je trouve là une louange délicate, persuadé comme je suis, qu'il est grand d'avoir un bon cœur, & que c'est une veritable infamie d'être reconnu pour un homme faux.

Il n'est pas étonnant que les anciens habitants de Marseille, qui permettoient, avec l'approbation de leur Senat, à quelques personnes de se tuer, aient pratiqué parmi les superstitions du Paganisme, les cruels & horribles sacrifices, où l'on égorgeoit des hommes sur les Autels des Dieux. Lucain dans le III. Livre de sa Pharsale, en parlant des ceremonies religieuses des Marseillois, dit formellement qu'ils immoloient aux Dieux des Victimes Humaines;

Hunc non ruricolæ Panes, nemorumque potentes
Sylvani, Nymphæque tenent, sed barbara ritu

Sacra Deûm structæ diris alta-
ribus aræ,
Omnis, & humanis lustrata
cruoribus arbos.

Je sçais bien que Joseph Scaliger, qui en vouloit à Lucain, dont il parloit fort cavalierement, a prétendu disculper ceux de Marseille de ces barbares sacrifices ; en disant que ce Poëte a confondu sur ce point les Marseillois avec les Gaulois, & qu'il a par ignorance imputé aux premiers la Religion, & le culte des seconds : & la principale raison que Joseph Scaliger en apporte, c'est, dit-il, que ceux de Marseille sont Grecs d'origine, & non pas Gaulois. Mais, n'en déplaise à Scaliger, cette raison est frivole ; puisqu'il est certain que la religion des Grecs mêmes, étoit souillée de ces sacrifices abominables. Ciceron reproche au General de l'Armée des Grecs, d'avoir sacrifié sa fille : *Agamemnon*, dit-il, *s'étant obligé par un vœu solennel fait à Diane de lui sacrifier ce qui naîtroit de plus beau cette année-là; & rien n'étant né si beau que sa fille Iphigenie, il la lui sacrifia. Mais combien auroit-il mieux valu manquer à sa promesse, que de faire une action si horrible?* De Offic. lib. 3. cap. 25.

Homere même, dans son Iliade, *Lib. XXIII.* introduit Achilles, qui s'engage de tremper ses mains dans le sang d'une douzaine des enfants les plus considerables d'entre les Troyens, & de les immoler aux Manes de Patrocle, dont il celebre les funerailles :

Bix sex nobilium Troum de sanguine natos
Bis ego mactabo manibus, tibi amice, tuisque
Manibus inferias, cinerum hîc ad busta tuorum.

La Religion des Romains n'étoit pas non plus fort nette sur ce chapitre : ils ensanglantoient aussi quelquefois leurs Autels du sang humain. Minucius Felix fait de cette horrible superstition une honte & une infamie aux Romains : *On honore encore aujourd'hui*, dit-il, *Jupiter Latiaris, en lui égorgeant un homme : & ce qui est digne du fils de Saturne, c'est qu'il veut se repaitre du sang d'un criminel : Hodieque ab ipsis Latiaris Jupiter homicidio colitur*. . . .

Quant aux Gaulois entre lesquels vivoient ceux de Marseille, il est constant qu'ils égorgeoient des hommes dans leurs ceremonies. Diodore de Sicile dit que les Celtes avoient pour Docteurs de leur Religion les Druides ; & qu'ils coupoient la gorge à un homme dans la ceremonie de leurs Augures : *Jugulant enim ense hominem*, Lib. VI.

Il n'est donc pas étonnant que les Marseillois, qui tenoient tant de choses des Grecs, des Romains, & des Gaulois, eussent pris d'eux la coûtume de sacrifier des Victimes humaines à leurs Dieux.

C'étoit vers ces temps-là mêmes que Marseille étoit si renommée pour sa fameuse Academie. On y alloit étudier comme à Athene : c'étoit au College de Marseille que les Romains envoyoient leurs enfants pour apprendre la Langue Grecque, les belles Lettres, les bonnes mœurs, & les belles manieres. Strabon dit bien plus ; car il nous assure que de son temps la Noblesse Romaine, qui avoit à cœur de donner à ses enfants une belle éducation, les envoyoit à l'Ecole de Marseille, préférablement à celle d'Athene : *Hâc sane tempestate Nobilissimos Romanos, pro Attica peregrinatione, eò ad capessendas disciplinas adventare suasit, qui bonarum artium cupiditate capiantur.* Geograph. *Lib. IV.* C'est de là qu'on nommoit Marseille, la Ville des Sciences, & des beaux Arts.

Il est bon d'observer que le terroir des environs de Marseille, donne d'excellent vin, & tel que Martial qui aime sur tout à celebrer les bons vins, n'a pas oublié les vins Marseillois, *Lib.* *13. Epigram. 123.*

Fumea Massiliæ ponere vina potes.

Nous partîmes de Marseille, après y avoir demeuré trois jours, & fûmes dîner à S. Pons, qui en est éloigné de quatre lieues. C'est un Village où il y a de fort bonnes Hôtelleries. De là nous allâmes coucher à Salon, à cinq lieues de Saint-Pons.

SALON.

Cette Ville est assez bien située ; elle est à quatre lieues d'Arles, où nous ne passâmes point, ayant pris sur la droite du côté de Tarascon ; Salon n'a rien de considerable que le Tombeau de Nostradamus, fameux par ses Propheties ; il est enterré dans l'Eglise des Cordeliers. Son portrait est fidelement tiré au-dessus de son Tombeau ; & on y lit au-dessous cette Epitaphe:

D. M. Ossa Clarissimi Michaelis Nostradami, unius omnium mortalium judicio digni, cujus pene divino calamo totius orbis ex Astrorum influxu, futuri eventus conscriberentur. Vixit annos 62. menses 6. dies 17. Obiit Salonæ 1566. Quietem Posteri ne invidete.

Franchement je ne conviendrois pas de l'honneur que l'on a prétendu rendre à Nostradamus dans son Epitaphe. Elle a sans doute été faite par quelqu'un qui n'étoit pas moins gâté que le défunt, sur l'Astrologie Judiciaire : car enfin on y dit avec une puerilité pitoyable, que Nostradamus, *avec une plume toute divine, a écrit la destinée de tout l'Univers, par l'inspection des Astres.* Rien de plus faux. Où a-t-il jamais prédit la moindre chose, qui soit arrivée depuis l'an 1555, qu'il donna au Public ses Centuries, dont on veut sans doute parler dans l'Epitaphe ? Elles ne contiennent qu'un monstrueux galimathias, qui ne signifie rien, & qui n'est guere lû que par des gens d'un grand loisir, & propres à se repaître de minucies ? Y a-t-il rien de plus impertinent que ce que dit Nostrodamus dans la Préface de ses Centuries, qu'il adresse à son fils Cesar Nostradamus, & où il assure que *ses Prédictions commencent à l'année 1555, & s'étendent jusqu'à l'année 3797* ? & que 177.

ans après l'année 1555, c'est-à-dire, en l'année 1732, il y aura une telle pestilence, longue famine, guerre, & inondation sur la terre, que les hommes seront si diminués, & qu'il y aura si peu de monde, qu'il ne se trouvera personne qui veuille prendre les champs, qui deviendront libres, & sans possesseurs aussi longuement qu'ils ont été en servitude. On n'auroit point à lui reprocher le galimathias de ses Centuries, s'il s'y étoit rendu aussi intelligible qu'il l'est là dans sa Préface. Mais on ne doit pas beaucoup craindre pour l'évenement qu'il annonce, s'il n'est Prophete qu'autant qu'il promet de procurer l'esprit de Prophetie aux curieux. Je m'explique : Je me souviens d'avoir lû un petit Livre imprimé, de la façon de Nostradamus, & qui avoit pour titre : *L'Art des Enfardements*. C'est un ouvrage qu'il avoit sans doute composé pour les Dames de la Cour, où il fut appellé par Henri II. & par Catherine de Medicis. Entre plusieurs secrets qu'il donne pour embellir les laides, & rajeunir les vieilles femmes de la Cour, il s'en trouve un où il enseigne le secret de devenir Prophete, & de prédire l'avenir. Toute la manœuvre consiste à manger souvent du foie d'un poisson, qui n'est pas assurément rare. Quelle pauvreté! Doit-on après cela compter sur les Prédictions d'un Visionnaire si declaré? Voilà quel étoit Nostradamus. Il eut un fils qui ne fut pas plus raisonnable que lui. Voici comme en parle M. de la Mothe le Vayer, en découvrant la sottise des Astrologues dans l'*Instruction de Monseigneur le Dauphin*, page 128 du premier Tome de ses Ouvrages. *Déja*, dit-il, *c'est une chose considerable, que beaucoup d'entre les Astrologues ont tâ-*

ché de faire réussir leurs Prédictions par des voies qui monstrent bien qu'ils ne se fioient guere en celles du Ciel, & qu'ils exerçoient leur mètier comme une pure charlatanerie. Cardan aiant pronostiqué l'an & le jour qu'il devoit finir sa vie, se laissa mourir de faim, y étant arrivé, afin de conserver sa réputation. Le jeune Nostradamus, qui se mèloit de parler de l'avenir, comme Michel son pere, desirant succeder à son crédit, se hazarda de prédire, que le Poussin, qui étoit assiegé, periroit par le feu ; & pour être trouvé veritable, on le vid lors de sa prise, dans le pillage, qui mettoit le feu par tout : ce qui facha tellement le sieur de Saint-Luc, qu'il lui fit passer son cheval sur le ventre, & le tua. Et c'est justement ce que l'Astrologie ne découvrit point à Nostradamus le fils, & ce qu'il lui étoit le plus important de connoître. Tant il est vrai que pour les Centuries de Nostradamus, il en faut revenir à ce Distique fameux, dont on fait Etienne Jodelle Auteur, lequel jouant sur le nom de Nostradamus, fait parler cet Astrologue, & lui fait dire : *Quand nous donnons des faussetés, nous ne donnons que du nôtre ; car nous ne sçavons que mentir & tromper :*

Nostra damus, cùm falsa damus ; nam fallere nostrum est :
Et cum falsa damus, nil nisi Nostra damus.

Ce seroit là une Epitaphe bien plus juste que celle qui a été mise sur le Tombeau de Nostradamus. Sa famille est enterrée à côté de lui, dans un autre Tombeau. Le Roi Henri II. qui estimoit les Centuries de Nostradamus, le fit venir à la Cour, où il lui fit des gratifications : & la Reine Catherine de Medicis, qui comptoit un peu trop sur l'Astrologie Judiciaire, le consultoit souvent sur l'avenir, & lui faisoit du bien. Ce fut par cette voie assez oblique, qu'il parvint à être Medecin du Roi Charle IX. Ce fameux Astrologue mourut l'an 1566, âgé de 62 ans.

Il y a dans la même Eglise des Cordeliers, une chose assez belle, & curieuse; c'est une descente de Croix, où d'une seule pierre l'Ouvrier a fait six figures de grandeur naturelle; sçavoir Nôtre-Seigneur Jesus-Christ, la sainte Vierge, Joseph d'Arimathie, & trois autres.

De Salon nous allâmes diner au Paradou, qui n'est qu'un chetif Village à quatre lieues de là: & du Paradou nous fûmes coucher à Beaucaire, qui en est éloigné de quatre lieues. Mais nous voulûmes voir en passant Tarascon.

TARASCON.

TARASCON.

Nous nous arrêtâmes à Tarascon pour voir la Ville ; c'est la derniere de la Provence ; elle est situeé sur le bord du Rhône ; elle est assez grande, & même considerable par ses bonnes fortifications, & par son Château, que René Roi de Naples & de Sicile, & Comte de Provence, fit bâtir. On y voit encore sa Statue, & celle de la Reine sa femme. Ce Fort est fait en platte forme, d'où on découvre toute la Ville, qui forme une espece de croissant.

L'Eglise principale, qui est une Collegiale, est dediée à sainte Marthe, sœur de la Magdelaine, & du Lazare : on y voit la representation en carton de ce Monstre qui devoroit les hommes du temps de sainte Marthe, qui l'attacha, & l'amena avec sa jarretiere dans la Ville, où elle le fit mourir. La Chasse de sainte Marthe, qui est dans cette Eglise, est des plus riches qu'on voie ; elle est d'or de ducat, & ornée de pierreries, & de portraits en mignature d'un excellent travail. Elle pese vingt-deux mille ducats. On ne peut douter que la Ville de Tarascon ne soit fort ancienne ; puisque Strabon en parle dans le quatriéme Livre de sa Geographie : il est vrai que de son temps cette Ville étoit, selon lui, très-petite : *Tarasco exiguum extat oppidulum.*

C'est à cette derniere Ville que finit la Provence, qui est terminée de ce côté là par le Rhône. Elle a au Levant les Alpes ; au Septentrion le Dauphiné ; au Couchant le Languedoc, & le Comté Venaissin ; & au Midi la Mer Mediterranée.

La Provence a eu depuis longtemps le titre de Comté, & le

Roi se dit Comte de Provence, & de Forcalquier. C'est une des plus belles & meilleures Provinces de France : sur tout la basse Provence, qui abonde en vignes, oliviers, figuiers, orangers, citronniers, grenadiers, & en toute sorte d'excellens fruits, comme melons, poires, muscatelles, raisins muscats, pêches, abricots, & autres. Elle a du bled, des laines, du poisson, du lait, du beure, & de tout ce qui est necessaire à la vie. Le peuple y est un peu rusé, mais en même temps spirituel, & porté au bien. Les Provenceaux ne donnent pas facilement leur confiance : mais lorsqu'ils se croient seurs des gens, ils s'ouvrent avec une grande effusion de cœur. Les femmes y sont belles, & bien faites ; elles se mêlent volontiers de chanter fort proprement. Cette belle Province d'où l'air est temperé, & charmant, est unie à la Couronne de France depuis l'an 1481. Le bel esprit est de ce pays-là : & même les Provenceaux ont été les premiers qui ont introduit la rime dans les Vers. Mais le bon esprit n'est pas moins originaire de Provence : & il suffit pour le prouver, de dire que le monde sçavant est redevable à cette Province du celebre M. Peiresc, & de l'illustre M. Gassendi, Restaurateur de la Philosophie d'Epicure.

BEAUCAIRE.

Beaucaire est la premiere Ville que nous avons rencontrée en entrant dans le Languedoc : elle est située vis-à-vis de Tarascon, sur l'autre bord du Rhône : elle est fameuse par la Foire qui s'y tient tous les ans le jour de la Magdelaine. La Ville est assez grande, mais peu peuplée. On accuse les habitants d'être fort paresseux, & de compter un peu trop sur les revenus de leurs maisons pendant le temps de la Foire. En effet ce revenu est bien capable de les entretenir pendant toute l'année ; mais il ne suffit pas pour les enrichir. Il y a une Forteresse assez considerable, située sur une montagne fort élevée. On y voit encore deux Tours qui ne servoient pas peu à la défense de la Ville. On y a fait depuis peu une porte du côté du Rhône, qui est fort belle, & bien bâtie.

Le Pont du Gard.

Avant que d'arriver à Nismes, on doit aller voir le Pont du Gard : on se détourne pour cela d'environ une lieue, mais ce n'est pas trop pour avoir le plaisir de voir un Ouvrage si admirable ; c'est un des plus beaux restes que nous ayons des Antiquités Romaines ; ce sont trois rangées d'arches posées les unes sur les autres, ou plutôt trois Ponts voutés l'un sur l'autre. Sous le plus bas passe la riviere du Gardon, & celui-là contient seulement six Arches : celui du milieu a onze arches ; & le plus haut en a trente. On a donné le nom de Pont à tout ce grand Ouvrage, non seulement parce qu'il en a toute la figure, mais aussi parce que le premier qui est dessous, sert de passage aux gens de pied, & aux chevaux : les deux autres bâtis par-dessus, ne sont que pour faciliter le passage des eaux d'une montagne à l'autre, & pour mettre au niveau ces deux montagnes. En effet au dessus du plus haut Pont, on voit un grand canal destiné à faire passer les eaux. Ce canal est couvert de très grandes pierres, & a six pieds de haut, & trois de large. La hauteur de tout l'ouvrage eſt de quatre-vingt-deux pieds. On ne ſçait point qui fut l'Architecte de cette belle Antiquité. Voici la deſcription qu'en a faite Theodoſe de Beze, dont les Vers ſont très-propres à inſpirer l'admiration qu'on doit avoir pour cette merveille :

Montibus impoſitos cantavit Græcia montes,
    Pyramidum oſtentat barbara Memphis opus.
Plus eſt quod cernis ; triplicis conjungere Pontis
    Fornicibus montes ſic potuiſſe duos.
Et plus eſt (victam quo ſe natura fatetur)
    Impoſuiſſe ipſis flumina fluminibus :
Et rurſum hoc plus eſt contemptæ laudis honore
    Artificem nomen ſubticuiſſe ſuum.

Mire Opifex, quod tu fecisti, sit licet ingens
Quod non fecisti, plus ego miror opus.

Nous fûmes coucher à Nismes, qui est éloigné de Beaucaire de quatre lieues.

NISMES.

Nismes est une Ville très-ancienne. On prétend qu'elle fut bâtie par un certain *Nemausus*, de la race d'Hercule, & qu'elle étoit la Capitale de toute la Gaule Narbonnoise. Quelqu'ait été ce *Nemausus*, il paroît par une Inscription rapportée par M. Spon, page 165 de ses *Recherches Curieuses d'Antiquité*, qu'il étoit adoré comme un Dieu par les habitants de Nismes. Voici l'Inscription:

DEO SYLVANO, ET LIBERO PATRI, ET NEMAUSO.
... ARCHUS SINODI.

C'est

C'est-à-dire : *Au Dieu Sylvain, au Pere Baccus, & à Nemausus.* M. Spon rapporte une autre Inscription Greque, dans laquelle *Nemausus* est encore appellé Dieu. La Ville de Nismes a été autrefois beaucoup plus grande qu'elle n'est maintenant : comme le témoignent encore quelques restes des anciennes murailles, & la grosse Tour, qu'on appelle *Tour magne*, comme qui diroit, *Turris magna*, qui est sur la montagne voisine, & qu'on croit avoir été autrefois dans l'enceinte de la Ville. Ce qui le fait juger, c'est que cette Tour pouvoit avoir été de celles qui étoient à ses murs. Il y a bien à dire que Nismes ne soit à présent aussi grande qu'elle étoit autrefois. Cette Ville n'occupe plus toutes ces hauteurs, & elle ne consiste qu'en deux mille maisons, ou environ, toutes situées dans la plaine. Les rues en sont assez belles, & les maisons bien bâties. Il y a plusieurs agréables promenades ; comme sont l'Esplanade, hors la porte de la Couronne ; la Place qui est devant les Recolets, dont le jardin est très-beau ; & le Cours. Il ne faut pas oublier les beaux jardins qui sont hors la Ville, au-dessous de l'Esplanade, où il est libre à chacun de s'aller promener.

Voici les belles Antiquités qu'on voit dans cette Ville, qui peut se vanter, après Rome, d'en avoir le plus, & de les avoir mieux conservées.

La premiere, & la plus considerable, est l'Amphitéâtre que les habitants appellent *les Arenes*, & que l'Empereur Antonin fit bâtir. Ce superbe Edifice est de figure ovale, de 470 pas de tour, avec soixante grosses colonnes, qui forment tout au tour une belle galerie. On y remarque les figures suivantes. 1°. Deux Gladiateurs taillés sur la pierre. 2°. Une Louve qui allaite Remus, & Romulus. 3°. Les Vautours qui apparurent en songe à ces deux Fondateurs de Rome. 4°. Deux Priapes aîlés, qu'une vieille femme retient avec un frein. Cette derniere figure a fort embarassé les Curieux qui l'ont voulu expliquer. Je serois assez du sentiment de ceux qui croient que les Romains vouloient par-là se moquer des Gaulois, qu'ils avoient entierement domtés. 5°. Deux têtes de Taureau placées sur la porte par où l'on entroit anciennement. Enfin on y remarque deux vieilles Tours, qui sont à l'entrée du côté du Palais, & qu'on dit avoir résisté contre l'effort des Sarrazins, des Gots, & des Vandales, après qu'ils se furent rendus maîtres de la Ville. Le dedans de cet Amphitéâtre est rempli de maisons: ce qui n'empêche pourtant pas qu'on ne voie les caves soûterraines où l'on enfermoit les bêtes destinées à combattre contre les Gladiateurs. On avoit soin pour lors de semer du sable sur la terre, afin que le sang qui se répandoit durant le combat, ne parût point, & n'effrayât pas les Gladiateurs blessés. De là est venu le mot d'*Arenes*. Les caves de cet Amphitéâtre appartiennent à present à plusieurs particuliers, qui y tiennent leur vin. Les sieges qui sont rangés dans le dedans de l'Amphitéâtre pour contenir le peuple, sont faits de très-grosses pierres. On peut même encore remarquer les sieges qui étoient destinés aux principaux d'entre les habitants, ou à l'Empereur, quand il se trouvoit present aux jeux. Cet admirable Edifice est bâti de pierres, dont la longueur & la grosseur sont prodigieuses, sans aucun ciment ; & c'est une chose digne d'admiration, qu'il soit encore en son entier depuis un si grand nombre d'années.

La seconde Antiquité remarquable dans Nismes, est la Maison quarrée. Sa figure est un quarré un peu long. Elle est soûtenue de chaque côté par dix colonnes admirablement bien travaillées, dont une partie est cachée dans le mur ; & sur le devant par six autres colonnes, qui font une espece de vestibule magnifique. Le dessus est couvert de grandes pierres qui composent une platte forme, sur laquelle on pourroit se promener. On ne sçait pas bien à quel usage étoit destiné cet Edifice. M. Spon, qui en donne la figure dans la page 159 de ses *Recherches curieuses d'Antiquité*, dit sans balancer, que cette *Maison quarrée n'étoit autre chose qu'un Temple bâti par les anciens Romains*, à la manière de leurs autres Temples quarrés longs, page 161. Il ajoûte, page 163, *qu'il est très-difficile de sçavoir à quel Dieu étoit dedié ce Temple, puisque l'on n'y trouve ni Inscriptions, ni bas reliefs, qui en puissent donner quelque juste marque.* Il a beaucoup de penchant à croire que c'étoit un Temple de Jupiter Capitolin, ou bien un Temple de Mars. Mais ce qui acheve de démontrer que c'est un Temple bâti par les anciens Romains, *c'est*, dit M. Spon, *le fronton de la façade, qui est propre & particulier aux Temples.* Ce qui nous porte à rejetter l'opinion de ceux qui croient que cette Maison quarrée étoit une Basilique que l'Empereur Hadrien avoit fait bâtir à l'honneur de Plotine, femme de l'Empereur Trajan. En effet les Basiliques étoient, selon la description qu'en fait Spartien, & plus magnifiques, &

plus merveilleuses. Au reste les Basiliques, selon M. Peraut sur Vitruve, avoient les colonnes par dedans, au lieu que les Temples les avoient par dehors : comme sont celles de la Maison quarrée.

Le Temple de Diane, que quelques-uns croient avoir été consacré à la Déesse Vesta, quoique ruiné en partie, ne laisse pas de nous faire voir encore ce qu'il a été autrefois. On remarque sur tout qu'il y avoit deux rangs de colonnes des deux côtés, d'une architecture très-belle, & très-magnifique. Il y a une Fontaine tout auprès, qui a plutôt l'apparence d'un Etang que d'une Fontaine. L'eau en est très-fraîche, & elle fait aller plusieurs Moulins. On l'appelle *la Fontaine de Diane*. On croit que les Vestales alloient s'y purifier, & que ces eaux ne viennent pas de sources ; mais qu'elles sont conduites du Gardon en cet endroit, par des canaux soûterrains. Le Poëte Ausone parle de cette Fontaine :

Non Aponus potu, vitrea non luce Nemausus
Purior : Æquoreo non plenior amne Timavus.

La Porte de la Couronne a plusieurs belles & anciennes Inscriptions. On voit encore à Nismes la colonne élevée à l'honneur de François I. avec une Salamandre. La Statue de Geryon, qui est le Hyerogliphe de l'amitié ; & plusieurs Aigles sans tête, sur les murailles de plusieurs maisons qui appartiennent à des particuliers. On croit que ce furent les Gots, ennemis des Romains, qui mutilerent ainsi ces Aigles. Outre ces belles Antiquités qu'on voit dans cette Ville, elle a un Siege Présidial très-considerable : c'est aussi un Evêché, & il y a plusieurs belles Maisons Religieuses.

J'ose esperer, mon cher Pere, que vous serez content de cette Lettre, & que les choses curieuses qu'elle renferme, ne vous auront pas laissé appercevoir de sa longueur. Le goût se forme en voyageant; & dans la suite on est frapé de quantité d'objets, sur lesquels on ne reflechissoit point d'abord, qu'on passoit d'une maniere legere au commencement: sur tout quand on sort de Paris avec la prévention, que la Province ne peut rien offrir qui vaille, ce qu'on possede dans l'enceinte de cette Capitale de France, & qui mériteroit de l'être de tout l'Univers. Mais enfin dans le Voyage, l'attention se reveille, on ouvre des yeux curieux, & on s'apperçoit que la Province à des choses qui ne sont pas indignes de nos observations. Je suis, mon cher Pere, &c.

QUATRIE'ME LETTRE.

Voyage de Nismes à Bordeaux.

Nous partîmes de Nismes pour nous rendre à Montpellier. Nous dinâmes au Pont de Lunel, où autrefois il y avoit de bonnes Hôtelleries, qui ne manqueront pas de se rétablir quand le pays sera une fois calme. A une demie lieue du Pont, sur la gauche, on voit Lunel, qui est une petite Ville qui a été ruinée plusieurs fois dans les guerres des Huguenots. De Nismes au Pont de Lunel il y a quatre lieues.

Nous arrivâmes le même jour d'assez bonne heure à Montpellier, qui est à quatre lieues du Pont de Lunel. Ce fut le 11 Juillet.

MONTPELLIER.

Cette Ville se nomme en Latin, *Monspessulanus*, ou *Monspuellarum*, parce qu'on prétend qu'il n'y a point de Ville dans toute la Province où les filles soient plus engageantes, & mieux faites.

La Ville de Montpellier est située, en partie sur une petite colline, & en partie dans la plaine, à une lieue de la mer Mediterranée. Ses murailles sont très belles & très-bonnes ; les rues n'en sont pas fort larges, & les maisons y sont fort élevées : ce qui n'a été fait, sans doute, que pour se défendre durant l'Eté, de la trop grande ardeur du Soleil. Cette même coûtume étoit introduite parmi les Romains.

Entre les Portes de la Ville, celle qu'on nomme du Peyrou

mérite bien d'être vûe ; elle est très-magnifique : mais ce qui n'en augmente pas peu la beauté, est la Place qu'on a fait faire au devant, qui sert de promenade. Cette Place est fort vaste, & c'est-là qu'on respire le meilleur air du monde, & où la vûe trouve entierement dequoi se satisfaire. D'un côté on découvre la pleine mer ; de l'autre côté on voit une belle plaine couverte de vignes, & d'oliviers, des montagnes à dix lieues d'éloignement. Enfin le spectacle qui s'offre là aux yeux de ceux qui s'y promenent, m'a paru une chose charmante.

Un peu plus loin est le Jardin du Roy, qui est très-bien entretenu, & où il y a toûjours un grand nombre de Plantes Medecinales. Il y a là dequoi apprendre la Botanique à fond : car enfin outre les Plantes étrangeres qu'on y cultive avec grand soin, la principale attention est pour les Plantes Usuelles : & ce sont en effet, celles qu'il importe le plus aux jeunes Medecins d'apprendre à bien connoître ; les autres n'étant que l'objet d'une vaine & inutile curiosité, où il entre beaucoup plus d'ostentation, que d'utilité. L'art est long, & la vie courte : ce qui nous doit détourner des études qui ne menent à rien. Comme les jeunes Etudiants en Botanique sont vifs, & fort curieux d'avoir quelques parties des Plantes, dont on leur a fait leçon, afin d'en faire ce qu'on appelle, *un Herbier*, ils s'émancipent assez souvent à arracher, autant qu'ils peuvent, des Plantes, pour les emporter. On a voulu obvier à cet inconvenient, qui feroit perir le Jardin ; & on renouvelle souvent des défenses severes, pour contenir les jeunes Botaniciens dans les regles de la raison. Enfin pour les prévenir sur ce qu'ils ont à observer là-dessus, on a fort sagement mis l'Inscription suivante sur la Porte du Jardin du Roy : *Esto Argus, & non Briareus.* Ce qui signifie : *Venez avec les yeux d'Argus, & sans les mains de Briarée.*

Il y a encore une petite Place qu'on nomme la Canourgue, qui est dans la Ville, & où l'on vient se promener sur l'entrée de la nuit : ou bien après s'être promené au Peyrou. Quoique cette Place ne soit pas fort étendue, la promenade ne laisse pas de s'y faire avec plaisir, à cause des bonnes & agréables compagnies qu'on ne manque jamais d'y rencontrer.

Outre les deux Places dont je viens de parler, il y en a encore quelques autres dont je ne fais point mention, pour dire un mot de celle qu'on appelle l'*Esplanade*, qui est aussi dans la Ville : elle est fort vaste ; mais elle n'est du tout point reguliere, ni bien entretenue, puisqu'on y seme du bled en plusieurs endroits. L'air y est cependant admirable, & bien des gens vont s'y promener par cette seule raison. A son extremité est la Citadelle où il y a toûjours une assez bonne garnison : elle est grande & bien fortifiée : elle a été bâtie pour dominer sur la Ville ; & a souffert quelques Sieges.

Le Cours est un endroit où l'on va se promener pendant les beaux jours de l'Hiver, à cause qu'il est situé dans un endroit assez bas, où l'on est à couvert du mauvais temps. A côté sont les Cazernes qui ont été bâties pour loger les troupes du Roy, quand elles passent. Les Cazernes sont grandes, belles, & bien bâties.

Montpellier a un Evêque, celui d'apresent est de la Maison de Croissy Colbert. L'Eglise Cathedrale est dediée à saint Pierre. Elle est très-bien bâtie ; mais elle a été fort endommagée dans les Guerres civiles ; car les Catholiques s'y étant enfermez en grand nombre, aussi-bien que dans l'Evêché, qui est attenant, y soûtinrent contre les Huguenots, un Siege de plusieurs semaines ; après quoi ils furent obligez de se rendre. Il y a trois beaux Clochers, dans deux desquels il n'y a point de cloches ; d'où est venu ce proverbe : *A Montpellier il y a une Eglise avec trois clochers, & deux sans cloche.* L'équivoque est pour l'oreille dans le mot de *cents*, au lieu de *sans*.

Outre cette Eglise, il y en a encore d'autres assez belles ; comme Nôtre-Dame, & plusieurs Maisons Religieuses.

Le Palais où s'assemble la Cour des Aydes, qui est une Cour Souveraine, est très-beau, &
très-

très-magnifique ; auſſi-bien que la maiſon attenant, qui appartient à M. le premier Preſident. Il y a encore d'autres belles Maiſons qui ne cedent rien en beauté à celle-ci.

L'Hôtel de Ville n'a rien de conſiderable.

Il n'y a pas de Ville au monde où la Medecine fleuriſſe plus qu'en celle-ci ; on en attribue l'établiſſement aux Diſciples d'Averroés, & d'Avicenne, qui ſe retirerent dans ces quartiers-là, après que les Sarrazins eurent été chaſſez d'Eſpagne. Ils jugerent à propos de s'y aſſembler de temps en temps, pour y faire leurs Conferences ; non ſeulement à cauſe de la bonté de l'air, & de l'agréable ſituation qu'ils y remarquerent ; mais auſſi à cauſe de la grande quantité de ſimples qui s'y trouvent, & qu'on ne voit point ailleurs. La grande réputation que ſe firent deſlors ces Medecins Sarrazins s'augmenta de plus en plus, & s'est continuée jusqu'à nôtre temps, où les habiles & sçavants Professeurs, qui y sont établis & payés par le Roy pour enseigner la Medecine, s'aquittent si bien de leurs devoirs, qu'ils attirent à Montpellier une infinité d'Ecoliers tant François qu'Etrangers, qui s'y rendent de tous côtez pour s'y perfectionner dans la Medecine. Les Ecoles n'ont cependant rien de grand, ni de fort remarquable; excepté leur grande ancienneté. Il n'y a que l'Amphithéâtre Anatomique, capable de contenir plus de cinq cents personnes, qui soit digne de quelque attention.

Au reste, ce que je viens de raconter sur le chapitre d'Averroés, & d'Avicenne, &des conferences qu'ils tenoient là, est une tradition populaire, qui a tout l'air d'une fable, inventée pour donner un lustre à la Faculté de Medecine de Montpellier, & dont elle n'a pas besoin; puisqu'un seul Professeur de cette Faculté vaut bien & Avicenne, & Averroés. Du moins cette Histoire ne s'accorde pas avec les regles de la critique; puisque ceux qui font Avicenne & Averroés contemporains, tombent dans un anachronisme de cent ans; & qu'Avicenne florissoit environ un siecle avant Averroés. Avicenne mourut en 1050, âgé de cinquante-huit ans : & Averroés vivoit l'an 1149, dans le milieu du xii. siecle. Il ne faut pas faire plus de cas de ce qu'on dit, que ces deux Mahometants se faisoient une cruelle guerre; qu'Avicenne fut empoisonné par Averroés ; & qu'Avicenne avant que d'expirer, assassina Averroés, afin de mourir quittes l'un vers l'autre. C'étoit veritablement de grands Medecins : mais Averroés est un grand contradicteur de Galien, qu'il n'épargne pas: *Nam & Galeno non paucis contradicit*, dit M. Hofman. Et M. Vossius est porté à croire qu'Averroés, qu'il appelle *Aven-roés*, n'avoit pas plus d'ame qu'un chien, sur ce qu'on dit de lui: Qu'il avoit souvent declaré, qu'il aimoit mieux que son ame allât où vont les ames des Philosophes, que là où vont les ames des Chrétiens: *Maluit suam animam cum Philosophis, quàm cum Christianis esse.* Vossius de Philosoph. Sect. c. 17. §. 19. Paroles dignes d'un Turc comme il étoit. Ce qu'il y a de certain, c'est que la Faculté de Montpellier a plus de cinq cents ans de celebrité. Saint Bernard, qui est mort dans le milieu du xii. siecle, en parle dans sa Lettre 307. *ad D. Ostiensem*, en rapportant un voyage que faisoit l'Archevêque de Lyon, assez perilleux pour son argent, qui l'obligea de se travestir en paysan : ce Saint dit que ce bon Prélat tomba malade, & que cependant il se transporta à Montpellier, où il dépensa entre les mains des Médecins ce qu'il avoit, & ce qu'il n'avoit pas. Tant il est vrai que vers l'an 1140 on alloit déja de fort loin consulter la Medecine de Montpellier ; & que, selon l'expression de saint Bernard, on y purgeoit violemment la bourse des malades : *Cumque infirmaretur, Dominus Lugdunensis, pertransiit usque ad Montem-Pesullanum, ibi aliquandiu commoratus, cum Medicis expendit & quod habebat, & quod non habebat.*

Je suis ici, mon cher pere, en pension chez M. Didier celebre Medecin, & Professeur Royal en Chymie. C'est un très-sçavant homme, & qui a l'esprit fort orné. J'espere, durant le séjour que je ferai à Montpellier, faire sous ses yeux un cours public de Chymie ; dont je vous rendrai compte à mon retour ; puisque cette matiere, toute agréable qu'elle est, ne peut pas être renfermée dans les bornes d'une Lettre. Il est inutile de vous dire que M. le Blanc, Docteur en Medecine de Montpellier, est toûjours avec moi, qu'il m'accompagne par tout, & qu'il m'aide de ses lumieres à faire les reflexions que je fais sur ce qui se presente ; puisque vous avez eu la bonté de me le donner pour me rendre mon Voyage plus utile.

Les Peres Jesuites ont dans cette Ville une fort belle Maison, & un College considerable, où la Jeunesse est parfaitement bien élevée à la pieté, & aux belles Lettres.

Montpellier est la Ville de la Province qui l'emporte sur toutes les autres pour la civilité,

& la politesse de ses habitants, aussi-bien que pour la douceur de la vie ; c'est pourquoi tous les Etrangers ont coûtume d'y faire un plus long séjour, & de s'y plaire davantage qu'ailleurs. La franchise & la familiarité y regnent sans fard, du moins parmi les hommes. Quant aux femmes, elles y sont bien faites, & ont beaucoup d'esprit.

Etant à Montpellier on peut aller voir quelques endroits qui n'en sont pas fort éloignés, & qui sont assez agréables : comme sont Maguellone, qui est située dans une Isle entre la Mer, & l'Etang. C'est là qu'étoit autrefois le Siege de l'Evêque de Montpellier. On y voit quelques Antiquités. Frontignan, si celebre par son Vin muscat, & les Salines de Regays, où se fait une grande quantité de sel, méritent bien qu'on les visite.

Nous partîmes de Montpellier le 15 Novembre 1704, pour nous rendre à Bordeaux. Nous dinâmes à Gigean, grand Village à trois lieues de Montpellier, avec trois de mes amis, qui voulurent bien m'accompagner jusques là. Après nôtre séparation, le premier endroit qui se presenta à nous, fut *Balarue*, grand Village situé sur le bord de l'Etang, & fameux par les eaux qu'on y vient prendre des pays les plus éloignés.

Il y a déja long-temps qu'on envoye les malades aux Eaux. Pline cependant, dit qu'il s'étonne qu'Homere, qui a parlé de l'usage des bains chauds domestiques, n'ait point fait mention des fontaines chaudes. C'est, ajoûte-t-il, que la Medecine ne s'étoit point encore tournée de ce côté-là. Les Medecins y ont eu recours depuis; lorsqu'ayant épuisé tout leur art après un mal d e & ne sçachant plus que
lui

lui donner, ils se dégagent, & se tirent d'affaire, en l'envoyant prendre les Eaux. Pline dit cela trop joliment, pour ne pas mettre ici ses propres paroles : *Homerum calidorum fontium mentionem non fecisse demiror ; cum alioquin lavari calida frequenter induceret. Videlicet quia Medicina tunc non erat hæc, quæ nunc* AQUARUM PERFUGIO *utitur. Plin. Hist. Nat. Lib. xxxi. cap.* 6. Il est vrai que tous les Medecins de ce tems-ci ne s'éloignent pas du sentiment de Pline : & je me souviens d'avoir lû dans une des Lettres de M. Patin, que les eaux minerales font plus de bruit que de fruit ; & qu'elles sont plus celebres, que salubres : *Aquæ minerales plus habent celebritatis, quàm salubritatis.*

Un peu plus loin, & toûjours sur nôtre gauche, nous découvrîmes le Port de Cète, dont on voit même l'Eglise assez distinctement. Ce Port seroit assez commode, s'il n'étoit pas si exposé à la mer, qui le remplit souvent de sable; ce qui fait qu'on est obligé d'y travailler presque continuellement. Environ à une lieue de Balarue est un autre petit Port nommé le Port de la Fabregue, sur le bord de l'Etang: c'est-là qu'il faut qu'aillent raisonner les petits Batteaux chargez de marchandises qui vont à Agde, & de là à Marseille; ou qui en revienent. Nous passâmes en suite à Meze, & à Loupian, deux grands Villages; à l'Abbaye de Villemagne, dont les revenus sont très-considerables; & de là à Montagnat, petite Ville assez bien située, fameuse par les Foires qui s'y tiennent, & où il y a même quelques restes d'anciennes fortifications. Enfin nous arrivâmes à Pezenas, à cinq lieues de Gigean: nous y couchâmes.

Pezenas.

Cette Ville, quoique petite, est la mieux située de toute la Province ; les maisons y sont belles, & fort propres ; tout y est riant : ce qui a obligé les Etats de la Province de s'y tenir fort souvent, à cause des commodités qui s'y trouvent. Les habitants y sont fort polis, & bien faits ; parce qu'outre que feu Monsieur de Montmorency, qui avoit fait bâtir la belle maison de la Grange, qui n'en est qu'à un quart de lieue, y faisoit sa demeure: C'est que Monsieur le Prince de Conty y faisoit aussi son séjour ordinaire. Mais après tout, le Baron de la Crasse, qui étoit de Pezenas, ne paroît pas d'une grande politesse dans la Comedie de Poisson. Ce Baron y raconte que cherchant à la porte de la Chambre du Roy, le marteau pour fraper; & que n'en trouvant pas, il donna deux ou trois coups de poing, afin de faire ouvrir. Certainement ce n'est pas là sçavoir la Cour. Et ce fut de fort bon sens que l'Huissier de la porte lui fit cette leçon:

Hé bien apprenez donc, Monsieur de Pezenas,
Qu'on gratte à cette Porte, & qu'on n'y frape pas.

Nous partîmes le lendemain de cette Ville, & fûmes diner à Beziers, à quatre lieues de Pezenas.

BEZIERS.

La situation de cette Ville est si belle, & si agréable, outre les autres douceurs de la vie, qu'on y goûte en abondance, qu'il s'en est fait ce Proverbe: *Si Deus viveret in terris, habitaret Biterris.* Elle est assise sur le penchant d'une petite montagne d'où on découvre une des plus belles campagnes du monde. Et ce qui augmente l'agrément, c'est qu'au pied de la montagne passe la riviere d'Orbe. L'Eglise Cathedrale de Beziers est bâtie à l'endroit de la Ville le plus élevé. Elle est très belle, & porte le nom de saint Nazaire. Il y avoit autrefois un Château bien fortifié, qui servoit de Citadelle ; il est maintenant ruiné. On voit encore les restes d'un Amphiteâtre, avec quelques Inscriptions qui font voir que cette Ville est fort ancienne. Quant à ses habitants, on les accuse d'être un peu legers & inconstants ; ils sont cependant civils & affables aux Etrangers. Les femmes aiment fort les parties de plaisir, la promenade, le jeu, & les autres divertissements.

Au reste ce que dit le Pere Pakenius Jesuite, dans son Voyage intitulé : *Hercules Prodicius*, sur l'Etymologie de Beziers, est tout-à-fait ingenieux. Il dit que Beziers, en Latin *Biterris*, est ainsi nommé à cause de la fertilité de la terre à produire des vignes, & des oliviers : comme qui diroit *Biterris*, deux fois terre : *Ac bis terra dicta ob Annonæ copiam*, pag. 251.

Les Jesuites ont ici un très-beau College. Entre cette Ville & Narbonne, il y a une montagne que l'on nomme *Quarante*, d'où on voit Narbonne, & Beziers : ce qui fait dire que de cet endroit, on voit *Quarante & deux Villes*. Il y a même un Village de ce même nom, qu'on voit aussi du même endroit.

Nous fûmes coucher ce jour-là même à Narbonne, à quatre lieues de Beziers.

NARBONNE.

La Ville de Narbonne est si

tuée dans une grande & belle plaine : l'air y étoit autrefois très-mal sain; mais depuis qu'on a desseché les marais qui étoient aux environs de la Ville, il n'y a point de Ville dans la Province où les gens se portent mieux. Cependant *Sidonius Apollinaris*, qui vivoit dans le v. siecle, celebre Narbonne pour la *salubrité* de l'air : *Carm. 23* :

Salve Narbo potens salubritate.

Il y a plusieurs belles Antiquités, qui prouvent que Narbonne est une Ville fort ancienne. C'est la premiere Colonie que les Romains aient envoyée dans les Gaules. Rome & Narbonne étoient si bonnes amies, qu'elles se qualifioient du nom de sœurs. En effet Ciceron parle de Narbonne, comme d'une Ville sur laquelle les Romains comptoient beaucoup ; & il l'appelle la Barriere, qu'ils opposoient aux entreprises des Gaulois : *Narbo*

Martius Colonia nostrorum Civium, specula populi Romani, ac propugnaculum istis ipsis nationibus (Gallorum) *oppositum, & objectum. Orat. pro Fonteio.*

Entre les plus remarquables Antiquités, sont les restes d'un Amphiteâtre, qui servent à présent de fondement à plusieurs maisons; & entr'autres à celle de M. de Vaye, Chanoine de S. Just. Nous décendîmes au bas, & nous eûmes le plaisir de voir les anciennes caves où étoient enfermées les bêtes feroces qu'on faisoit combattre contre les Gladiateurs, dans les jours qu'on donnoit des spectacles au peuple. Ces caveaux sont en grand nombre, séparés les uns des autres par des murs fort épais; & au milieu il y a une large allée, aux deux côtés de laquelle sont ces caveaux. Le ciment des murailles est si ferme & si solide, qu'on ne pourroit pas sans une extrême violence, en arracher la moindre petite pierre.

Dans les maisons des differents particuliers, il y a plusieurs figures en bas relief sur des pierres, avec differentes Inscriptions. J'en remarquai une entre autres au-devant de la maison d'un Bourgeois, sur une des pierres de laquelle est representée la maniere dont les Anciens brûloient les corps de leurs parents, ou amis, après leur mort. On y voit le feu, & deux hommes à côté, qui y versent de l'eau pour l'éteindre, afin de ramasser les cendres dans des Urnes.

Mais la plus belle Inscription qui soit dans Narbonne, est celle qu'on voit gravée sur un grand marbre qui a été mis en œuvre au coin de l'Archevêché. Cette Inscription fut faite à l'occasion d'un vœu que la Colonie Narbonnoise fit à l'honneur d'Auguste, à qui elle éleva un Autel

On y lit la forme & la maniere des sacrifices qu'on devoit lui offrir; sur tout le jour de sa naissance. Il y a encore les devoirs, & les obligations de ceux qui desservoient cet Autel, pour lequel les anciens Narbonnois avoient une grande devotion.

Dans la maison du Gouverneur il y a une autre pierre ancienne, où sont représentées les ceremonies qui se pratiquoient dans les mariages; & où l'on voit de quelle maniere les nouveaux mariés étoient conduits par leurs amis. Le pere est assis dans une chaire, & toute la troupe va au-devant de lui, comme pour lui rendre hommage. On voit aussi de semblables Inscriptions dans l'Hôtel de Ville, & dans plusieurs autres maisons de particuliers. Outre ces Inscriptions curieuses, il y en a quantité d'autres autour des remparts de la Ville; tant du côté du Bourg, que du côté de la Cité. C'est à François I. qu'on est redevable de la conservation de ces belles pierres sur lesquelles elles sont gravées: car enfin quand il fit resserrer l'enceinte de Narbonne, il eut soin de faire mettre en œuvre la plûpart des materiaux qui sortirent de la démolition des Edifices qu'il fit abattre. On n'épargna pas ceux du Capitole, que les Romains avoient eu soin de faire bâtir en cette Ville: honneur qui n'étoit accordé qu'à bien peu de Villes. Sur une de ces pierres, du côté du Bourg, est representée Agripine, tenant un petit enfant : il y a un petit chien qui les suit. Sur une autre on voit un homme qui se dispose à aller à la chasse, & qui pour cet effet sonne du cor pour appeller ses chiens. Aux murailles de la Ville, du côté de la Cité, il y a aussi un grand nombre de pierres qui representent diverses choses : on en voit entr'autres une sur laquelle sont representés Thesée, & Meleagre, qui partent pour aller à la chasse. Enfin je serois trop long si je voulois rapporter les differentes Inscriptions anciennes qu'on voit dans cette Ville; il y a des personnes qui en ont fait des Traitez particuliers.

La Ville de Narbonne est comme partagée en deux par la Riviere d'Aude, ou plutôt par le Canal que les Romains firent pour la commodité de cette Ville. Ce canal prend de la riviere d'Aude, & va se décharger dans l'Etang; de telle sorte que par son moyen, les batteaux les plus gros peuvent apporter les marchandises, & les autres provisions dans Narbonne.

Je finirai cet article par la description de l'Eglise de saint Just, qui est la Cathedrale de cette

Ville Archiepiscopale : il n'y a encore que le Chœur de fait ; mais on peut dire que c'est sur le plus beau modele qu'on puisse s'imaginer. Il est à souhaiter que l'on continue de bâtir le reste sur le même dessein : ce sera sans doute une des plus belles Eglises du Royaume. Ce qui s'y voit de plus beau, est le Tableau qui represente la Résurrection du Lazare, & qui est du pinceau de Sebastien le Venitien. Il est vrai qu'il le fit sous les yeux de Michel-Ange. Voici comme M. Félibien en parle, à l'occasion de la concurrence où osa bien entrer Sebastien avec Raphael : *Sebastien entreprit aussi de faire un Tableau de même grandeur, où il representa la Résurrection du Lazare. L'aiant fini, veritablement en partie sur le dessein, & sous la conduite de Michel-Ange, il l'exposa en public pour être comparé à celui de Raphael : & bien que celui de la Transfiguration soit si accompli en toutes ses parties, qu'il n'y a rien de comparable à cet ouvrage ; neantmoins le travail de Sebastien ne laissa pas d'être estimé ; & c'est ce Tableau qui est encore aujourd'hui à Narbonne ; où le Cardinal Jule de Medicis, qui en étoit alors Archevêque, l'envoya.* Vie des Peintres, Tome 2. page 127.

Autour du grand Autel, où il y a six gros pilliers de marbre très-magnifiques, on voit plusieurs anciens Tombeaux des Archevêques de Narbonne. L'escalier de la Chaire est admiré comme une espece de merveille : car enfin quoique le tour qu'il forme soit fort considerable, il paroît cependant en l'air, & ne portant sur rien. La voûte de l'Eglise est des plus élevées que j'aie jamais vûe ; il y a une grande & belle Tour, où sont sept grosses cloches, qui par leurs sons differents, & par la maniere dont on les sonne, forment un tres-beau carillon. Les Orgues qui sont dans la même Eglise, sont d'une composition toute particuliere : car quoiqu'elles soient partagées en plusieurs tuyaux, qui sont placés entre les pilliers ; cependant un seul & menu souffle les fait jouer. Il y a aussi plusieurs Reliques, qui sont la plûpart des presents faits par divers Archevêques. Elles nous furent toutes montrées. Nous fûmes conduits pour voir les Antiquités, & les curiosités, par M. Laffon, homme dont l'esprit est orné de belles connoissances, & qui est fort curieux en Medailles, & d'un grand goût pour les Antiquités. M. Martin, celebre Apoticaire, nous accompagna aussi, & nous obligea de rester chez lui pendant trois jours. Nous en avons reçu toutes les honnêtetez possibles.

Narbonne est, après Perpignan, une des meilleures Places que nous ayons du côté du Roussillon. Comme c'étoit autrefois une Place frontiere, on eut soin dans ce temps-là d'y faire des fortifications, qui, quoiqu'anciennes, ne laissent pas d'être fort bonnes. Outre ce que j'ai eu l'honneur de vous marquer des Antiquités de cette Ville, il y a encore plusieurs aqueducs, des bains, & autres choses fort curieuses : dignes restes de la magnificence des anciens Romains. Qui voudroit voir une belle description de l'ancienne Narbonne, c'est-à-dire, de Narbonne dans le cinquiéme siecle, n'auroit qu'à lire le *Carmen XXIII.* de Sidonius Apollinaris. Ce sçavant Prelat, en près de cinq cents Vers represente Narbonne comme la Ville du monde qui a le plus de singularités. Il lui fait même

l'honneur

de M. de Rouviere.

l'honneur de l'appeller *Ville féconde en Cesars*, ỳ. 88.

Qui quod Cæsaribus ferax creandis.

Parce que les Empereurs Carus, Numerien, & Carinus, étoient de la Ville de Narbonne. Il est fâcheux que le Latin de cet Auteur soit si ferré. Petrarque, dans la Préface de ses Epîtres, declare qu'il ne connoît rien aux beautés de Sidonius Apollinaris, & qu'il ne sçait à quoi s'en prendre : C'est peut-être, dit-il, que j'ai l'esprit bouché ; c'est peut-être l'obscurité du stile ; c'est peut-être le défaut de l'exemplaire que j'ai. Tout cela peut être : *Nam unum quodque possibile est.* Mais ce qui fâche le plus Petrarque, & ce qu'il ne sçauroit pardonner à Sidonius Apollinaris, c'est la hardiesse qu'il a de mépriser le stile, & l'éloquence de Ciceron. Il est vrai que Ciceron & Sidonius avoient le tour bien different. Ciceron est diffus, étendu, & clair : & Sidonius est serré, coupé, & inintelligible. Cependant ce Sidonius Apollinaris passoit de son temps pour l'Eloquence même. On le nommoit le Restaurateur de la belle Latinité. Franchement le Commentaire de Savaron, fait bien de l'honneur à cet Ecrivain, qu'on ne peut guere entendre sans le secours d'un Interprete. Je n'ai point vû le Commentaire qu'a fait depuis Savaron, le Pere Sirmond, Jesuite.

Nous partîmes de cette Ville pour aller coucher à Saumal, sur le bord du Canal de Toulouse, sur lequel nous nous embarquâmes le lendemain matin: c'est à deux lieues de Narbonne. Il n'y a là qu'une seule maison, qui est un bon Cabaret. Nous passâmes au Pont de Frouillas. La construction de ce Pont est parfaitement belle, aussi-bien que sa situation, qui est fort avantageuse pour donner passage au-dessous à une riviere, dont le cours auroit fort endommagé le Canal, qui passe par-dessus. Ce Pont a coûté cinquante mille écus à bâtir.

Nous-nous mîmes donc sur le Canal pour nous rendre à Toulouse; & nous fûmes diner à la Redorte, à cinq lieues de Saumal, & coucher à Trebes, à cinq lieues de la Redorte, qui est un Village assez considerable des deux côtez du Canal. On voit en passant plusieurs Bourgs, & Villages, qui tiennent les Voyageurs attentifs.

Le lendemain nôtre journée ne fut pas fort considerable, car nous ne fûmes qu'à Penautier, à deux lieues & demie de Trebes. Penautier est une belle maison qui appartient à M. de Penautier, Tresorier General du Clergé de France: nous y fûmes regalez pendant cinq jours. Durant ce séjour, nous jugeâmes à propos d'aller voir Carcassonne, qui n'est éloigné de là que d'une petite demie lieue.

CARCASSONNE.

Carcassonne est une Ville qui est divisée en deux ; sçavoir, celle qu'on nomme *la Cité* ; & l'autre, qui est la plus considerable, & la plus grande, est appellée *la Ville basse*. La riviere d'Aude passe entre la Cité & la Ville basse. Il y a un fort beau Pont pour la communication des deux Villes.

La Cité est située sur une hauteur qui rend déja cette Place très-forte ; mais outre cette situation avantageuse, elle est très-bien fortifiée par de profonds fossés, par une double murailles très-épaisse, où il y a de grosses Tours d'espace en espace, des bastions, & autres ouvrages qui, à ce qu'on prétend, sont d'une ancienneté immemoriale. Sur le devant de la Porte par où on entre, on voit le Buste d'une femme qui défendit très-long-temps la Ville avec fort peu de monde, contre les Sarrazins qui l'assiegeoient. On dit qu'étant réduite à l'extremité, elle jetta aux Ennemis un cochon qu'elle avoit eu soin de nourrir & d'engraisser, avec ce qui lui restoit de provisions. Sur cela les Sarrazins crurent qu'elle en avoit encore beaucoup, & ils leverent le siege.

Outre les fortifications dont je viens de parler, qui appartiennent à la Ville, il y a encore le Château qui est aussi très-fort, & muni de doubles murailles, de grosses Tours, de fossés, & autres ouvrages. Durant le temps que nous visitions ce Château, nous y vîmes quantité de jeunes filles & femmes, qu'on nous dit être des Camisardes: j'aimerois autant dire, des forcenées, & des fanatiques. Elles étoient dispersées en plusieurs grandes chambres, & presques toûjours occupées à donner le bal à leurs pensées. Hofman dit que l'on garde soigneusement dans ce Château des Actes très-anciens, écrits sur des écorces d'arbres, qu'on croit avoir été apportés de Rome par les Visigots, qui les déposérent dans ce lieu-là, où à cause de ses bonnes fortifications, ils conservoient le trésor de leurs Rois. M. le Marquis de Gange est Gouverneur de ce Château. L'Eglise Cathedrale n'a rien qui soit considerable. Elle est dans la Cité.

Dans la Ville basse il y a l'Eglise de saint Vincent, dont le clocher est assez beau, & le Vaisseau fort grand. Au milieu de la Ville est le Marché, où l'on voit une Fontaine faite en forme de rocher, au haut de laquelle est representé Neptune avec plusieurs chevaux marins, qui sont au-dessous de lui, & qui jettent de l'eau. On découvre de là, par quatre belles rues, jusqu'aux murs de la Ville. L'Hôtel de Ville est fort propre, & mérite d'être vû.

Nous-nous rembarquâmes sur le Canal, & nous fûmes diner à Creteil, à trois lieues de Penautier. C'est un grand Village. Nous couchâmes ce jour-là à Castelnaudari à cinq lieues de Creteil.

CASTELNAUDARI.

Cette Ville est assez grande, & assez considerable. Il n'y a pourtant rien de remarquable que la grande quantité de moulins à vent qui sont sur des hauteurs assez près de la Ville.

On nous y parla avec des termes si forts du grand Reservoir des eaux qui est à Saint Ferriol, que nous jugeâmes à propos d'employer une journée pour voir ce curieux Ouvrage. Nous ne fûmes point trompés dans nôtre attente, comme vous l'allez voir. Ce Reservoir, où l'art n'a aucune part, n'est autre chose qu'un grand bassin creusé naturellement dans la terre, qui se remplit des eaux de pluye, ou de quelques petits ruisseaux qui décendent de la montagne Noire, qui est voisine de là : mais ce qu'il y a d'admirable, c'est une grande & spacieuse voute qu'on a bâtie, & une fort haute muraille qui est aussi très-longue, où la voute a sa sortie, & qui est faite pour soutenir le poids des terres, & des eaux du Reservoir qui sont par-dessus. Au bas de cette large voute toute bâtie de pierres de taille, aussi-bien

bien que le mur qui la soutient, viennent aboutir trois gros tuyaux de plomb par où les eaux s'écoulent, & tombent, quand on en ouvre les robinets, dans une seconde voute au-dessous de la premiere. C'est de cette maniere que les eaux vont se rendre au Canal, par une rigole qui a six lieues de long. Lorsque les eaux du Reservoir sont fort hautes, il y a un autre tuyau qu'on ouvre pour faire écouler les eaux par cet endroit dans une autre rigole. Outre ces rigoles, il y en a encore une troisiéme qui prend les eaux immédiatement de la montagne; c'est par cette rigole que les eaux se perdent, quand le bassin est trop rempli. Il y a plusieurs escaliers par où on décend de la premiere voute à la seconde, qui sert à l'écoulement des eaux. C'est un ouvrage digne des anciens Romains, & quiconque le voit, ne peut s'empêcher d'admirer cette entreprise si hardie ; & dont l'execution a dû être si difficile par les obstacles qu'il a fallu surmonter. Cependant sans ce Reservoir ce Canal, qui fait l'admiration de tous ceux qui le voyent, n'auroit jamais pû, ou s'executer, ou avoir toutes les utilités que le public en tire.

Le Canal de Languedoc.

Ce Canal merveilleux qui commence à Agde, & qui se termine à Toulouse, où il se perd dans la Garonne, a plus de quatre lieues de longueur. Son utilité est de former la communication des deux Mers, c'est-à-dire, de l'Ocean avec la Mediterranée. Par le moyen de ce Canal on fait le transport des marchandises sur de grands bateaux, ausquels l'eau ne manque jamais : & ce transport se fait facilement, & épargne le terrible détour qu'il faudroit faire par mer, & le passage du Détroit de Gibraltar, dont les dangers sont toûjours très grands. On dit que les Romains ont pensé à ce Canal, & qu'ils avoient dessein de l'entreprendre. Mais tout puissants qu'ils étoient, on peut assurer qu'ils n'y auroient jamais réussi. L'usage des Ecluses, par le moyen desquelles on éleve les eaux aussi haut que l'on veut, leur étoit inconnu. C'est une découverte des derniers temps. *Les Ecluses,* dit M. l'Abbé Furetiere, *qui servent à élever des bateaux, ont été inconnues aux Anciens.* Le merveilleux en cela, c'est de voir en peu de temps élever un bateau de deux ou trois toises, & passer d'un canal plus bas, en un autre d'un fond plus élevé. L'inegalité prodigieuse du terrain depuis Agde jusqu'à Toulouse, a obligé les Entrepreneurs de ce grand ouvrage à multiplier terriblement les Ecluses. On en compte dans la suite de ce Canal, jusqu'à cent quatre, ou cent cinq. On en croyoit l'execution impossible : & le Pere Pakenius Jesuite, qui passa par là en 1675, parlant dans la Relation de son Voyage, de ce Canal commencé, dit : Le Canal qui commence à la mer Mediterranée, & qui va à Toulouse, n'est pas encore achevé, & ne s'achevera peut-être jamais, à cause de l'inégalité du terrain : *Ob locorum inæqualitatem nec absolvendus*. Et il avoit dit auparavant : Si on joint la mer Mediterranée à la Garonne, ce sera un nouveau prodige dans ce siecle-ci : *Novum sæculi hujus erit prodigium*, pag. 250, & 251. Tant il est vrai que cette entreprise renfermoit des difficultés presque insurmontables.

Nous nous mîmes sur le Canal pour la troisiéme fois, & nous fûmes diner à Negra à cinq lieues de Castelnaudari ; & coucher à Toulouse, à quatre lieues de Negra.

TOULOUSE.

Toulouse est la plus grande Ville du Royaume après Paris ; mais elle n'est pas peuplée à proportion de sa grandeur ; les rues y sont belles, mais peu propres ; les murailles de la Ville aussi-bien que les maisons, sont toutes bâties de brique. Cette Ville a été pendant long temps la Capitale du Royaume des Gots : & Ausonius en parle comme d'une Ville dont la circonference étoit fort grande :

Coctilibus muris quam circuit ambitus ingens.

Les Romains y bâtirent un Amphitéâtre, & un Capitole : la prérogative d'avoir un Capitole, étoit reservée aux plus grandes Villes : & il falloit d'ailleurs qu'elles fussent des Colonies Romaines. Car, comme dit Aulu-gelle, les Colonies étoient de petites images du Peuple Romain ; & par ce titre, elles avoient le droit d'avoir des Bains, des Théâtres, & un Capitole : *Coloniæ quasi effigies Populi Romani erant, eoque jure habebant Theatra, Thermas, & Capitolia, lib. 16. cap. 13.* Dans ce Capitole les Païens ramassoient des images de toutes leurs Divinités. C'étoit un pot pouri de tous les Dieux grands & petits du pays. C'est pourquoi les Chrétiens avoient ce lieu en execration : Tertullien appelle ces Capitoles, le Temple, & la demeure de tous les Démons : *Omnium Dæmoniorum Templum. De spectac.*

Toulouse est située au milieu d'une belle plaine très-fertile ; & la Garonne la divise en deux parties, dont la plus grande est du Languedoc, & l'autre, qui est la plus petite, dépend de la Gascogne. On passe ici ce fleuve sur un beau Pont de pierre nouvellement bâti, qu'on appelle *le Pont neuf*. Il ne faut que voir ses Amphitéâtres, ses Temples, ses Aqueducs, pour juger que Toulouse est une des plus anciennes Villes du Royaume. Elle a un Archevêché, le second Parlement de France, & une celebre Université, sur tout pour le Droit.

L'Eglise Cathedrale est saint Etienne : il n'y a encore que le Chœur, qui est des plus magnifiques. On y voit de beaux ornements, & des Reliques précieuses. On dit que dans la grosse Tour, qui lui sert de clocher, il y a une des plus grosses cloches du Royaume. On n'ose pas la sonner en branle, de crainte d'ébranler le clocher.

La plus belle Eglise est celle de saint Sernin, en Latin, *Sanctus Saturninus*. Il y avoit autrefois au haut de cette Eglise quantité de pieces de canon, tant pour défendre la Ville, que pour contenir les séditieux en cas de besoin. La disposition de cette Eglise est si belle, qu'encore qu'elle soit remplie de pilliers fort gros, un homme ne sçauroit s'y cacher, que ceux qui sont au-dessus des voutes, ne l'en chassent, ou ne le tuent.

Dans le Chœur est le corps de saint Sernin dans une très-riche Chasse. L'endroit est entouré de grilles de fer. On nous dit sur ce sujet, qu'un homme ayant voulu emporter quelque chose de cette Chasse, fut retenu par miracle, sans qu'il fût en son pouvoir de sortir de l'Eglise. Au tour de ce même Chœur, il y a quantité de Chapelles très-richement parées ; dans lesquelles sont enfermées beaucoup de Reliques, & plus de quarante Chasses d'argent doré, où reposent des Corps saints. Dans la voute souterraine, qui est dans la même Eglise, il y a aussi beaucoup de Corps saints dans de belles Chasses d'argent doré. On dit qu'il y a les Corps de six Apôtres. Quoiqu'il en soit, la sainteté de ce lieu a fait mettre à l'entrée ce Distique, qui y convient parfaitement bien :

Omnia si lustres alienæ climata terræ,
Non est in toto sanctior orbe locus.

C'est vers cette Eglise qu'étoit le Lac de Toulouse, si fameux dans l'Histoire. On dit que ceux de Toulouse aiant fait des courses en guerre, étoient parvenus jusqu'à Delphes, dont ils pillerent le Temple, & qu'à leur retour ils avoient caché les immenses sommes d'or & d'argent qu'ils avoient apportées, partie dans leurs Temples, & partie dans le Lac en question : que depuis ce temps-là il leur arrivoit toutes sortes de malheurs ; & qu'enfin Cépion, Consul Romain, étant venu à Toulouse, & poussé par son avarice, pilla à son tour les Temples des Toulouzains. Après ce sacrilege, Cépion eut des disgraces terribles. Il perdit ses troupes ; étant de retour à Rome, il fut accusé, jugé, & enfin pendu. C'est de-là qu'est venu ce vieux Proverbe : *L'or de Toulouse : Aurum Tolosanum*, qu'on dit d'un homme dont les biens déperissent, comme il les avoit amassés. Ciceron, Strabon, Aulugelle, ne conviennent point sur ce point d'Histoire, que chacun conte assez diversement. Mais il n'est pas de ma competence de concilier de si grands hommes.

La troisiéme Eglise qui mérite

d'être vûe, est celle des Cordeliers ; elle est magnifique par ses rares figures, ses belles Orgues, & son grand nombre de Chapelles bien entretenues, & bien servies. Le Cloître est un des plus beaux de France, tant pour sa grandeur, & ses beaux pilliers de marbre, qu'à raison de ses belles peintures, qui ont coûté des grandes sommes ; & qui representent la Vie de saint François d'Assise, Fondateur de l'Ordre. La Bibliotheque est une des plus grandes, & des plus belles de la Ville ; mais ce qu'il y a de plus particulier, & de plus rare dans cette Maison Religieuse, c'est que la terre de l'Eglise dans laquelle on enterre les corps, a la proprieté de consommer la chair sans gâter la peau, ni déranger les membres. On a soin de porter ceux qu'on déterre en faisant de nouvelles fosses, dans une maniere de cave, où on les met debout appuyés contre le mur : nous y vîmes quantité de corps ainsi desséchés, & sur tout le corps d'une femme morte depuis long-temps, qui avoit encore tous ses cheveux attachés avec un ruban, & toutes les parties de son corps en leur entier, sans y avoir la moindre alteration sur la peau.

Les Peres Jacobins ont leur Convent assez proche de là, où repose le Corps de saint Thomas d'Aquin.

On prétend que Nôtre-Dame de la Daurade étoit autrefois un Temple dedié à Apollon; quoiqu'il en soit, cette Eglise est très-ancienne, & très-magnifique.

L'Eglise de saint Dominique, quoique petite, ne laisse pas d'avoir sa beauté, & son agrément. On y conserve le Crucifix que portoit ce Saint, pour animer les Soldats Catholiques contre les Albigeois.

Outre les Eglises dont je viens de faire mention, il y en a quantité d'autres dont je ne parle pas, comme étant de moindre conséquence. Il suffit de sçavoir qu'il n'y a point de Ville, après Paris, qui ait autant de Maisons Religieuses, d'Hôpitaux, & de Colleges, que Toulouse.

Dans une des chambres de l'Hôtel de Ville, on voit le portrait de la Dame Clemence, tenant à la main quatre fleurs, pour marquer l'Institution qu'elle a faite des *Jeux Floraux*. C'est pour satisfaire à cette fondation, qu'il se fait tous les ans, le 3 Mai, une Assemblée, où on propose une matiere sur laquelle il est libre à un chacun de travailler, soit en Vers, soit en Prose. Celui qui a le mieux réussi, reçoit pour récompense une fleur qui est d'argent.

Dans cet Hôtel est encore la Sale où s'assemblent les Messieurs qui composent l'Academie.

Il faut avoüer que Toulouse a toûjours passé pour une Ville singulierement illustre par les grands hommes qu'elle a donnés à la Republique Litteraire. On y a toûjours cultivé avec beaucoup d'affection les Sciences, & les beaux Arts. Dès le temps du Poëte Ausonne, elle étoit si reconnue pour une Ville sçavante, qu'il n'a point hésité à la décorer de la brillante Epithete de *Palladia*: la nommant *la Ville de Pallas*, comme on a nommé Athene *la Ville de Minerve. Epigram. 3. Parental.* ⰽ. 6. On peut dire encore plus justement que jamais, que Toulouse est par excellence *le séjour des Muses: Palladia.* C'est la patrie du bel esprit.

Le Palais est fort beau: on dit que ce fut le Roy Philippe le Bel qui le fit bâtir. Il y a plusieurs belles chambres, entr'autres la premiere & la seconde des Enquêtes. A l'entrée du Palais, auſſi bien qu'à celle de l'Hôtel de Ville, il y a des Gardes à qui il faut laiſſer ſon épée.

Le Languedoc.

Le Languedoc d'où nous allons ſortir, eſt une des plus belles, & des plus grandes Provinces de France, & dont le Roy retire de fort gros revenus. Son climat eſt ſi bon, qu'il n'y a preſque point de choſes neceſſaires à la vie, qui ne s'y trouvent en abondance ; elle eſt fertile en toutes ſortes de grains, qu'on tranſporte en Eſpagne, & en Italie ; elle a des vins des plus exquis du Royaume. Les vins de Gaillac, & le muſcat de Frontignan, y tiennent le premier rang; les fruits y ſont très-délicats, ſur tout les raiſins, les figues, les abricots, les grenades, les pêches, les oranges, &c. Les Monts & les Rochers y sont couverts de romarin, de thin, de sauge, & de lavande. Ces plantes si précieuses sont si communes en cette Province, qu'en plusieurs endroits on s'en sert pour chauffer les fours. Rien n'y manque enfin pour les délices de la vie. L'air y est bon, & temperé; mais l'Eté y est un peu trop chaud; sur tout dans le bas Languedoc; sçavoir, vers Montpellier, Nismes, & Beziers. La Mer & les Rivieres y donnent abondamment du poisson de toute sorte; & les Sevennes, qui font une partie de cette Province, fournissent du bled en abondance, des châtaignes, & beaucoup de plantes Medecinales, qui se trouvent dans les montagnes.

On dit communément que les Toulouzains sont nés pour les Sciences

Sciences, de bon esprit, extrêmement civils, fort pieux, & grands Catholiques : au lieu que les habitants du bas Languedoc sont accusés d'être un peu trop prompts, grands parleurs, gens qui se vantent beaucoup, & qui sont peu propres à garder un secret.

Nous partîmes de Toulouse après y avoir demeuré trois jours ; & nous fûmes coucher à Verdun, petite Ville qui en est éloignée de quatre lieues. Verdun est situé sur le bord de la Garonne, où il n'y a rien d'extraordinaire.

Le lendemain nous partîmes de grand matin, & nous arrivâmes de bonne heure à Villars, où nous dinâmes : c'est aussi une petite Ville sur le bord de la même riviere, à sept lieues de Verdun. Nous fûmes coucher ce jour-là même à Agen, à quatre lieues de Villars.

AGEN.

Agen est la Capitale du Comté d'Agenois, qui est une dépendance de la Guienne. Cette Ville est très-ancienne; où il y a un Siege Présidial, & un Evêché. Sa situation est toute charmante, si l'on considere que la Garonne passe presque au pied de ses murailles, le long desquelles, du côté de la riviere, il y a un Cours parfaitement beau; & un peu au de là, plus près de l'eau, une grande étendue de gazon, qui est une très-agréable promenade. Il n'y a rien de curieux en cette Ville, que la Maison où demeura autrefois Jules Cesar Scaliger, si fameux par ses Ouvrages; & dans laquelle il mourut. Elle est située vis-à-vis les Cordeliers, & se fait assez distinguer des autres par sa grande ancienneté. Ce fut là que le grand

Scaliger s'établit en venant d'Italie avec l'Evêque d'Agen, qui étoit de l'illustre famille de la Rovere. Il étoit à la fois Critique, Poëte, Medecin, & Philosophe. M. Teissier dit que Scaliger, après la mort de son pere, résolut de se faire Cordelier, & qu'il avoit dessein de devenir Pape, afin d'être en état de faire la guerre aux Venitiens, & de retirer de leurs mains sa Principauté de Veronne. Scaliger aparemment qui n'avoit pas l'esprit bouché, se corrigea là-dessus, & rectifia son imagination. Ce Sçavant écrivit sottement contre Erasme, sur une affaire de rien, & qui fait pitié. Scaliger trouvoit qu'Erasme n'adoroit pas la Latinité de Ciceron uniquement. C'est pour cela que Scaliger dit mille ordures au docte & pieux Erasme, & dont le violent Scaliger eut une grande répentance dans la suite ; voyant que tous ses amis le desavouoient, & le siffloient là-dessus. L'illustre Erasme fut traité par Scaliger, *de Parasite, d'ivrogne, de bête, de furie, de boureau, d'avare, d'arogant, de fou, d'écueil de la Religion, de tache de l'éloquence, de vipere du genre humain, & de pis que tout cela.* Disons de Scaliger :

Heureux ! si de son temps, pour cent bonnes raisons,
Dans Agen on eût eu de petites Maisons ;
Et qu'un sage Tuteur l'eût en cette demeure,
Par avis de parents, enfermé de bonne heure.

M. Teissier, après avoir raporté les injures grossieres, & dégorgées par Scaliger, ajoûte : *Il est vrai que Scaliger répara en quelque maniere sa faute ; car quelque temps après il écrivit une Lettre à Jacque Omphalius, dans laquelle il assura qu'il se répentoit* de ce qui s'étoit passé entre lui & Erasme, & il témoigna l'estime qu'il faisoit de ce grand personnage...... Ensuite M. Teissier justifie Scaliger sur sa vanité, qui alloit à l'extravagance. On a reproché, dit-il, à Jule Scaliger, que faisant son portrait, il s'est donné lui-même des louanges excessives. Car non seulement il a vanté la noblesse de sa naissance, sa valeur, son sçavoir, son esprit: mais il a bien osé dire, que si on mettoit Xenophon & Massinissa ensemble, & que des deux on n'en fit qu'un, ce qui se formeroit d'un composé si excellent, n'approcheroit point encore de lui. Mais quoique la plûpart du monde ait trouvé à rédire qu'il se soit ainsi couronné de ses propres mains, & qu'il se soit élevé avec tant d'orgueil au-dessus des plus grands hommes de l'Antiquité, neantmoins ces vanités ont été admirées par ses partisans. Et Juste Lipse a fait l'éloge de ces éloges, comme le dit avec beaucoup de graces l'éloquent M. Balzac. Le grand Scaliger, dit M. de Thou, se maria fort vieux avec une Demoiselle de treize ans, dont il eut beaucoup d'enfants, & dont il ne reste que le docte Joseph Scaliger, qui tient encore, après son pere, la premiere place parmi les Sçavants. Jule Cesar Scaliger mourut à Agen âgé de 75 ans, en 1558.

L'Eglise Cathedrale, qui porte le nom de saint Etienne, & celle de saint Capraise, qui est une Collegiale, méritent d'être vûes.

Nous partîmes à deux heures après midi d'Agen, le lendemain que nous y étions arrivez; & nous allâmes souper à Tonnaim, petite Ville fort agréable, & située aussi sur le bord de la Garonne, à cinq lieues d'Agen. Nous nous rembarquâmes après souper; & ayant marché toute la nuit, nous arrivâmes le lendemain à neuf heures du matin à Langon, à huit lieues de Tonnaim. Nous dinâmes, en attendant que nous puſſions profiter de la marée qui montoit alors. C'eſt auſſi une petite Ville aſſez bien ſituée. Nous étant embarquez de nouveau, nous profitâmes du deſcendant, & arrivâmes à huit heures à Bordeaux, à huit lieues de Langon.

BOURDEAUX.

Bourdeaux eſt une grande & belle Ville, ſituée ſur le bord de la Garonne, dont le lit eſt ici ſi large & ſi profond, à cauſe du flux, & du reflux de l'Ocean, que les Navires, ſi grands qu'ils ſoient, montent juſque dans ſon Port, qui eſt très-beau, & rempli, ſur tout en temps de paix, de pluſieurs Vaiſſeaux Marchands. Tout du long il y a une fort agréable promenade. Auprès du Port est le Château Trompette, qui est très-bien fortifié. Il y a quatre gros bastions, à trois desquels on a bâti trois magazins pour les poudres, & autres munitions de guerre. Les doubles fossés qui regnent tout au tour, peuvent facilement être remplis d'eau par le moyen de la marée. Dans le temps que nous passâmes à Bourdeaux, il y avoit dans ce Fort dix-sept Compagnies de garnison. Le frere de l'Amirante de Castille y étoit alors prisonnier. La Place d'Armes est fort belle, aussi-bien que la Salle d'Armes. Tous les autres Appartements sont d'une grande propreté.

Le Château du Ha est un autre Fort où il y a d'assés bonnes fortifications : il est situé du côté d'Occident, dans un lieu marécageux. Il y a un troisiéme Fort, nommé

nommé le Fort Saint Louis.

Le Christianisme s'établit dans Bourdeaux dès le temps des Apôtres.

Les plus considerables Eglises de Bourdeaux sont saint André, & saint Michel. La premiere est la Cathedrale, qui a trois clochers, dont il y en a un fort élevé.

L'Eglise de saint Michel se distingue sur tout par son clocher qui est fort haut, & d'où on découvre toute la Ville, & une fort belle campagne. La foudre y a fait plusieurs fois de grands ravages, & y en fait encore très-souvent, malgré toutes les réparations qu'on y fait avec beaucoup de soin.

Saint Surin, en Latin, *Sanctus Severinus*, est une autre Eglise dont le Cimetiere est fort curieux. On y voit un Tombeau de pierre, élevé sur quatre pilliers, du haut duquel il découle aux deux côtés des goutes d'eau très-sensibles : mais ce qu'il y a de surprenant, est que ces goutes d'eau augmentent lorsque la Lune est dans son plain, sans qu'on sçache d'où elles peuvent venir ; & diminuent lorsque la Lune décroit.

Il y a dans Bourdeaux douze Paroisses, huit Convents de Religieux, & un de Religieuses. Le College des Jesuites est fort beau, & situé dans un endroit très agréable.

L'Archevêché mérite d'être vû à cause de sa beauté, & de son antiquité. Il y a un jardin fort agréable.

Nous allâmes voir la Chartreuse, dont l'Eglise est très-magnifique, & son Autel assez particulier ; en ce qu'il est couvert de très-belles glaces, & des plus beaux cristaux qu'on puisse voir, sous lesquels il y a un grand nombre de Reliques.

On voit dans Bourdeaux le Palais Gallien, qui est le reste d'un ancien Amphitéâtre que les Romains avoient construit dans cette Ville, sous le regne de cet Empereur. Cet Amphitéâtre étoit très-magnifique, si nous en jugeons par ce qui nous en reste. Voici quelle étoit sa construction: C'étoit un ovale formé par six murailles fort épaisses, & distantes l'une de l'autre d'environ trois pas. Elles sont disposées de maniere que l'extremité étoit la plus haute; celle qui étoit après étoit plus basse, & plus haute que la troisiéme; & ainsi des autres. Cette disposition étoit sans doute pour mettre les sieges des Spectateurs, qui ne s'incommodoient point de cette maniere les uns les autres. L'espace qu'il y a du mur exterieur jusqu'à l'interieur, est d'environ quatre-vingt pieds. Il n'y avoit que deux portes pour entrer dans l'Amphitéâtre. La longueur de tout l'ouvrage est d'environ 227 pieds, & la largeur de 140 ; en telle sorte que cela forme un parfait ovale.

Dans l'Hôtel de Ville, qui n'est pas fort magnifique, il y a quelques Antiquités fort curieuses, qu'on a eu soin d'y conserver.

Le Palais où s'assembloit le Parlement, n'a rien de considerable.

Le flux de la Mer monte jusqu'à Langon, & même un peu plus haut, quand les marées sont fortes ; ce qui fait environ 24 lieues.

Il y a toûjours eu de grands hommes pour les Arts, & pour les Sciences, à Bordeaux. C'étoit la patrie du celebre Ausone : comme il le dit lui-même :

Diligo Burdigalam, Romam colo, civis in hac sum, Consul in ambabus, cunæ hic, ibi cella Curulis.

L'Université de Bourdeaux a toûjours été remplie de personnes très-respectables pour leur science, & pour leur vertu. Et cette Université si celebre qui fut fondée par le Roy Charle VII. par le Pape Eugene IV. & par le Roy Louis XI. est aussi brillante que jamais.

La Province de Guienne dont Bourdeaux est la Capitale, est bornée par les Monts Pyrennées, & par le Languedoc ; & des autres côtés par la Garonne, & la Mer Oceane. Cette Province est une des plus temperées du Royaume, des plus fertiles, & des mieux situées pour le commerce, à cause de la Garonne, qui lui fournit toute sorte de commodités. Le peuple y est fort spirituel, & très-propre à tout, mais un peu hautain ; ce qui paroît sur tout en ceux qui demeurent le long de la riviere. Les Dames y sont polies, belles, &

très-affables; particulierement à Bourdeaux où elles se piquent de faire beaucoup d'honnêtetés aux Etrangers. Elles sont très-propres, & fort bien ajustées.

Mais avant que de sortir de Bourdeaux, je veux vous raconter une avanture assez singuliere, que nous eûmes le soir même que nous y arrivâmes. Elle n'est pas tout-à-fait indifférente. A peine étions-nous dans nôtre chambre, pour nous disposer à souper, que parut devant nous vers la porte, comme un Spectre : c'étoit une grande figure d'homme, qui ne parloit point. Nous reconnûmes bien-tôt que c'étoit un Hermite, que nous prîmes d'abord pour un de ces Hermites coureurs, pour qui on n'est pas fort prévenu d'estime. Nous l'invitâmes de souper avec nous. Il ne se fit point prier, & prit place avec nous. Le vin de l'Hôte étoit fort bon ; & nous tâchâmes de lui faire honneur. L'Hermite n'en dit ni bien, ni mal, mais il paroiſſoit par ſa contenance qu'il ne le trouvoit pas mauvais. Il en uſa un peu plus fort que ſaint Paul ne l'entendoit, lorſqu'il diſoit à ſon Diſciple Timothée : *Uſez d'un peu de vin, à cauſe de vôtre eſtomac, & de vos infirmités fréquentes*, 1. Timoth. chap. 5. ℣. 23. Mais, après tout, il en demeura dans les regles de la morale d'Ovide, qui veut qu'on ne s'enyvre qu'autant qu'il le faut pour charmer les cuiſants chagrins de la vie ; & rien de plus, ni de moins. *Lib. 2. de Remed. Amor.*

At nulla ebrietas, aut tanta ſit,
  ut tibi curas
Eripiat ; ſi qua eſt inter utrumque noces.

Nôtre Hermite, non ſeulement avoit de l'eſprit, mais encore il avoit l'eſprit orné : il avoit ſans doute bien étudié : il sçavoit les belles Lettres, & nous citoit souvent quelques Vers des anciens Poëtes, qui étoient toûjours de bon goût, & fort à propos. Il nous expliqua fort galamment le mystique d'un Vers du Poëte Ausone :

Ter bibe, vel toties ternos, sic mystica lex est ?

Je vous cite, dit-il, un Poëte du même pays dont nous beuvons ici le vin : car Ausone étoit de Bourdeaux, & il n'étoit pas de ces Poëtes crotés de vôtre Ville de Paris : Ausone étoit Consul Romain. Après cela il nous fit le Commentaire. La mystiquerie de ce Vers, ajoûta-t-il, c'est que dans un repas il faut boire trois fois en l'honneur des trois Graces ; ou bien neuf fois par reverence pour les neuf Muses. Sur ce que nous lui demandâmes, pour lesquelles il avoit plus de devotion ? Il repartit fort franchement : J'ai eu toute ma vie plus d'attrait pour le culte des neuf Muses, que pour celui des trois Graces : mais quand je me trouve avec d'honnêtes gens comme vous, & que le vin est bon, je réunis les Graces avec les Muses, je sacrifie volontiers à toutes les douze, & fais une douzaine de libations en leur honneur.

Cet Hermite en sçavoit bien long. Il nous dit après soupé quantité de jolies choses. Il nous rapporta des Proverbes Italiens, des Anagrammes, des Epigrammes Françoises; & tout nous paroissoit bien choisi. Quoiqu'il parlât beaucoup, nous ne nous apperçûmes point qu'il tombât dans le fade. Voici quelques-uns de ses Proverbes Italiens, qui sont tous d'un grand sens :

Le Donne, & le Galline, per troppo andare, si perdonno :
Les Femmes, & les Poules, qui

s'écartent trop, se perdent.

Il martello d'argento rompe le porte di ferro :
Le marteau d'argent rompt les portes de fer.

A nave rotta ogni vento è contrario :
A un Navire vieux & usé, tout vent est contraire.

Amor infanga giovanni, e annega i vecchi :
L'amour embourbe les jeunes gens, & noie les vieillards.

Bisogna amar i buoni, & guadagnarsi i cattivi :
Il faut aimer les gens de bien, & se gagner les méchants.

Chi si loda, s'imbratta :
Celui qui se loue, se barbouille.

E troppo un nemico, & cento amici non bastano :
Un ennemi est trop, & cent amis ne sont pas assez.

I saggi hanno la bocca nel cuore, e matti il cuore in bocca :
Les sages ont la bouche dans le

cœur, & les foux ont le cœur dans la bouche.

La vera lode adorna, la non vera riprende :
Une louange veritable fait honneur; mais une louange fausse est une reprimande.

Ogn'uno sa navigar, quando fa buon tempo :
Il est aisé de conduire sa barque, quand le temps est favorable.

Poco fiele fa amaro molto miele :
Un peu de fiel gâte beaucoup de miel.

Quando il povevo dona al ricco, il Diavolo si gratta il culo :
Lorsqu'un pauvre donne à un riche, le Diable se gratte le cu.

Nôtre Hermite ajoûtoit à ces Proverbes de petites gloses qui étoient quelquefois fort plaisantes.

Ne vous imaginez-pas, continua-t-il, que je ne sçache que des Proverbes, & des Quolibets;

j'aime le sérieux, & j'y donne par humeur, & par tempérament. Lorsque j'étois du monde, j'étois assez alerte; mais depuis que je me suis devoué à la vie solitaire, je suis tout changé: ce n'est plus moi; on ne me reconnoît pas. Je suis devenu taciturne; j'ai maintenant la mâchoire pesante. Après cette Préface, il entra en matiere avec un air effectivement composé; & nous dit: Je veux vous faire part d'une très-belle Anagramme. Je sçais bien comment on regarde ces petits jeux d'esprit; je ne leur veux pas donner plus de relief qu'ils n'en méritent; mais il y a Anagramme, & Anagramme: il y en a d'heureuses qui ont du sel, & qu'il ne faut pas mépriser: par exemple, dans le mot de *Vigneron*, on trouve lettre pour lettre *Ivrogne*. Dans *Calvinus* on trouve *Lucianus*. Ces Anagrammes sont naturelles,

& fort sensées ; car il est fort ordinaire aux Vignerons d'être ivrognes : & Calvin ne valloit guere mieux que Lucien, qui a joué sa mauvaise Religion sans en prendre une bonne. Mais l'Anagramme dont je vous parle, est respectable, & d'un grand sens. Voici ce que c'est :

Nôtre divin Sauveur étant devant Pilate, & lui ayant dit : *C'est pour rendre témoignage à la Verité que je suis né, & venu au monde. Quiconque est pour la Verité, écoute ma voix.* Pilate lui demanda : *Qu'est-ce que la Verité ?* QUID EST VERITAS ? Ce qu'il y a ici d'une curiosité assez piquante, c'est que la réponse à cette Question : *Quid est Veritas ?* est renfermée dans les mots de la Question même ; car enfin on trouve dans *Quid est Veritas*, lettre pour lettre, EST VIR QUI ADEST, qui signifie : *C'est l'homme qui est present.* En effet JESUS-CHRIST est la Verité éternelle: & il s'est nommé dans l'Evangile, *la Voie*, LA VERITE', *& la Vie*. Heureux eût été Pilate, s'il eût reconnu cette éternelle, & adorable Verité:

Enfin, dit l'Hermite, je vous ai promis une Epigramme, je veux liberer ma parole, & vous en réciter une : elle n'est pas de ma façon ; je ne suis point Poëte ; mais j'aime les bons Vers: elle vous peut être connue ; car elle est au monde avant que nous y fussions. Mais après tout, que font autre chose vos beaux esprits de Paris, dans les conversations, ou aux tables des Grands, où ils vont si regulierement excroquer des repas ? si ce n'est de payer leur écot par le récit de quelque bon mot, ou de quelques jolis Vers, ou anciens, ou nouveaux. Ce n'est pas que je ne pardonne aux gens de Lettres necessiteux, qui vont remonler de fois à autres leur languissante machine à la table de quelque gras Financier ; c'est autant de pris sur l'ennemi. L'Epigramme dont je vous veux regaler, est, si je ne me trompe, de feu M. Patris. Elle est morale ; & montre que la mort égale tout le monde.

EPIGRAMME.

Je songeois cette nuit que de mal consumé,
Côte-à-côte d'un pauvre on m'avoit inhumé ;
Et que ne pouvant pas souffrir ce voisinage,
En mort de qualité, je lui tins ce langage :
Retire-toi, Coquin, vas pourir loin d'ici ;
Il ne t'apartient pas de m'aprocher ainsi.
Coquin, ce me dit-il d'une arrogance extrême,
Vas chercher tes Coquins ailleurs, Coquin toi-même.
Ici tous sont égaux ; je ne te dois plus rien :
Je suis sur mon fumier, comme toi sur le tien.

Vous voyez qu'en l'autre monde il n'y a point d'adulateurs; on parle là tout à la franquette. Aussi les bons Geographes qui sçavent par la longitude, & la latitude, la veritable position des lieux, disent que les habitants du pays des morts, sont les Antipodes de la Cour. Comme il se fait tard, dit l'Hermite, & qu'il est temps de se retirer, je veux finir par un Proverbe Hebreu, dont je vous veux prévenir. Je m'apperçois que le bon vin dont nous avons bû avec suffisance, graces à vous, a mis chez moi les esprits en mouvement, & que je pourrois bien avoir jazé un peu trop vivement, & trop long-temps. C'est ici une leçon dont je ne veux point m'écarter. Elle vient originairement des Rabbins. Ne vous allarmés point. Les Rabbins ne sont pas toûjours en délire : ils disent quelquefois de bonnes choses. Vous en allez juger par ce Proverbe-ci :

ci : נכנס יין יצא סוד. Ces mots signifient en Latin : *Ingrediente vino, egreditur secretum.* C'est-à-dire : *A mesure que le vin entre chez nous, le secret en sort.* Faites, nous dit-il, vôtre profit d'une si belle Sentence. Et en se levant, il s'approcha de moi, & me mettant un papier plié dans la main, il me dit à l'oreille : Vous devez au bon vin que vous m'avez donné de bonne grace, le dépôt que je vous fais d'un secret, & d'un trésor inestimable. Je vous prie de ne le point lire que demain. Je vous souhaite la bonne nuit. Il se retira, & nous allâmes aussi nous coucher. J'étois fort inquiet sur ce qu'il m'avoit mis entre les mains. Mais je lui tins parole. Je me levai d'assez bon matin. Je demandai à l'Hôte, si l'Hermite, qui avoit soupé avec nous, étoit levé. Je n'en sçais rien, répondit-il. Il n'a pas couché ici. Je ne le vis point hier ni entrer, ni sortir. Alors je m'informai dans le voisinage, de nôtre Hermite; personne ne l'avoit vû en aucune façon. Enfin je n'en pûs avoir de nouvelles. Il avoit paru, & disparu comme un fantôme. Ceux qui croient facilement aux apparitions, & aux freres de la Rose-Croix, trouveroient là de-quoi exercer leur imagination. Cependant j'eus du chagrin de ne le pouvoir revoir : & en attendant le déjeûner, j'entrai dans le jardin de l'Hôtellerie, pour voir le papier qu'il m'avoit laissé comme un grand secret, & comme un veritable trésor. Je fûs fort surpris de trouver que c'étoit un procedé de Chymie, pour *la Transmutation de la Lune en Soleil.* C'est-à-dire, selon le langage des Chercheurs de la Pierre Philosophale, *pour changer l'argent en or.* Cette sorte de Chymie n'a jamais été de mon goût. Je ne vous dirai point, mon cher pere, s'il y a du solide, ou de l'illusoire dans ce Procedé. Je ne l'ai point assez examiné pour en juger. Mais il m'a paru, à vûe de pays, que cette operation est assez philosophique ; & que les curieux crédules ont souvent travaillé sur de plus mauvais Memoires. Quoiqu'il en soit, je vous dirai seulement que cet Hermite paroissoit d'un air fort content, d'une merveilleuse santé, d'une belle representation, d'une mémoire prodigieuse, & qu'on ne lui auroit pas donné plus de trente à trente-cinq ans, quoiqu'il en eût plus de soixante & dix, comme il nous le dit incidemment dans la conversation. Il ne manquoit point d'argent. Il voulut même payer le soupé : il fit de grands efforts pour cela, & jetta de l'or sans façon sur la table, disant fort gayement : Cela me coûte peu ; & je ne suis pas aux termes de l'Apôtre saint

Pierre, lorsqu'il difoit à cet homme, qui étoit né boiteux, & qu'il guérit: *Je n'ai ni or, ni argent; mais ce que j'ai, je vous le donne: levez vous au nom de Jefus Chrift de Nazareth, & marchez.* Act. c. 3. ℣. 6. Et puis il ajoûta, en finiffant court là-deffus: J'ai des fecrets, j'ai la clef du grand Paracelfe, & je fais quelquefois des guérifons, dont les Medecins tiendroient Regiftre. Enfin je vous envoie fon Procedé; fans que je puiffe bien définir le perfonnage dont je le tiens. Ce fecret, s'il étoit véritable, plairoit fort à un tas de brûleurs de charbon, qui, par une injufte cupidité, fouhaiteroient de devenir riches tout d'un coup, comme fi cela fe pouvoit, fans travail, fans peine, & fans une diligente & vertueufe application, à quelque profeffion louable, & fructueufe. Gens inutiles, & mêmes dangereux à la focieté des hommes;

puisque la Chymie est un Art sans regles, qui commence par mentir, qui continue par travailler, & finit par mandier : *Ars sine arte, cujus principium mentiri, medium laborare, & finis mendicare.*

EXCELLENT OEUVRE
Pour transmuer la Lune en Soleil.

Prenez Sel Nitrie, Vitriol, Alun, Sel armoniac, Sel commun (ana) mettez ces choses en poudre très-fine, & impalpable : puis incorporez le tout avec autant de Mercure qu'il en poura prendre. Mettez le tout dans une large Cucurbite de terre, avec son chapiteau percé au haut, & bien luttés ensemble. Mettez le tout au feu, & le sublimez à feu lent. La grosse humidité étrangere étant dehors, augmentez le feu de degré en degré, & puis bien fort, jusqu'à ce qu'il n'y ait plus du tout d'humidité. Laissez refroidir le vaisseau ; & puis vous trouverez le Mercure élevé sur vos matieres, & qui sera blanc comme neige. Remettez le tout au feu, & puis resublimez tant de fois, que le Mercure soit très-beau, reluisant, & dans une parfaite sublimation. Alors il sera propre pour être joint au corps, & pour faire ce qu'on desire. C'est-là la vraie sublimation par laquelle on separe le pur d'avec l'impur, & le subtil d'avec le grossier. Car la sublimation qui se fait avec le seul Vitriol à feu violent, ne vaut rien ; parce que les matieres grossieres & subtiles, montent ensemble, & ne conviennent point dans cet état au parfait Elixir des Sages.

USAGE.

Prenez une livre de ce Mercure purgé, & bien sublimé, mettez-le dans un Alembic de verre, à distiller au bain-marie, ou à doux feu. Dans la premiere distillation il sortira une once d'eau claire. Laissez refroidir le vaisseau, & mettez l'eau sur les matieres ; & puis distillez derechef ; & il en sortira quatre onces d'eau. Remettez encore l'eau comme vous avez déja fait, & il en viendra encore en plus grande quantité. Enfin à la quatrième fois, tout passera en eau pure, & vivante.

Prenez trois parties de cette eau précieuse, & une partie d'or très-pur en feuille ; & peu-à-peu mettez-le dans l'eau que vous avez mise auparavant dans une Cucurbite de verre ; & vous verrez dissoudre cet Or sans feu dans cette eau merveilleuse.

Lorsque l'Or sera dissous, couvrez la Cucurbite de sa chape, & lutés-là si bien que rien ne respire. Distillez l'eau à doux feu; & cohobez tant de fois, que rien ne distille plus; mais que tout demeure en bas, comme miel moderement liquide. Le vaisseau étant froid, mettez cette matiere dans l'Oeuf Philosophique, tant qu'il en poura tenir; en sorte qu'il n'y ait point de vuide. Il faut le sceller hermetiquement; puis prenez un pot rempli de cendres, & le mettez tout au milieu de la cendre, & du pot: ensuite faites feu dessous, & deux fois plus fort par-dessus, pendant deux jours continuels. Après cela faites un feu très-violent durant une heure. Cela fait, laissez refroidir le vaisseau; & après l'avoir rompu, vous trouverez une pierre rouge comme cinabre. Mettez une partie de ce cinabre dans un creuset sur cent de Mercure net, & purgé par le vinaigre, & le sel: lorsqu'il commencera à fumer, augmentez le feu durant une heure: puis le tout étant froid, vous trouverez un Elixire, ou Mercure rouge, que projetterez en mettant un poids sur cent de Lune fondue. La Projection étant faite, vous la tiendrez durant trois heures en bonne fonte. La LUNE sera changée en SOLEIL très-pur, & à toute épreuve.

Voilà, mon cher pere, comme je m'éforce à vous tenir ma parole. Je suis avec un profond respect, Vôtre, &c.

F I N.

Si cette premiere Partie du Voyage de feu M. de Rouviere, est du goût du Public, on donnera incessamment la seconde, qui n'est pas moins curieuse.

www.ingramcontent.com/pod-product-compliance
Lightning Source LLC
Chambersburg PA
CBHW071612230426
43669CB00012B/1919